HERMES

在古希腊神话中,赫耳墨斯是宙斯和迈亚的儿子,奥林波斯神们的信使,道路与边界之神,睡眠与梦想之神,亡灵的引导者,演说者、商人、小偷、旅者和牧人的保护神……

西方传统 经典与解释
Classici et Commentarii
HERMES
启蒙研究丛编
刘小枫◎主编

赫尔德的社会政治思想
——在启蒙运动与政治浪漫主义之间

Zwischen Aufklärung und politischer Romantik
Eine Studie über Herders soziologisch-politisches Denken

[加] 巴纳德 Frederick M. Barnard | 著

李柯 | 译

华夏出版社

古典教育基金·蒲衣子资助项目

"启蒙研究丛编"出版说明

如今我们生活在两种对立的传统之中,一种是有三千年历史的古典传统,一种是反古典传统的现代启蒙传统。这个反传统的传统在西方已经有五百多年历史,在中国也有一百年历史。显然,这个新传统占据着当今文化的主流。

近代以来,中国突然遭遇西方强势国家夹持启蒙文明所施加的巨大压迫,史称"三千年未有之大变局"。一百年前的《新青年》吹响了中国的启蒙运动号角,以中国的启蒙抗争西方的启蒙。一百年后的今天,历史悠久的文明中国焕然一新,但古典传统并未因此而荡然无存。全盘否定"五四"新文化运动以来的反传统的传统,无异于否定百年来无数中国志士仁人为中国文明争取独立自主而付出的心血和生命。如今,我们生活在反传统的新传统之中,既要继承中国式的启蒙传统精神,也要反省西方启蒙传统所隐含的偏颇。如果中国的启蒙运动与西方的启蒙运动出于截然不同的生存理由,那么中国的启蒙理应具有不同于西方启蒙的精神品质。

百年来,我国学界译介了无以计数的西方启蒙文化的文史作品,迄今仍在不断增进,但我们从未以审视的目光来看待西方的启蒙文化传统。如果要更为自觉地继承争取中国文明独立自主的中国式启蒙精神,避免复制西方启蒙文化传统已经呈现出来的显而易见的流弊，那么，我们有必要从头开始认识西方启蒙传统的来龙去脉，以便更好地取其精华、去其糟粕。事实上，西方的启蒙传统在其形成过程中也同时形成了一种反启蒙的传统。深入认识西方的启蒙与反启蒙之争，对于赓续清末以来我国学界理解西方文明的未竟之业，无疑具有重大的现实意义和历史意义。

本丛编以译介西方的启蒙与反启蒙文史要籍为主，亦选译西方学界研究启蒙文化的晚近成果，为我国学界拓展文史视域、澄清自我意识尽绵薄之力。

古典文明研究工作坊
西方经典编译部丁组
2017 年 7 月

目 录

译者前言 1

前 言 4

第一章　赫尔德的德意志 8

第二章　赫尔德的有机体概念 48
  1　统一性问题 49
  2　连续性问题 67
  3　统一性与连续性 74

第三章　有机主义国家 79

第四章　从机械主义到有机主义 103

第五章　从民族主义到国际主义：人性 124

第六章　历史连续性和社会发展 153
  1　遗传性力量 166
  2　环境因素 168
  3　历史驱动力 169

第七章　进步与人的完满 176

第八章　意义：总结与评价 192

第九章　回响：政治的浪漫派 208
  附识：赫尔德的域外政治影响 222

参考文献 233

赫尔德主要著作年表 241

人名索引 242

译者前言

巴纳德教授（Friedric Mechner Barnard，1921—2011）生于捷克斯洛伐克，1938 年移民英国，后担任过多个不同教职，1985 年在加拿大西安大略大学政治科学系教授任上荣休。巴纳德是英语学界的赫尔德研究者和译介者，2002 年因其突出贡献被国际赫尔德学会（International Herder Society）授予研究促进奖。本书即巴纳德教授的代表作之一，1964 年在 Erich Schmidt 出版社首出德文译本，书名作"在启蒙与政治浪漫主义之间：一项关于赫尔德社会政治思想的研究"（Zwischen Aufklärung und Politischer Romantik, eine Studie über Herders soziologisch-politisches Denken）。一年后改以"赫尔德的社会和政治思想：从启蒙运动到民族主义"（*Herder's Social and Political Thought: From Enlightenment to Nationalism*）为名，在 Oxford Clarendon 出英文第一版，1967 年出英文第二版。这里呈现给读者的文字译自德文版。

本书给当时的赫尔德阐释带来了一股新鲜空气。作为捷克裔学者所写的解读著作，本书得以完全抛开施塔德曼《赫尔德论历史的意义》（1928）和迈内克《历史主义的兴起》（1936）等主流德语论述仍然怀有的精神抱负和包袱，从慎重对待原文入手，还原了一幅更为真切的赫尔德形象。康德曾指出，赫尔德的论说既不系统，逻辑上也不完全一贯。这就使得对赫尔德的研究很容易出现类似中国"六经"注我的局面。施塔德曼和迈内克等人本身便是德意志历史主义传统的一部分，他们笔下的赫尔德片面强调个性在给定历史情势下的绝对化，轻视已经在晚期著作中重回核心地位的人性哲学，而这种阐释反过来又强化了阐释者的历史主义信念。巴纳德显然从另一个角度听取了康德的告诫，通过重建有机体、人性等概念的形而上学与认识论基础，他笔下的赫尔德跟其他德语作家相比，与启蒙的关系更近，思想的流动性和调和性也更强。巴纳德在第九章附识中指出，斯拉夫政治思想中的赫尔德才近乎原貌。这或许是对全书题旨最好的点明。

本书翻译权的取得可谓一波三折。2011年夏天，也即巴纳德教授去世数月后，黄涛博士嘱我译介此书，于是我们给Oxford和Erich Schmidt出版社分别写了电子邮件。英国方面一直没有回音，德国方面则函告该社与巴纳德教授版权合同已到期，译者可与作者本人联系。实际上巴纳德教授已经不可能再回复电邮，而且由于他已离职多年，原院系也已几经人事变动，我试着问询了几位现任教授，均未得到有用的信息。后来，经北大法学院徐斌博士介绍，我们请正在多伦多皇后商学院就读的张晔同学帮忙，希望借助地利人和能有所突破。一番努力之后，我们总算从教授生前好友、西安大略大学政治系特聘教授Richard Vernon那里知晓了巴纳德太太的住址，然后由张晔尽速写信向对方致意。因为老人家没有电子邮件，平信是唯一可行的方式，所以在张晔收到对方手书的授权时，时间已近2012年元旦。

问题并没有完全解决。巴纳德太太认为，本书的德文版其实是译本，她并不持有该语种版权，因此准我从英文本翻译，但我们在国内的出版社向新闻出版总署申请登记时才知道，英文版权仍在Oxford，现有授权无效，只有请巴纳德太太再给出德译中的许可。为稳妥起见，我们将 Erich Schmidt 出版社的函件译成英文，并附上国内出版社出具的相关英文法律说明寄往加拿大，最终方促成此事，这时距提出动议已一年有余。译者随后赴德留学，其间译事怠惰，直到今天才交出这份篇幅不大的完稿，深感惭愧。愿以此书向所有提供过协助的朋友谨申谢忱，并向巴纳德教授夫妇由衷致敬。

李 柯
2017 年春节于柏林

前　言

[7]赫尔德（Johann Gottfried Herder）的社会政治思想不成固定体系。确切地说，它们散落在赫尔德的全部作品当中，有时藏身的地方还颇出人意料。为了令其呈现出一种组织，俾使批评性讨论成为可能，很有必要将其汇集起来并逐渐抟成整体。赫尔德的思想虽说欠缺表面关联，模棱两可之处和未解的疑难尚都存在，但大体上仍然表现出一种连贯性，值得人们注意。他的兴趣十分广博，从一开始的文学、艺术、美学、宗教和语言学，直到哲学、心理学、历史和政治学，另外，职务上的责任也占去了他较多的时间精力。就此而言，赫尔德取得的成就令人惊讶。

我有意回避把赫尔德的思想写成编年体系，因为在我看来，至关重要的是展示什么是他必定要说的，而不是他在何时说了什么。应该承认，情势变化和当时的精神趋向影响了赫尔德的创作，但更值得注意的是，赫尔德如何排除这些外界影响而有意独立行进在自己的道路上。作为一个满腔热血的读书人，他懂得从时代风云和书山文海当中找出那些服务于自己目标的东西。赫尔德也很清楚他必须拒绝什么、攻击什么，以及干脆略过什么。他对待亚里士多德、洛克、莱布尼茨、斯宾诺莎、沙夫茨伯里（Shaftesbury）、休谟、卢梭、孟德斯鸠和百科全书派（Enzyklopädisten），以及面对与他有思想往来的同时代德意志人时，都是如此。比如他与哈曼（Johann Georg Hamann）、歌德等人虽然关系极为亲密，但彼此之间的相互激励多于单方面的影响。又比如在思维范畴之类的命题上，赫尔德和康德的概念即使形式上强烈相似，在认识和应用上也总是存在着内容上的差异。为了进一步廓清赫尔德思想才智的独立意义，在我看来，较为适宜的办法是根据主题，条分缕析其社会政治思想。

[8]另一方面，要评判和欣赏赫尔德的全部成就，仍须在时代的历史框架下进行。本书首章和终章的意图就在于回应这一需要。当然，面面俱到是不可能的，但我希望这两章能让读者更清楚地了解到赫尔德在什么样的历史条件下工作，还有他以什么方式影响了其直接继承者。

本书的主体章节致力于处理赫尔德眼中社会政治领域最为重要的议题：多样性当中的统一性问题，以及变迁当中的持续性问题。其实，他思想中所谓"政治的"一词之所指，远超今天的惯常理解。当时有位主流评论家就"政治"这一概念提出的定义，堪称这种宽泛见解的典型。1780年，普利斯特里（Joseph Priestley）把"政治"界定为"关于处在社会联系中的人类利益和行为的知识"。[①] 这项定义可能并不充分，但也算非常接近赫尔德对"政治"概念的看法了。为了更加贴近这个主要涵盖了心理学和社会学要素的宽泛概念，我们还是使用形容词"社会政治的"，来替代失之简约的"政治的"一词。[②]

人们提到赫尔德的名字，一般是在谈到德意志浪漫主义以及

---

① Joseph Priestley，《关于教育的诸种观察》(*Miscellaneous Observation relating to Education*)，Cork，1780，页27。

② 在我看来，尽管赫尔德不太能够被视为德意志浪漫主义的先驱，他关于社会和政治结构的见解却引领了社会学以后的发展方向。

欧洲民族主义的诞生时。偶尔，也会有人要把近来种种不同形式和程度的浪漫主义及民族主义迷思归责于他。① 百余年来，政治思想 [9] 向为理想浪漫主义和犬儒化现实主义所构成的独特二元论所统治，德国尤甚。特洛尔奇（Ernst Troeltsch）曾指出，为了"把浪漫主义暴虐化和犬儒主义浪漫化"，② 出现了一种混合两者的趋势。后来的发展无比清楚地证明了这一论断的有效性。我觉得，让赫尔德、黑格尔、诺瓦利斯或尼采等人为国家社会主义的所思所想和所作所为承担责任，似乎并不恰当。思想家理当文责自负，其功绩不能据身后之事来夸大或贬低。观念的重要性无疑会因其对时代需要的洞察而提高，但也决定于它的时代追求实现这些想法的迫切程度。从这一考虑出发，在最后两章中，我们将试着去欣赏赫尔德社会政治思想的意义和作用。即便考察的是赫尔德对其直接继承人的影响，两者政治见解的差异仍将导向一个结论，即赫尔德很难被认定为政治浪漫主义之父。

---

① 可参看 Benno v. Wiese,《赫尔德世界图景中的民族思想》("Der Gedanke des Volkes in Herders Weltbild")，载于 *Die Erziehung*, 1939, 页 121 和 137；氏著，《从赫尔德到浪漫派的民族与诗篇》(*Volk und Dichtung von Herder bis zur Romantik*), Erlangen, 1938, 页 18；更多还可参看 Max Rouche,《赫尔德的历史哲学》(*La philosophie de l'histoire de Herder*), Paris, 1940, 页 554；R. G. Collingwood,《历史的观念》(*The Idea of History*), Oxford, 1946, 页 86—92；K. R. Popper,《开放社会及其敌人》(*The Open Society and Its Enemies*), 2. Aufl., London, 1952, Bd. II, 页 52；H. S. Reiss,《德意志浪漫派的政治思想：1793—1815》(*The Political Thought of the German Romantics, 1793—1815*), Oxford, 1955, 页 2 及 8。

② Ernst Troeltsch,《世界政治中的自然法与人性》("Naturrecht und Humanität in der Weltpolitik")，载于 *Deutscher Geist und Westeuropa*, Hans Baron 编辑出版, Tübingen, 1925, 页 18。

在此，我希望向米勒（Bruce Miller）教授和吉里斯（Alexander Gillies）教授致上谢忱。六年多来，他们一直鼓励我做这项工作，并给了我许多重要的提示。我也要对休斯（Christopher Hughes）教授的关注和积极批评表示感谢。伯林（Isaiah Berlin）爵士通读了手稿，给出了好些非常有价值的评论，我必须向他致谢。还必须感谢德意志学术交流中心让我得以在德国居留一段时间，助我完成工作；感谢德意志研究联合会慷慨提供印刷经费。感谢萨尔福德皇家高等技术学院为翻译工作提供的合作经费，也感谢卡蕾丝（Kahleyss）博士会心的帮助和她对本书印刷事务的操劳。尤其要把我的谢意送给不辞劳苦翻译本书的葛霍尼迈尔（Horst Gronemeyer）博士以及提供了宝贵支持的格拉格（Rüdiger Glage）先生。

我从欧美学界研究成果中所汲取的东西，都将一一在注释和引用中标示清楚。不过，有一个人就所探讨的问题给了我无与伦比的启发，让我获得了更深入的理解——他就是卡西尔（Ernst Cassier）。他以其生命和作品，实现了属于欧洲启蒙的最好的东西。

巴纳德
Pendleton，1964

第一章　赫尔德的德意志

[11]有人主张说，15世纪晚期的马克西米利安一世（Kaiser Maximilian I）之所以给老国号"神圣罗马帝国"加上"日耳曼民族"一词，是为了缓和帝国内部德语区日益高涨的国族躁动。我们往往倾向于毫无疑义地采纳这种论断。[①] 我们也发现有些见解认为，胡腾（Ulrich von Hutten）或者路德等人唯有在可能激发起新兴国族意识的前提下，才会在历史上表现如此不俗。这种观点也貌似合理。这就是民族主义范畴带给我们的巨大思维惯性。其实马克西米利安一世可能本来就是要优先顾虑其王朝，而胡腾和路德的行事方式则大概是基于严守某种信条，要通过捍卫真理来践行上帝的意志。在20世纪的人看来，这种历史解释似乎并不牢靠。然而，我们今天所熟知的民族国家原则，在两百年以前还是人们闻所未闻的东西。放到欧洲18世纪的场景中来看，德意志帝国的构造并不算特别畸形。那时很多国家的建立不过是战争的结果，或者基于王室间的协商，甚至全然出于意外。没有任何一个政府考虑援引政治民族的原理作为其统治力量和权威的正当性资源。"国

---

① 见E. R. Huber，《德意志宪法史》(*Deutsche Verfassungsgeschichte*)，Stuttgart，1957，Bd. I，页3—4，以及G. Barraclough，《现代德意志的起源》(*The Origins of Modern Germany*)，Oxford，1949，页362、368。也可参见Ernst Cassirer，《自由与形式》(*Freiheit und Form*)，Berlin，1916，页10。

族"（nation）这个单词罕有精准的意义，无论如何，它的确不表示占有共同领土并讲同一种语言的人群的总体。

不过，当时的德意志尽管严格来说并不是一个政治残疾，也仍属于拼凑之物，内部必须克服的经济和政治难题十分可观。不同的货币体系、数目众多的海关口岸以及政府对贸易和各行业的干涉，还有令人同情的道路状况［12］、普遍的不安感，把贸易额压缩到少之又少的地步。① 这边西班牙、荷兰、法国、英格兰已在大力拓展海外殖民地，德意志却还在从三十年战争的废墟中缓慢地恢复。这片土地需要在更为广阔的帝国框架内重建经济和政治，而要想推动重建工作，帝国皇帝必须完全专注于当中的某一项任务。但即使是在以往更有利的时期，帝国皇帝也欠缺执着的意志，遑论这时候了。

尽管皇冠戴在谁头上是通过选举决定，实际上哈布斯堡王朝主张它有称帝的世袭特权。这比其他任何因素都更能使帝国的政治发展趋于瘫痪。在哈布斯堡家族看来，只有自己是首要的、最高贵的，在所有政治考量面前，王朝本身的利益直接享有优先地位。而这也比其他任何因素都更多地贬损了哈布斯堡家族的政治权威，令它首先在德意志，接着在奥地利愈来愈衰败。对哈布斯堡王朝政治上长期的萎靡不振，赫尔德作了敏锐的总结，他写道：

不幸的是，这种王朝贪婪（赫尔德称之为哈布斯堡幽灵

---

① H. Dietze，《德意志商业史》（*Geschichte des deutschen Handels*），Leipzig, 1923，页 83。当时的银币有十种标准，而仅在从斯特拉斯堡到荷兰边境的莱茵河上，居然有三十座海关。也可参看 W. H. Bruford，《十八世纪的德意志》（*Germany in the Eighteenth Century*），Cambridge, 1935，页 161。

[Habgeist]，该词与 Habsburg 有共同的前缀）正是哈布斯堡王室传承下去的政策。①

帝国由大约三百个的独立政治单位组成。按照《威斯特伐利亚和约》（1648），诸侯的主权权利理论上应受帝国法律节制。贵族应当服膺帝国法律，只有在帝国法律没有有效提出合法要求的地方，才允许他们偏离这些规定。贵族还应在战争期间效忠于皇帝，不得与皇帝的直接敌人缔结任何形式的盟约。然而，这些限制从一开始就没有得到遵守。在西班牙王位继承战争中，巴伐利亚毫不犹豫地站在法国一边，而在奥地利王位继承战争中，[13]帝国作为总体竟然置身事外。普鲁士在七年战争中成功挑战了帝国仅存的势力和权威。一些稍微大点儿的邦都保留着自己的外交代表，在欧洲政治中如独立政权一般行事。无独有偶，帝国的一些领土，由于处在某些王公的监护之下——这些王公自己统治的土地位于德意志帝国的领域外——也与非德意志国家牵扯在一起。这便是哈布斯堡皇帝治下的情况。皇帝的冠冕集合着奥地利、波希米亚和匈牙利的土地，在意大利、荷兰和波兰也远程拥有财产。汉诺威选帝侯 1714 年登上了英国王位，与此同时，萨克森选帝侯接过了波兰的王冠。帝国北方的部分领土被划给了瑞典和丹麦；阿尔萨斯则为法国所吞并。

我们不可能在这里尝试探究 18 世纪构成德意志版图的诸多小邦的历史。众邦国规模不一、治理形式多样，其政治和经济运

---

① XVII, 54；所有对赫尔德的引用均出自苏凡（Bernhard Ludwig Suphan）所编 33 卷本《赫尔德作品集》，Berlin, 1877—1913。也可参见 Heinrich. v. Treitschke，《十九世纪德意志史》（*Deutsche Geschichte im neunzehnten Jahrhundert*），H. Heffter 编辑，Leipzig, 1934, Bd. I, 页 17–19。

命变化无定，处理彼此关系时充满压力和紧张，所有这些都将使描绘诸邦国的历史变得复杂和困难。不过，诸邦国有一个共同特征：统治者的绝对主义。当然，这方面也有程度之别，个别情况下取决于统治者个人的性格和能力。实践上，统治者不但立法，也是最终的司法机关。如果他想的话，可以随意行使令人非常厌恶的特权，比如说密室审判（Kabinettsjustiz，领主干预司法），由此，他便能绕过通常的法律程序。不负责任和暴虐的统治者可以用这种法外方式来剥夺臣民的自由。以符腾堡公爵欧根（Karl Eugen）为例，他动用此特权，将法学家摩泽尔（Johannes Jacob Moser，立宪主义改革的坚定捍卫者之一）和诗人舒巴特（Christian Friedrich Daniel Schubart）下狱数年。① 此外，席勒的遭遇也是个例子，他曾被迫逃离母邦以躲避牢狱之灾。

[14]在三十年战争以前，至少还有地方议会从财政上一定程度地制约王侯宫廷的铺张花费。到18世纪时，大多数这种议会事实上都消失了。偶有存在者，也不再行使任何实际权力。在符腾堡邦，尽管18世纪初的议会还成功保留着某种程度的权力，但欧根长期以来严苛无道的专断统治最终还是将这里的市民精神摧残殆尽。

符腾堡和中德意志的一些小邦一样，经济资源严重匮乏。那里的一些统治者由于糜费铺张，不得不以非常不堪的手段来敛财。

---

① Karl Biedermann，《十八世纪的德意志》(*Deutschland im achtzehnten Jahrhundert*)，2. Aufl., Bd. I, Leipzig, 1880，页106、107；亦可参看 Adrien Fauchier-Magnan，《十八世纪德意志小宫廷简史》(*The Small German Courts in the Eighteenth Century*)，Mervym Savill 译，London, 1958，页22、210、218、223-225；以及 G. P. Gooch，《德意志与法国大革命》(*Germany and the French Revolution*)，London, 1927，页10-11。

一旦惯常的岁入、税收和沉重的借贷已不敷使用或消耗一空，① 他们就通过士兵交易或拍卖本邦机关职位来想办法。大邦的形势要稍好些，② 比如选帝侯奥古斯特二世和三世治下的萨克森，或者提奥多（Karl Theodor）统治下的巴伐利亚。

另一方面，许多"开明政府"的拥趸在普鲁士的弗里德里希二世身上找到了他们理想中的统治者。在德意志的大邦中，普鲁士也当仁不让地位居治理最佳的行列。18世纪下半叶，包括约瑟夫二世的奥地利在内的一些德意志邦国，对普鲁士执政方式所取得的经济成就印象深刻，他们试图效法弗里德里希大王的榜样。布伦瑞克的费迪南（Karl Wilhelm Ferdinand）、巴登的弗里德里希（Karl Friedrich），以及萨克森-魏玛的阿玛丽亚（Anna Amalia）和奥古斯特（Karl August），都热切希望提高臣民的物质福利和教育水平，堪称开明统治者的典范。他们奉行宗教宽容政策，普遍给予出版自由，为发展更加积极的智识和政治生活创造了很多值得称许的条件。

[15]统治者对待犹太人的态度折射出他开明的限度。③ 大多数德意志邦国都允许犹太人定居，但会对定居犹太人的数量小心加以管控。犹太人的"生存空间"也是给定的，通常是在城镇的

---

① 比如说，欧根曾把军队卖给法国、荷兰和英格兰。他每向法国售出一千名武装人员，就能从路易十五手中得到一万五千里弗尔，如果是在战时，这笔钱会涨到七万九千里弗尔。在1752到1756年间，符腾堡的士兵让法国支出了一百五十万里弗尔。Fauchier-Magnan，出处同上，页208、209。也可参看Biedermann，前揭，Bd. I，页200-205。

② F. Rörig，《德意志割据主义的缘起与后果》（*Ursachen und Auswirkungen des deutschen Partikularismus*），Berlin，1937，页28、29。

③ 有意思的是，赫尔德已经意识到这种联系，他如是写道："所有对待犹太人比对待一只动物还要坏的法律都是邦国政制野蛮的一种标志。" XXIV，71。

某条街上，这就是犹太人区，犹太人只在一天当中的特定时间准许离开该区域。犹太孩童按例不能就读公共学校和大学，而在可以接纳犹太人的大学，比如在哥廷根，法律要求学校告知那些取得学位的犹太大学生，他们没有资格从事相关的职业。① 与大多数生产性行业以及土地所有权等领域的限制一样，对犹太学生的限制直至他们获得完全的公民权时方告解除。②

在德意志众邦国中，约瑟夫二世治下的奥地利第一个采取了解放犹太人的措施。按照其"宽容特许令"（1781），犹太人可享有与其他宗教少数派一样的权利；犹太人被准予使用公共教育设施；政策还批准犹太人进入生产性行业。同样前无古人的是，犹太人也要承担兵役义务。这些措施在当时是革命性的（在19世纪下半叶之前，大多数德意志邦国并不给予犹太人完全公民权），非常受排斥，能否推行下去大为可疑，除非是在极为专制的绝对体制下。因此毫不奇怪，18世纪主流思想家信任绝对统治者的渐进启蒙，而不相信"人民的统治"。③

---

① Götz v. Selle,《哥廷根格奥尔格·奥古斯特大学》（*Die Georg-August-Universität zu Göttingen*），Göttingen，1937，页352。

② 歌德在《诗与真》（*Dichtung und Wahrheit*）中的回忆包含了他对18世纪法兰克福犹太人区和犹太人不安处境的生动洞见。亦可参见 W. H. Bruford，同前注，页201，以及 William Rose 的研究《歌德和犹太人》（"Goethe and the Jews"），载于他的《德意志文学中的人、神话和运动》（*Men, Myths and Movements in German Literature*），London，1931，页157-180。Biedermann 也在一些细节上讨论了18世纪犹太人的处境（同前注，Bd. III，页1113-1127）。

③ 美茵茨是效仿奥地利的德意志邦国之一。施略策尔在他的《国事通告》（*Stats Anzeigen*, Bd. VI, 1784, 页502）中公布了美茵茨选帝侯的一项法令，按照该法令，犹太人实际上几乎享受了与基督徒相同的权利。这项法令同样遭受了很大的抵制。

[16]还有另一个因素促使很多知识分子在政治上寄望于上层改革，那就是主流的阶层结构。与英格兰和法国不同，德意志没有强大且独立的、能发挥自身政治影响的市民阶层。形形色色的小官僚占据了这个社会阶层的相当部分，他们对自己的王侯雇主是毕恭毕敬。摩泽尔（Friedrich Karl von Moser）[译注：系Johannes Jacob Moser 的长子]写道：

> 德意志已被秘密议员所淹没。倘使这些人真的拿出了什么意见，那将会造成多么可怕的混乱；还好议员们表现得都非常隐秘，没有人曾听到他们发言。他们甚至对自己都保密。[1]

市民阶层的剩余部分由店老板、小商人及制造业者、工匠、知识分子、自耕农组成，他们仅有非常微弱的共同目标意识——如果有的话。这个群体中存在的等级和阶层间的歧异，并不会比中间阶层与贵族阶层之间的更温和。对此，比德尔曼（Biedermann）说了下面的话：

> 德意志历史上还没有哪个时期像当时那样，等级分裂如此触目惊心，其后果如此惨痛。[2]

整个人口当中唯一相对均质化的群体就是农民，他们的收入

---

[1] 引自 A. Fauchier-Magnan，同前注，页55。这里有个例子，小诸侯茨魏布吕肯拥有不少于五百名官员。见 Perthes，《大革命前的德意志国家生活》（*Das deutsche Staatsleben vor der Revolution*），转引自 Fauchier-Magnan，同前注，页55。

[2] Biedermann，同前注，Bd. II，页4。

仅够糊口，从来不识字，也从不对政治说三道四。唯有商业城市的市民阶层曾一度体会到独立自主的感觉，而三十年战争的破坏力又是如此巨大，以至于那种感觉在自由的城镇中都无法留存了。大多数工匠和商人现在都或多或少依附于王侯宫廷的荫庇。① 事实上，在易北河以东那些封建条件仍占主导地位的土地上，领主管辖之下的农民也完全是他们的臣民。②

无论是农民（数目占总人口的三分之二强），还是城市中间阶层，[17]都无望成为阻挡贵族权力的政治堤坝。③ 在18世纪的大部分时间，德意志本质上仍然保持着驯顺之域（terra obedientiae，赫尔德的命名）的特质：没有政党或政治团体，当然通常也"禁止谈论政治"。④ 因此，民众的不满情绪往往只能在暗地里翻涌。

有鉴于此，我们对于种种状况，尤其对于18世纪上半叶德意志政治意识还如此低迷、政治思考水准还如此低下，也就不觉惊奇了。另外，赫尔德时代讨论最多的政治观念，除去自然法理论，全都是法国或英国的舶来品。尽管如此，若完全无视这一时期德语思想的努力，认为其在政治上无足轻重，也并不正确。启蒙者哲学思想中的很大一部分，以及法学家和官僚的法律理论中，

---

① Biedermann，同上注，Bd. I，页164。

② G. F. Knapp，《农民解放和农业工人的由来》（*Die Bauernbefreiung und der Ursprung der Landarbeiter*），Leipzig，1887，页28以下；K. Th. Heigel,《从弗里德里希大王殒殁到旧帝国崩溃的德意志史》（*Deutsche Geschichte vom Tode Friedrich des Großen bis zur Auflösung des alten Reiches*），Leipzig，1889，Bd. I，页106。

③ 参见 G. F. Gooch。贵族阶层当然也是分化的，他们极其严格地保持着社会层级上的细微差别。同前注，页17。

④ XVIII，页356、535；也可参看赫尔德1792年11月11日给雅可比的信，以及 H. Dünther，《赫尔德遗稿选》（*Aus Herders Nachlaß*），Frankfurt a. M.，1856，Bd. II，页301。

都包含了显著的政治利益因素。在他们之中，以及在诗人和剧作家中，也有不少人或明或暗地攻击了当时的政治权威。法学家和职业官僚两者常常是同一种身份，由于其注意力通常在财政政策和行政技术这类问题上，[①] 所以，比起诗人和剧作家，他们的政治理论对公众意见的推动和影响较为微弱。

智识生活的主要中心是大学城、皇家城市等地，或是较为开明宽容的绝对主义统治者势力范围内的重要都市，它们同时也是政治理论研究的中心。因宗教或政治异见而遭受迫害的人常常在这些中心都市避难，这里的中产阶层也逐渐变得强大起来。[②] 但是，德意志既没有它的巴黎，也没有它的伦敦，缺少一方独大的文化和智识中心，充其量只拥有一个政治上的首都。[③]

英式和法式启蒙倾向于实证主义、经验主义、功利主义的姿态，而德意志启蒙运动的领袖们则继续依赖于普芬道夫和托马修斯（Christian Thomasius）的自然法传统及莱布尼茨的理性主义哲学。

巴克尔（Ernest Barker）爵士注意到，自然法著作家与17、18世纪哲学家之间存在某种紧密关联。[18]他把这种状况归因

[①] 关于行政理论的一项有益的研究，请看 Geraint Parry，《十八世纪德意志的开明政府及其批评者》（"Enlightened Government and Its Critics in Eighteenth-century Germany"），载 *The Historical Journal*，Bd. VI, 2（1963），页 178-192。

[②] Ralph Flenley，《现代德国史》（*Modern Gernman History*），London，1953，页 80。

[③] 歌德在 1830 年曾对艾克尔曼（Eckermann）说："巴黎就是法兰西。那个伟大国家的全部重要趣味都被汇聚到了它的首都……我们这里却大为不同。我们没有城市，我们甚至连让人喊上一声'这里就是德意志！'的地方都没有。如果在维也纳提出这个问题，那么我们得到的回答定是：'这里是奥地利！'如果我们问问柏林人，那么回答将是：'这里是普鲁士！'"转引自 Fauchier-Magnan，前揭，页 23。

于这个时代的自然法主要是用学术的方式方法来对待问题，大部分演绎自然法的学说根本上都是学术性质的，这要求自然法学说驻足思想领域，而与政治行动无涉。"正如自然法著作家向哲学家寻求他们的原理一样，"巴克尔爵士写道，"哲学家也从自然法的政治术语和许多政治构想上获得了助力。"① 为了阐明这一点，巴克尔引证了霍布斯和斯宾诺莎、洛克和卢梭、莱布尼茨和沃尔夫。这是一个非常富有启发性的观点。因为这种思考方式清晰地表明，人们对启蒙"折中主义"（Eklektizismus）的指责较为不恰当，因为它更多是论及一种有机发展的成果，以及观念与方法互为生产从而构成的一个持续性过程，而不是纯然机械性混合的产物。

不仅如此，它还涉及一种法学思想和批判思想的联合，这对主流权威信仰来说，是首个较大的政治挑战。在德意志，托马修斯是这种新的批判性思维方式最杰出的代表。② 尽管是莱布尼茨创造了德意志启蒙的基础，但启蒙的开端是托马修斯。③

托马修斯的首要要求是自由探究。对真理的寻求绝不能受限于对权威的盲目敬畏或既有的信仰及偏见。

> 要质疑作为一切错疏之根源的偏见。在寻找真理的过程

---

① Ernest Barker，《基尔克的自然法和社会理论》(*O. Gierke's Natural Law and the Theory of Society*)，Cambridge，1934，页 XLIII。

② 赫尔德在他的作品中多次钦佩地提起托马修斯，参看：V, 413；VIII, 234；IX, 425；XIV, 323；XVI, 594；XVII, 205、274；XVIII, 128；以及 XXIII, 70、466、493, 等等。

③ Fritz Brüggemann 把托马修斯称作"启蒙之父"。参看他的《德意志启蒙的世界图景》(*Das Weltbild der deutschen Aufklärung*)，Leipzig，1930，页 17，以及他的《论早期德意志启蒙》(*Aus der Frühzeit der deutschen Aufklärung*)，Leipzig，1938，页 5。也可参看 Paul Hazard，《欧洲的心灵》(*The European Mind*)，J. Lewis May 译，London，1953，页 176。Harzard 把托马修斯看作"日耳曼启蒙的光荣开创者"和"为启蒙而斗争的英雄"。

中，除非你认为自己内心确信，那些迄今为止被相信的言论和已被认识到的基本真理必然联系在一起，否则千万不要依赖某些人的权威，他不过是他想成为的那种人罢了……知性不服从于任何法律，因为它依赖于我们的自由意志。①

[19]托马修斯坚决主张：不可盲目崇拜权威，不可不加批判地对尊长、父母或者老师言听计从，因为除了上帝以外，再没有谁绝无谬误。因此，人们必须通过诉诸自我来为自己的信念和观点找到理据，不可把信任建立在任何外在的权威之上。"不要相信任何人间权威。"（原文如此！）②

按照托马修斯的观点，个人的心灵必须有接受或拒绝某些思想的自由，而无论这些思想的来源或认可度如何；个人亦必须被允许自由地追随自身的认识和知性。托马修斯相信，甚至神学也必须接受人类在理性之光下进行自由探究的挑战：

上帝的神秘确实超越了人类的理解力，但二者并非不能和谐共处。③

托马修斯的第二个重要抱负，是打破知识世界与日常现实生活之间的藩篱。他断言，学问必须服务于社会需要；知识必须成为与包括妇女在内的共同体各阶层都相关的东西，且不得再被视

---

① Christian Thomasius,《理性学说的运用》(*Außübung der Vernunfft-Lehre*)，Halle，1705，页16、42–43。
② Thomasius，同上注，页50；整段文句请参看上注，页43–50。
③ Thomasius,《理性学说导引》(*Einleitung zu der Vernunft-Lehre*)，Halle，1691，页82。

为某个独特行当的专属财产。尤为重要的是，如果一个人不能成功地将其所学用于实践，那么他就不可以称自己受过教育。①

既不能给人的生活创造一点用度，也没法导向极致幸福的东西，绝对称不上有学问……学识指的是一个人借以在共同生活和成长中，灵巧地增进自己乃至他人的眼下和永恒福分的那种知识……要做到学问渊博，不需要从事任何特殊行业。女性完全有能力像男性一样有学问……一个人是否有学问，事实上是无法证明的。②

托马修斯主张，大学应当培育那种有志于在"市民生活"（vita civili）中有所成就的人。③ 为此，托马修斯还给大学改革提出了一些激进的方案。④ 他甚至 [20] 决定违反公认的学术习惯，在自己几乎所有作品和讲演中使用德语来代替拉丁语，以清除中古繁琐学术的最后残余。他用如下说法来为自己的决定辩白：

世间的智慧是如此之显白，以至于不管是什么阶级、什么性别的人，都能理解同一份道理……每个人都有他的母语：希腊哲人终究是不用希伯来文写作的，同样，罗马哲学家也不用希腊文写作。⑤

---

① 同上注，页 84–88。
② 同上注，页 87、88 和 75、76。
③ 同上注，Vorrede，页 2。
④ Thomasius,《智慧与愚蠢的历史》(*Historie der Weiszheit und Thorheit*), Halle, 1693, 页 1–59。他尤其主张把经济学作为一个独立的学科来讲授。
⑤ Thomasius,《理性学说导引》，前揭 c, Vorrede, 页 13、16。

毋庸置疑，使用德语这一抉择有助于托马修斯的思想获得更为广泛的传播。不过，他之所以能成功唤醒人们对精神冒险的兴趣，激励人们去研究时代问题，关键原因早已内在于他自己的为人当中。托马修斯首先是一个"无畏行动着的人"。① 对他来说，以笔为剑，投身于推动社会和法制变革的战斗，本就是一项自明的市民责任。他攻击通常的信仰和成见，非难既有的法律实践，并不丝毫顾忌个人的声望与安危。他以"健全理性"之名，为宗教宽容及更人道和开明地对待违法者的态度作辩护。其斗争矛头主要指向女巫大审判以及酷刑的使用。②

托马修斯的努力并不徒劳。他于1728年逝世，也就在当年，普鲁士见证了最后一场女巫审判。整整十年之后，弗里德里希大王公开表彰了他促进启蒙事业的贡献，③ 并废止了酷刑。

托马修斯作为大学教授所产生的影响同样令人印象深刻。他担任教职尚不足十年，哈勒大学就一跃成为德语区顶尖大学之一，该大学因其法律系而格外享有盛誉，[21]并且在普鲁士的政

---

① Max Fleischmann，《克里斯蒂安·托马修斯：生平和毕生事业》（*Christian Thomasius, Leben und Lebenswerk*），Halle，1931，页48。

② Thomasius，《托马修斯关于各种特选法律纠纷的严肃的而且是清醒的和理性的思考与回忆》（*Ernsthaffte, aber doch Muntere und Vernünfftige Thomasische Gedancken und Erinnerungen über allerhand auserlesene Juristische Händel*），Halle，1720-1721，4卷本；尤请参看第 I 卷，页 105-118（论迷信与诽谤），页 125 及其后（论酷刑），页 223-225（论对犹太人杀人祭神的指控），以及页 197-206；也可参看卷 II 页 300-339 和卷 III 页 221-233（论女巫大审判）。

③ 《弗里德里希二世作品集》（*Oeuvres de Frederic II*），Berlin，1789，Bd. I，页 376。

治发展上地位显赫。① 在普鲁士从半封建时期到开明专制转型的关键年代，正是哈勒大学为普鲁士统治机关提供了大部分的公职人员。②

托马修斯在几个重要方面预见了自然法后来的思考方向。他拥护他的直接导师格劳秀斯和普芬道夫的大部分信条，同时他又坚持自然法的完全自主性，这样就割断了格、普二人试图留存在自然法与神法之间的绳索。③ 托马修斯跟随霍布斯，主张在一国之内，但凡任何涉及个人外在关系的事务，世俗法都要拥有针对教会法的无上地位。内心安宁（inner peace）自然是个人会关心的，不过对此个人本身可能希望也可能不希望接受神学家的指导；至于他的外在和平（outer peace），则由为此意图而专门创设的组织负责，该组织有且只有这唯一的责任，而且，除了遵从为常

---

① Dernburg，《托马修斯与哈勒大学的促成》（*Thomasius und die Stiftung der Universität Halle*），Halle，1865，页 4。转引自 Fleischmann，同前注，页 39。

② Schmoller，《威廉一世治下的普鲁士文官状况》（"Preußischer Beamtenstand unter Friedrich Wilhelm I."），载 *Preußische Jahrbücher*，Bd. 26（1870），页 148 及以下。转引自 Fleischmann，同前注，页 124。

③ Thomasius，《神法阶梯》（*Institutiones Iurisprudentiae Divinae*），Halle，1694，lib. 1，cap. 4，§22，以及 lib. 1，cap. 3，§5。[译注] 通常认为神法（legesdivinae）有别于道德、礼仪（caerimonia）和司法规则（forensis）等，但托马修斯主张神法不仅包括摩西十诫，也包括自然法和习惯法，这就赋予了神学家解释社会规则的广泛权利。托马修斯在其博士论文《论重婚罪》（*De crimine bigamiae*）中就已经要求将神法划分为自然的神法（lex divina naturalis）和实定的神法（lex divina positiva），后者主要指对圣经时代以色列人的规定。

识所公认的社会关系规则的有效诫命外,它不受制于任何法律。①托马修斯强调,对自然法应采取一种更为经验主义的研究路径(正如他自己欣然承认的那样,在这方面他从阅读洛克中获益良多),这不仅标志着对流行的理性主义观念的意味深长的背离,也预告了诸如默泽尔(Justus Möser)、施略策尔(A. L. Schlözer)、赫尔德以及浪漫主义者的兴起,这类人都对研究法律和政治秉持实证主义态度并具有历史意识。

就18世纪来看,人文主义传统的两个主要思想,即知识的世俗化和承认个体优位,在这个世纪得到了最强有力的表达。于此意义上,托马修斯在德意志可视为连接文艺复兴与启蒙的活跃一环。另外,他的作品也表明,在哲学、法律和政治学等多种知识学科间建立起一种综合是可能的。这就给启蒙的智识努力点明了关键:为人类知识的不同领域探寻统一准则。

然而,没有正确认识到这种统合性因素,没有实现这种联系或者仅仅满足于机械拼凑的关联,是始终存在的危险。但主要归功于一个人,上述危险能够避免,关联能在创造性的有机综合意义上出现,观念也能隐匿于自身甚至超越启蒙的边界。这个人就是莱布尼茨。尽管人们起初几乎并不认为他的智识贡献有什么更为广泛的意义,但正是拜他的哲学所赐,思想史迄今为止所遵循的发展路线才有了新的方向。

莱布尼茨的形而上学虽然根植在笛卡尔和斯宾诺莎的遗产之上,但根本上与二者亦有所区别。莱布尼茨用多元论和多样性(Vielfalt),取代了笛卡尔的二元论和斯宾诺莎的一元论。多样

---

① Thomasius,《政治哲人》(*Der Politische Philosophus*), Frankfurt und Leipzig, 1724, Vorrede。也可参看《神法阶梯》,前引, lib. II, cap. 2, §7,以及《探索精神的本质》(*Versuch vom Wesen des Geistes*), Halle, 1699,页8。

性据称是单子（Monade）的特有属性，因为每一个单子都是分离的，彼此都是不同的。此外，多样性还要归因于单子在状态上的无休变化。莱布尼茨主张，存在着一种永恒的"生成"（Werden），也存在着内在力量或能量的永续发展和一种不间断的连续性。单子的每个现有状态都必然产生自它之前的状态，因此，它的未来已经包含在现在当中。①[22]在遗稿《人类理智新论》中（*Nouveaux Essais sur l'entendement humain*，1765），莱布尼茨谈到了"细微的知觉"（petites perceptions），即所谓无知觉意识和模糊感觉，这种东西在他笔下有别于那些被定名为"统觉"（apperceptions）的事物，后者是既清楚又明确的经历。这里保留了笛卡尔的术语，尽管是以修订的形式。

莱布尼茨在此处流露出一种心理学体验的思维，这已越出了他那个时代理性主义者的视野。无独有偶，他的自然观也是在启蒙接近终结时才获得人们较充分的理解。笛卡尔、霍布斯以及斯宾诺莎都以各自不同的方式发展出了对自然观的严格机械主义解释，而莱布尼茨则用单子替代原子（Atom），从而宣告了有机宇宙观的诞生：这个宇宙不再被视为各部分的总和，而是被看成一个包含多面的整体，其中各部分也不再仅是结构要素，而都是有着自己权利的独立统一体。无可否认，这种观念与赫尔德秉持的有机体（Organismus）观念存在重要关联，这一点将在下章揭示。

与之类似，赫尔德的史学思想也深受莱布尼茨影响。莱布尼

---

① Leibniz，《单子论》（*Monadologie*），§§15，22。莱布尼茨描述的单子是这样的："它们没有任何可供进出的开口（窗户）"（§7）；"没有一个单子会精确地与另一个相仿；没有哪两样东西本质上是完全同质的"（§9）。

茨把历史解释为一个持续发展的过程，它主要由人类的奋斗所发动，而对人类奋斗的历史评价不仅要考虑到特定的形势，更重要的是要考虑到它的针对性动机。

莱布尼茨发展出的丰富观念和思想在他那个时代的思想史上独树一帜。在德意志，他通常被认为是现代德国哲学的奠基者，赫尔德甚至称他为"德意志曾拥有过的最伟大的人"。① 他的成就也许一直无法被完全评估。卡西尔用他自己的哲学，总结了莱布尼茨关于启蒙智识前提的创造性综合，这里应当引用相关的话语：

> 笛卡尔哲学经典的分析形式，与发端于莱布尼茨的那种新的哲学综合，在这里共同起作用并相互嵌合。从"清楚和明确的概念"的逻辑出发，我们被引至"起源"（Ursprung）的逻辑和个性的逻辑；[23]从单纯几何学到动力学和动态的自然哲学，从"机械论"到"有机论"，从身份原则到无限原则，从连续性到和谐。②

当时德意志的精神生活之所以被理性和合理性的观念支配，除了归功于托马修斯和莱布尼茨以外，也有部分是受主要来自英国的自然神论思想日益增长的影响。不过在根本上，是沃尔夫教

---

① XXX，页135。赫尔德也很清楚自己多么受益于托马修斯，这非常清楚地展示在如下几处地方：V，413；VIII，234；IX，425；XIV，323；XVI，594；XVII，205、274；XVIII，128；以及XXIII，70、466、493。

② Ernst Cassirer，《启蒙哲学》(*Die Philosophie der Aufklärung*)，Tübingen，1932，页46、47。关于对莱布尼茨哲学更细致和极其敏锐的分析，也可参看卡西尔的《于其诸科学基础上的莱布尼茨体系》(*Leibniz' System in seinen wissenschaftlichen Grundlagen*)，Marburg，1902，页404–443。

导的结果。

沃尔夫和托马修斯一样,决定以德语写作他最重要的作品。阅读他作品的受众也因此更为广泛,而沃尔夫向他们热情传达的,正是他所认同的莱布尼茨哲学的主要原理。也因为如此,他在哲学史上一般被刻画为一位莱布尼茨的"宣传家"。然而这常常贬抑了沃尔夫独立的智识贡献。虽然他的大多数哲学思想取自莱布尼茨,但他在自己的哲学、法学以及政治作品中所采用的方法,则完全是他本人的精神成就。

通过修正莱布尼茨哲学的一些学说,沃尔夫发展出一个紧密一贯的体系,这个体系将在"充分理由"(zureichende Grund)的原理上包容一切知识。他的目的就是要证明,尽管不是所有的经验事实都可以追溯到形式逻辑,它们仍都服从理性原则的统治。对此他形成了一种观点:比如单单就人的道德行为来说,唯一能够决定它的就是人对善恶的理性认知。这种理性认知本质上在于人有能力认识到自己在此世扩大幸福的潜力的限度。① 然而我们必须注意到,幸福或欢愉在沃尔夫的伦理学中不是终点,而是道德行为的天然副产品。这一特征正是德意志启蒙中早期伦理思想与晚期的区别之所在。我们以戈特设德(Johann Christoph Gottsched)为例。戈特设德在莱比锡传播沃尔夫的思想,也是沃尔夫最早的追随者之一,他宣称,既然对幸福的热望[24]为人所固有,那么所有的深思与哲学都必须主要着力于增益人的幸

---

① Christian Wolff,《对人做什么和离弃什么的理性思考》(*Vernünftige Gedancken von der Menschen Thun und Lassen*),Halle,1720,Teil I,Kap. 1.[译注]副标题是"为增进他们的幸福计"(zu Beförderung ihrer Glückseeligkeit)。

福。①所以，戈特设德比沃尔夫更多地赋予了德意志启蒙运动以幸福论（eudämonistisch）色彩和对人类能够臻于完善的乐观信念。

在18世纪的德意志，宗教以各种各样的形式寻求重新定位，激烈的论战也始终与之相伴随。但是，其激烈程度从未达到如法国一般，这或许是因为莱布尼茨的和谐思想从未被完全否弃。宗教新思维的哲学根系主要与沃尔夫的体系相连，至于人们在实践方面强调积极作为多于消极接受，则虔信主义者施佩纳（Philipp Jakob Spener）和佛朗科（August Hermann Francke）应站出来为此负责。

沃尔夫认为启示与理性并非彼此对立，两者在信仰领域皆有其特定功能。但在他看来，启示当中不允许含有任何逻辑矛盾，更确切地说，启示必须能跟单纯的玄想，特别是跟错误的要求区别开。总的来看还是很奇妙的，启示总站在附条件真理（所谓事实真理，Tatsachenwahrheit）的反面，但它不反对绝对真理（absolute Wahrheit）。沃尔夫意在借此与正统神学妥协，然而仍未能避免遭受来自哈勒的神学反对者们的猛烈攻击，他们依然认为其理性主义太过危险。沃尔夫最后也被迫离开了哈勒。

但是，迫害不仅没有达到目的，反而大大助推了沃尔夫一把，让他声名远扬。他最紧密的追随者，比如塞姆勒（Semler）、施帕尔丁（Spalding）和耶鲁萨勒姆（Jerusalem），虽然坚持启示思想，却用理性更严苛地检验它。所有方面的神学教条，只要不能被知

---

① 沃尔夫的哲学大多通过戈特设德的《世上智慧的第一原理》（*Erste Gründe der Weltweisheit*, Leipzig, 1733/1734）为人所知。这部作品用德文出版了八次，亦被翻译成法文、丹麦文和波兰文。莫里茨（Karl Philipp Moritz）的自传式心理小说《安东·莱瑟尔》（*Anton Reiser*, 1785）非常生动地展示了戈特设德的作品对同代人的影响。

性所领会的，都是粘在源初信仰上的附着物，都得丢弃。人们比以往更多地寻求经验的庇护。"我的经验[25]就是我的证明"，耶鲁萨勒姆如是说。① 对个人判断和主观判断的呼唤，对良心作为真正宗教的最终裁断者的诉求，把这几个作家带到了英国自然神论近前。不管各人对自然神论的解读多么千差万别，他们都一致认为，谴责宗教领域中的神话、奇迹和奥秘是其主要意图：②

> 宗教给我们揭示了什么？因为它最有用，也最必要，所以它必须也最有可能让人易于领会，并呈现与我们的日常观念相一致的内容，就好像我们对木头或石头、对空气或水体等诸如此类的理解一样。（Toland，同上注，页79）

英国的自然神论在发生了明显的怀疑论转向后，其影响才开始笼罩德意志。③ 施帕尔丁在1745年翻译了沙夫茨伯里的著作，贝格曼（Bergmann）在1758年翻译了博林布鲁克（Bolingbroke）的作品，而雷瑟维茨（Resewitz）1768年翻译了休谟的《宗教的自然史》（*Natural History of Religion*）。洛克，人们眼中自然神运动的哲学领军人物，愉快地享受着来自鲍姆加登（Baumgarten）、塞姆勒、埃内斯蒂（Ernesti）和米夏埃利斯（Michaelis）等作家的高度赞美。弗里德里希二世的支持也为自然神论在德意志的传

---

① 转引自 Cassirer，《启蒙哲学》，同上注，页236。对这种新信仰更细致的讨论请参看 Aner，《莱辛时代的神学》（*Theologie der Lessingzeit*），Halle，1929。

② John Toland，《基督教并不神秘》（*Christianity Not Mysterious*），3. Auflage，London，1702，页79。

③ G. V. Lechler，《英国自然神论史》（*Geschichte des Englischen Deismus*），Stuttgart und Tübingen，1841，页436。

播贡献良多。①

柏林启蒙者圈子的主要成员有尼科莱（Friedrich Nicolai）、门德尔松（Moses Mendelssohn）、莱辛、阿卜特（Thomas Abbt）以及施帕尔丁，他们均不同程度受此间已经和英国自然神论自然神学建立联系的沃尔夫思想的影响。门德尔松或许是自然神学最热情的辩护者，显然就其了解而言，他未发现自然神学的原则跟犹太民族的信仰有任何抵牾。尼科莱本人的作品意义略轻，但他创办了一些杂志，为开辟传播新思想的园地作出了很大贡献。赫尔德正是从其中一本杂志开始（《新文学通信》，*Briefe die neueste Litteratur betreffend*，1759—1765），展开了自己的[26]创作生涯。就这样，处在人文事业初期的赫尔德，接触了那些将会影响他本人宗教观的思想理路。②

政治气候和思想空气——如果有的话——要大大归功于柏林启蒙者们的文学创作。他们吸引同胞关注到讨论的价值，并让他们看到，如果没有相互的礼貌和尊重，就不可能有意见的自由交流。施帕尔丁、门德尔松和阿卜特之间的书信往来结集成《论人的规定性》（*Ueber die Bestimmung des Menschen*），读者群庞大，一共出版了五次。③ 这些作家的态度不仅体现出习惯上被划进启蒙思想的批判性要素，也体现着他们对人性（Humanität）那近乎宗教般的信仰，这种信仰突出且不带任何怀疑。门德尔松和莱辛等人更关心的是阐发上述宗教观的本质和意义，而并不关注这条

---

① Lechler，同前注，页447以下。
② R. Haym，《赫尔德：生平及作品》（*Herder nach seinem Leben und seinen Werken*），Berlin，1880，2 Bde.，Bd. I，页280。
③ Robert T. Clark Jr.，《赫尔德》（*Herder*），Berkeley and Los Angeles，1955，页25。

或那条教义正确与否。莱辛的作品《论人类的教育》(*Die Erziehung des Menschengeschlechts*,1780)远不止分析人的宗教发展,还包括对教化权近乎弥赛亚般的信仰,以及对信仰权力本身的信仰。它相信有可能创造出一个不存在任何社会限制的社会,其中的居民都向着尽可能高的道德品行而努力。莱辛的福音在赫尔德本人对教育的信仰上,以及在后来许多改革家的观念中都得到了回响。

莱辛的出发点是个体,于此他完全像是一个启蒙主义者。按照他的设想,教育的主要任务是协助个体最大程度地实现其可能性,虽然莱辛也承认,除了人本身所拥有的东西以外,教育并不能带给他更多,只是帮助他走得更快、更轻松。① 此外,教育必须有意识地朝着既考虑到全人类又考虑到个体的目标努力迈进。② 莱辛[27]认为全部教育的实质就在于让人合乎伦理道德地奋斗和成长。人唯有意识到他作为人是一种类存在(Humanum),才可能完全成为他自己。因此,一切教育都指向人性,这也是启蒙真正的终极目标。根据莱辛的理解,这个目标本身就包含着必将实现的确信,因为只有人信服该目标的可欲性,才不会再权衡行为的直接利益,而是愿意去揣摩并践行良善的事情。③ 人性不是一种与生俱来的状态,相反,它更多是一种任务,有待人通过有意发展自己的能力去完成。这种思想虽然已经存在于沃尔夫的哲学中,但到莱辛这里才获得最强有力的表达,并从此支配了所有如下作者的人性哲学:从赫尔德和歌德,到洪堡(Wilhelm von

---

① G. E. Lessing,《论人类的教育》(*Die Erziehung des Menschengeschlechts*),收入 Paul Rilla 编《选集》(*Ges. Werke*),1956,Bd. VIII,页591,§4。

② Lessing,同上注,页611,§82。

③ Lessing,同前注,页612,§85。

Humboldt）和费希特。

沃尔夫对自然、宗教和伦理的阐释，在确定德意志启蒙运动的思想方式上起着决定性作用，但它还是在世纪中叶遭到了来自另一派以虔信主义为力量源泉的伦理—宗教运动的阻击。哈曼、克洛卜施托克（Friedrich Gottlieb Klopstock）、拉瓦特尔（Johann Kaspar Lavater）、克劳迪乌斯（Matthias Claudius）以及雅可比（Friedrich Heinrich Jacobi）是其主要代表，他们皆以自己的方式强调侧重情感且常常是神秘的宗教体验。他们主张人心至上，拒绝理性的统治地位，从而在根本上与其理性主义对手截然不同，然而在宗教上，他们却分享着与对手相同的主观理念。双方在个人判断的内在价值问题上的普遍共识，包括拒绝外在权威在宗教和道德问题上行使最高裁判权，意义非常重大，而且不久就越出了伦理—宗教问题的范畴。古奇（G. P. Gooch）写道：

> 对传统的挑战并不局限于宗教的疆域；虽然神学的反叛者对政治缺乏兴趣，但质疑权威和给信仰寻找理由的习惯还是通过受过教育的中产阶级散播开来，把世俗观念与制度带到个人审判法庭面前的做法也备受支持。[①]

[28]启蒙从批判精神转向政治问题还需要一点时间。除了原生性的原因外，至少还有外国因素在促使这种批判精神加速向更多政治讨论过渡。首先要提及三个名字：沙夫茨伯里、卢梭、孟德斯鸠。在18世纪初，少有作家的作品拥有比沙夫茨伯里更大的读者群。沙夫茨伯里的《人、风俗、意见以及时代之特征》

---

① G. P. Gooch，同前注，页20。

(*Characteristicks of Men*, *Manners*, *Opinions*, *Times*, 1711。以下简称《特征》）在二十年间历经五个版本，影响力遍及全欧洲。[①] 赫尔德在临近世纪末时写道："他深深地影响了我们这个时代最好的那批作者。"[②] 一位较晚近的作家谈到沙夫茨伯里在德意志的影响时说：

> 一股新的自然情感的强劲风潮从这里出发，穿透了18世纪的思想史。沙夫茨伯里的自然礼赞对德意志思想史的发展来说格外重要，他解放了那些塑造青年歌德自然观的基础性力量。[③]

显而易见，18世纪前期在德意志占统治地位的理性主义精神姿态难辞其咎地造成了人们对情感的疏离，而沙夫茨伯里的情感哲学恰恰迎合了这种长期不得满足的情感需求。

沙夫茨伯里的很多作品是信件、对话、自省以及其他类似的文学断章，后来以三卷本合辑的形式发表，书名即为《人、风俗、意见以及时代之特征》。沙夫茨伯里不仅批评笛卡尔式的理性主义，也反对霍布斯的功利主义。他为自发冲动的重要性辩护，[29] 强调情感在面对思维着的知性时的优先地位。他尤为抗拒霍布斯

[①] 见 Irvin Clifton Hatch,《沙夫茨伯里对赫尔德的影响》（"Der Einfluss Shaftesburys auf Herder"），载 Max Koch 编 *Studien zur vergleichenden Literaturgeschichte*，Berlin，1901，页78。

[②] XVII，页158。

[③] Ernst Cassirer,《启蒙哲学》，同前注，页113、114。亦见 Cassirer,《英格兰的柏拉图复兴》（*Die Platonische Renaissance in England*），Leipzig，1932，Kap. 6。在卡西尔看来，沙夫茨伯里的"无私的快乐"（disinterested pleasure）和其"内向形式"（inward form）概念一道，构成了18世纪德语美学的基础。引处同上，页186–196。

对人类本性的心理学假设，主张人的社会本能自然得就跟性欲一样，并由此得出结论：自然状态反对社会状态的说法是个错误。① 他强调建立道德的内在情感，相信人类的善良，相信利己与利他之间能和谐共处，这为进步和人类完满的信念创造了心理上的前提条件。

沙夫茨伯里之外，再没有哪位作家像卢梭一样支配过德意志的精神世界了。卢梭的思想渗入了文化抱负的全部领域，其力度之强、方式之多，远不止一篇《起源》（Genies）那么简单。卢梭强调情感的优先地位，这对虔信派和门德尔松及苏尔策（Johann Georg Sulzer）等人不是什么新鲜事，他们已经在研究审美体验时向沙夫茨伯里的情感哲学表示由衷敬意了。卢梭的宗教思想也没有太多新东西。他所持的自然神学，在德意志长期以来也早已是同人杂志论文和评论的研究对象。② 虽然卢梭踏上了一片政治理论的处女地，但是之前也有个别人这样做过。③ 卢梭跟所有先行者的不同，是他那不满足于形式政治原理的基本观点，它把道德和社会讯息跟新的教育概念相结合。这是一种激发起年轻知识阶层想象力的串联，浪漫主义也从中汲取了最初推动力。

如此便导致了对原初力量、对素朴、自然、自发性的寻求，

---

① Shaftesbury，《人、风俗、意见以及时代之特征》（Characteristicks of Men, Manners, Opionions, Times），3. edition，London，1723，Bd. II，页 319。

② 见 Hans M. Wolff，《青年赫尔德与卢梭的发展观》（"Der junge Herder und die Entwicklungsidee Rousseaus"），载 Publications of the Modern Language Association of America，Bd. LVII，1942，页 753–819。

③ Ernest Barker，出处同前，Bd. I，页 xliv。以及前注 Gierke 的著作，页 74、75。

继而鼓舞了狂飙突进运动。① [30]赫尔德本人在启蒙的这一阶段扮演着重要角色，因而赢得了"德意志的卢梭"的头衔。② 但若对此标签不加严格限定，将导致错误的结论。③

专制主义的时代尽管偶尔也会那么开明和自由，④ 但法权的重新表达和对权力的限制都必然会成为突出焦点。孟德斯鸠知道如何处理这类问题。他的《论法的精神》不久就将成为伟大的世纪经典。孟德斯鸠强调节制、宽和——政治自由只能在适中的政

---

① 见 Roy Pascal，《德意志狂飙突进运动》(*The German Sturm und Drang*)，Manchester，1953，尤其是第一章和第二章。狂飙突进运动的历史，特别是哥廷根林苑派诗人的事迹，清楚展现了德意志青年文化人当中日渐觉醒的国族和政治意识。他们中大多数人都视克洛卜斯托克、哈曼、赫尔德和歌德为精神导师，激烈反对外国影响，反对当时的社会习俗。但也得当心，不能太把他们的文学创作当成政治思想作品来读，因为尽管年轻的诗人们清楚要跟谁作斗争，但为了什么而斗争却远不清楚。让我们来看两个典型例子：歌德的《格茨》(*Götz von Berlichingen mit der eisernen Hand*)和席勒的《强盗》(*Die Räuber*)，这两者都是狂飙突进运动的产物，但又都反对这场运动的基本思想。他们虽然向掌权者的不义和社会的不公开火，但也谴责主人公与社会不公作斗争的革命方式。即便是更为爽快的社会"革命家"如舒巴特、比格尔（Bürger）、伦茨（Lenz）、克林格（Klinger），对新政治秩序也不过是约略论及，他们在社会改革上的兴趣常常真的很短暂。当时的情况就是，几乎完全缺少一种连贯的社会哲学或政治意识形态，对此首先不能非难相关作家的个人禀赋，而更应看到这就是 18 世纪德意志社会政治状况的折射。只有极少数人，例如莱辛和赫尔德，成功超越了那个时代。

② H. A. Korff，《歌德时代的精神》(*Geist der Goethezeit*)，Leipzig，1923，Bd. I，页 74。

③ 见 A. Gillies，《赫尔德》(*Herder*)，Oxford，1945，页 53、54。赫尔德非常清楚自己受卢梭的影响有多大，特别是在康德那里就学的时候（见 Haym，出处同前，Bd. I，页 48），但他对自己无法领悟的东西也会毫不犹豫地拒绝接受。

④ 赫尔德跟他所效命的王公之间的私人往来明白展示了这一点。围绕候选人斯托克（Stock）发生的风波在这个语境下别有意味。见 XXXI，741 以下。

府形式下存在①——引发了德意志[31]思想者们的共鸣,他们和孟德斯鸠一样,认为英格兰宪制是和平渐进政治发展的理想图景。尽管愈来愈多的德意志诗人、剧作家对专制主义发起极为猛烈的抨击,如克洛卜施托克、舒巴特、毕格尔(Bürger)、莱辛、伦茨、克林格和席勒,但他们并不太想以推翻现存的政权形式为己任,反而更多寄望于它的改革,寄望于筑起防备最恶劣暴行的堤坝。②古典作家的名望也是孟德斯鸠之所以受欢迎的另一个原因,因为他们赞美希腊和罗马共和主义者的美德,而可以看到的是,就从古典渊源那里收获启发来说,孟德斯鸠的作品并不亚于卢梭的。③

但是,政治问题直到美国独立战争爆发才比以往更受瞩目,德意志也方能感受到卢梭和孟德斯鸠——也包括爱尔维修(Helvetius)、霍尔巴赫(Holbach),以及在较小程度上还有达朗贝尔——的学说在政治思想上取得的全部效果。这一时期,来自英格兰和苏格兰的政治思潮也对扩展德意志的政治视野做出了贡献,特别应提及的是伯克、休谟、斯密和苏格兰历史学派的思想家弗格森、罗伯逊(Robertson)和米拉(Millar)。④

18世纪的头十年间,德意志已出现了政治作家,但民众大多对之关注不够。这些作家通常是法学家,主要勉力于为现状(status

---

① Montesquieu,《论法的精神》(*De l'esprit des lois*),XI,4。
② 见 H. A. Korff,同前注,Bd. I,页205。
③ Kingsley Martin,《法国十八世纪自由思想》(*French Liberal Thought in the Eighteenth Century*),2. edition,London,1954,页147。有趣的是,赫尔德视孟德斯鸠为最伟大的两大政治哲人之一,另一个他认为是马基雅维利(Machiavelli)。见 XXIV,页109。
④ 见 Roy Pascal,《赫尔德和苏格兰历史学派》("Herder and the Scottish Historical School"),载 *English Goethe Society*,Bd. XIV,1939,页25以下。还可参看 G. v. Selle,同前注,页190。

quo）提供法律依据。他们忙着处理行政管理和财政问题，既无时间也无兴趣和倾向从事政治哲学研究。他们继受普芬道夫的绝对主义理论，却悄悄放弃了其民主的面相。如基尔克（Gierke）所说，普芬道夫学说的命运也正是如此，虽然他的绝对主义思想被接收下来，但只要[32]触碰到实践方面，人民的同意这一行使统治权的先决必要条件（conditio sine qua non）——也是普芬道夫原创的基本原理——就会被牺牲掉，而统治权与民权这一对老矛盾又会泛上来。①

政治思想在该世纪中叶经历了一次转折。沃尔夫虽然没有公开攻击绝对主义，但他强调法律和政府机关应服从于理性判断，实际上还是表明了不要再满足于不加批判地例行公事的态度。该如何衡量沃尔夫的影响？沃尔夫学术活动最活跃的时间是在哈勒度过的，而那里是培养普鲁士高级文官的要津，人们如果看到这点，心里就有数了。

沃尔夫质疑普芬道夫的绝对主义统治原理，支持对政治权威施加立宪主义限制。②根据沃尔夫的看法，个人权利可以合乎逻辑地从理性主义原则中推导出来。其演绎论证的出发点，是莱布尼茨所谓逻辑上的必然真理与事实真理之间的对立。前者必须在自己不可能有对立面的意义上绝对必然，否则将会产生矛盾。它也是自明的，只要它所依赖的基础观念不必也不能再进一步定义。出于同样的理由，它不需要证明自己。另一方面，事实真理则是

---

① O. Gierke,《自然法与社会理论》，同前注，Bd. I, 页 144。
② Christian Wolff,《自然法的科学研究方法》(*Jus naturae methodo scientifica pertractum*), Francofurti et Lipsiae, 1740/1750, Bd. VIII, §§29–36；亦见氏著，《自然法和国际法原理》(*Grundsätze des Natur- und Völkerrechts*), Halle, 1754, §989。

相对的，可以有反面事实。

沃尔夫认为前者等于"生来的义务"（obligatio connata），即所谓与生俱来、内在于人类本性的义务，因此是全人类共同担负的，无关于他们各自的经验事实。人性被假定为一个普遍的常数。根据沃尔夫，每一项权利都是从相应的义务，更准确地说是从作为前提条件的义务中派生出来的。他在此指的是一种自始（ab initio）便存在于每个人类成员那里的道德驱动力。与这份天生的义务相对的，是人们在社会和政治发展中［33］为满足不同境况千差万别的要求所承担起来的责任。沃尔夫把这种后天义务称作"依约的义务"（obligatio contracta），并在自己的逻辑体系中将其归为相对的事实真理。① 只有通过契约产生的权利义务才能变更以适应情势。人与人之间的一切政治和法律性的区别也都属于这个范畴。生来的权利义务与之大相径庭，例如保存生命的权利，它从根本上说适用于任何人，也不能为任何人所剥夺。

沃尔夫就是这样从理性主义的前提出发，推出了根本上的伦理—法权平等之假定。不宁唯是，沃尔夫跟之前的莱布尼茨以及之后的赫尔德一样，不认为自我保存是消极状态，反而认为它是一种成长，是朝向更高存在程度的永恒发展，是处于一种内在力量或一种自然倾向（conatus）而朝着完善的不间断的努力。为了实现这种发展，沃尔夫主张两项进一步的基本权利：自由与安全。②

尽管在沃尔夫的自然法体系中，这些基本权利不可转让和变更，但可以合情合理地说，事实上它们并不构成最后的目的。它

---

① Wolff,《自然法》, 同上注, Bd. I, §§17、18。
② Wolff,《自然法》, 同上注, Bd. I, §§17、18、26、29、31、81、85、94；亦见氏著,《自然法与万民法导论》（*Institutiones Juris Naturae et Gentium*）, Halaiet Magdeb, 1750, §§74、77、95。

们应当勠力所向的最终目标,乃是人对其能力的自由行使。沃尔夫认为人类必须努力实现这一愿望,它是人类内在固有力量的结果。沃尔夫也把该力量叫做"习惯"(habitus)。① 在这里,他明显逾越了一个自然法理论家惯常的界限,人们在处理他对政治理论的贡献时须小心领会这一事实。

和沃尔夫不同,J. J. 摩泽尔和他的儿子 F. K. 摩泽尔——当时两位杰出的法学家和政治作家——毫不退缩地公开谴责小邦国的弊政。老摩泽尔为保存传统宪制做了无望的最后努力,他儿子[34]则把火烧到了专制统治的种种乱象上,尤其谴责臣民对王公贵族阿谀诌媚,唯其喜怒是从,还有宫廷的铺张浪费现象。② 同辈人施略策尔认为小摩泽尔是"最重要的德语政治作家之一",③ 赫尔德也称赞他与小邦国的滥权做斗争。④ 不过,尽管小摩泽尔被视为伟大的爱国者和"德意志首批高呼政治自由的人之一",⑤ 但他并没有丢掉对君主施以更好教育的主张,认为这是最有效的政治救济手段。

那时在哈勒有内特尔布拉特,在哥廷根有阿亨瓦尔和施略策尔,他们都继承了沃尔夫关于宪法问题的理论,并有所推进。⑥

---

① Wolff,《导论》,同上注,§106。
② F. K. Moser,《主人与仆人》(*Der Herr und der Diener*), Frankfurt, 1759。这部作品卖掉了上万册,无疑是当时德意志地区最流行的政治读物。
③ A. L. Schlözer,《国家学》(*Stats Gelartheit*), Göttingen, 1793,页173。
④ XVIII, 258。
⑤ G. P. Gooch,同前注,页24。
⑥ Daniel Nettelbladt(1719—1791)是哈勒大学教授,可算是18世纪下半叶最重要的德意志法学家之一。他曾在马堡就学于沃尔夫,后来随其迁往哈勒。Gottfried Achenwall(1719—1772)也是法学教授,但跟身为出版人和历史学家的施略策尔一样,任职于哥廷根。

施略策尔对该时期政治思想的影响巨大，是他们中当之无愧的领头人。施略策尔的杂志《国事通告》（*Stats Anzeigen*）发行量达四千份，这在当时是个了不起的数字，以前从来没有杂志如此受欢迎，后来的数十年间，这个纪录也没有被打破。大约一个世纪以后，韦森东克（Hermann Wesendonck）这么描述施略策尔的成就：

> 施略策尔……知名度之高，连当今德国出版业都无法企及。所以毫不意外，政治领域的施略策尔在同代人眼中就如同宗教领域的路德一样。施略策尔为前驱，让德意志抓住启蒙的火光，让自由言路得以开放，[35]让腐败的东西无所遁形，特别是让国家公民意识得到唤醒和培养。①

施略策尔的雄心体现在，在德意志培养对于公共生活的兴趣，唤醒公共舆论，以求创造出有效的正义矫正机制。在他看来，没有任何坏事是公共舆论整治不了的。他办杂志是为了让所有人都能够提出其合理诉求，当然前提是他们能够证明自己说的话。②他自己很少写作，1783年他在《国事通告》上说："二十三分之二十二不是我的。"③

---

① Hermann Wesendonck,《近代史书写的开端——加泰尔和施略策尔》(*Die Begründung der neueren Geschichtsschreibung durch Gatterer und Schlözer*), Leipzig, 1876, 页118、119。
② A. L. Schlözer,《国事通告》, Göttingen, 1786, Bd. IX, 页294。
③ Schlözer, 同上注, Göttingen, 1783, Bd. V, 页516。施略策尔在其他大学取得的成就远没有在哥廷根那么大。事实上，跟德意志其他地区的情况不同，教授们在哥廷根不受任何审查。汉诺威宫廷与英格兰的密切联系无疑产生了重要的政治影响：德意志人在这里头一次学习到了何谓政治自由。

施略策尔憎恶绝对主义,但也同样憎恶革命。他力主通过教育实现改革:

> 我们从屋顶开始布道,统治者(国王还是地方官?没什么不同)是为了人民而设置的,而不是相反;他被人民立为统治者,而不是被慈爱的上帝;他欠人民一份"报告"(Comptes rendus),更确切地说时间上还要早于最后的审判。国家的全体公民,教授、地主以及农民都一样,必须担起同样的担子,因为他们享受同等的保护。听我说,让我们大声传讲这些消息,也不要再忧惧任何革命。①

他的理想是立宪君主制,其顶端应立有开明统治者。他和小摩泽尔都寄希望于德意志帝国在贤明伟人治下获得新生,就像弗里德里希二世的普鲁士和约瑟夫二世的奥地利那样。②

尽管施略策尔推广了同侪的改革思想,其眼光却基本上没有高出当时政治思维的水平。他也批评绝对主义有损人的尊严,③但接下来也不过是探讨通过何种方式方法,[36]俾令政治权力得到更有效的划分。人们有理由怀疑,施略策尔是否真正解决了权力行使的立宪主义方法或代表制方法问题。如果把人民理解为一个国族(Nation)的政治共同体,而不仅仅是统治者之外的全体臣民,那么施略策尔无论是对国族主权还是人民主权的概念都不感兴趣。④因此,民族国家之于他的意义也不大。但这一切都无

---

① Schlözer,同上注,Göttingen,1792,Bd. XVII,页253。
② G. v. Selle,同前注,页132。
③ Schlözer,《国家学》,同前注,页142–144。
④ 施略策尔视"人民统治"概念为政治词汇表上最危险的单词之一。见氏著,《国家学》,同前注,页157。

损于施略策尔属于当时最杰出的政治导师这一事实。施略策尔正确地强调，政治兴趣是政治参与不可或缺的条件，同时政治责任原则也很重要。他愿意身体力行，而且也做得很好。

在这里，我们必须提及一位为施略策尔《国事通告》做出过突出贡献的撰稿人：默泽尔（Justus Möser）。默泽尔受邀在施略策尔的杂志上发表意见，由此了解到施略策尔在政治上的广博胸襟，但两人的见解有莫大差异。[①] 默泽尔是法学家，也是奥斯纳布吕克邦及主教辖区的高级官员，以撰写《奥斯纳布吕克志》（*Osnabrückischen Geschichte*，1768）闻名于世。他的政治思想散见于不同的文章当中，属"偶有所得"，也是写于片刻的闲暇之间，因为他整个生命都奉献给了国务活动。这些断章后来由其女收集起来，以"爱国的玄想"（*Patriotische Phantasien*，1775—1778）为标题出版。

很难用寥寥数语去复述默泽尔的思想，也很难仅仅评价它的政治意义。事实上，就19世纪所用概念的字面意义来说，默泽尔既不反动，也不保守。此外，他肯定也不是[37]启蒙意义上的改革家，尽管他在本邦进行了一些旨在改善农民处境的改革。他被贴上"德意志伯克"的标签，大概也不算错。这个时候伯克还没决定写作自己的《法国革命论》（*Reflections on the Revolution*

---

① 在这一点上，施略策尔跟他在哥廷根的重要前辈、法学家皮特尔（Johann Stephan Pütter）也不同。皮特尔树立了哥廷根管理学派的美名，并吸收利用了默泽尔的观点以支持自己的论证。见 J. S. Pütter，《德意志帝国史学手册》（*Handbuch der teutschen Reichshistorie*），Göttingen，1772，页38；以及氏著《对德意志国家法的初步观察》（*Vorläufige Uebersicht des teutschen Staatsrechts*），Göttingen，1788，页13。施略策尔的老同事、历史学家加泰尔则对默泽尔批评颇多。见 J. C. Gatterer，《史部全书》（*Allgemeine Historische Bibliothek*），Göttingen，1769，Bd. I，页74。

in France），某种意义上，默泽尔为伯克在法国大革命之后影响德意志政治思想准备了土壤条件。但人们也必须当心，勿对默泽尔作为政治思想家的成就评价过高，因为他的思想在这一领域的直接影响有限，其之所以在后来又进一步流行，首先要归功于阿卜特、歌德、赫尔德和浪漫主义者对他的兴趣。①

默泽尔没有时间去设计宪法，也不重视政治理论，反而笼统称之为"抽象观念""一般原则"，并说这种理论"没有任何经验基础"。他举出例子论证说，"我们的先辈并不根据理论做判断，而是受经验引导"。② 如此一来，他的观念就与启蒙的主导见解有根本不同，后者在社会政治生活中寻找理性主义模型，相信整个人类谋求的世界可以回溯到明确和普遍有效的原则和要求，并且从这些原则和要求中可以得出同样简单的调控实际行为的准则。③ 而对默泽尔来说，政治生活则是寓于历史的实际生长中，植根于旧的礼俗和传统。他认为这些正受到政治规定和一般性法律的持续威胁：

---

① 歌德格外推崇默泽尔。在一封给女儿的信中他写道："我把它（默泽尔的文章）带在身边……我时常试着去思考：默泽尔对此可能会怎么想、怎么说！"见 Justus Möser，《全集》（*Sämtliche Werke*），Abeken 编辑出版，Berlin，1842/43，Bd. X，页 233、243。亦可参看 Ernst Hempel 的博士论文《默泽尔对同代人的影响》（*Justus Mösers Wirkung auf seine Zeitgenossen*），Freiburg，1931。

② Justus Möser，《全集》，同前注，Bd. II，页 165。

③ 此处很关键。默泽尔先于赫尔德否定启蒙，否定狄尔泰（Dilthey）笔下的那个"一切事物都只应通过推理来理解，只能被推理思想引导，因此能够全然理性地解决政治问题"的时代。见 Wilhelm Dilthey，《十八世纪与历史世界》（"Das achtzehnte Jahrhundert und die geschichtliche Welt"），载 *Deutsche Rundschau*，1901 年 7 月号，页 359。

[38]一般性规定出台得太多,遵守得又太少,是这个时代的普遍悲哀。最有可能的原因是,我们在一条规则之下塞进了过多东西,更喜欢攫取自然的财富,却不愿意变革我们的制度。①

一个事件只有在经历了几个世纪以后,才能获得历史的以及默泽尔所谓正当的存在理由(raison d'être),也即获得社会政治的承认。受历史支持也就等于自己有了自己的道理,这是理性评判所无法企及的。在这一理论的烛照下,甚至连卢梭的原初平等假设,以及他对普遍有效的社会契约的信念,在默泽尔看来都显得荒谬可笑。根据默泽尔的看法,在历史长河中找不到能证明卢梭这些假设的任何蛛丝马迹。他说,给虚构的人发明社会契约简直不得要领,那些人的存在完全是理论家的抽象。猎人或牧羊人组成社会和农夫组成社会的条件是非常不同的。②

施略策尔理想中严肃开明君主治下政治统一的德意志帝国,对默泽尔也有一定吸引力。但与此同时,默泽尔也极为不信任由强大王权统领的集权国家的前景。他担心,中央集权将不可避免地导致整齐划一,乃至摧毁社会和政治生活中一些最可宝贵的东西:帝国各地的特殊礼俗和不同的在地传统。虽然眼下的政治分裂威胁到同胞们的公民自豪感及其朴素的爱国情怀,但中央集权的危险与之相比还要大得多。职是之故,小邦国不过是小恶而已,它与自己的政治现实是相符的。默泽尔问道:若能克服小邦的主要弊病,那么小邦割据主义有没有可能是一切可能的政治现实中

---

① Möser,《全集》,同前注,Bd. II,页 26。
② Möser,《全集》,同前注,Bd. IX,页 174。

最好的呢？为什么不应在每个森林中执行它自己的规矩呢？为什么每个城镇不应有自己的治安体制，每个村落不应有自己的法度，就像它们也有本地需要和特殊历史传统的诉求？何必要把所有这些千差万别的事物置于一个普遍的政治秩序之下呢？为什么想要成功就必须诉诸暴力？① [39]单纯用暴力就能让人在政治上表忠心，这种可能性使默泽尔感到满心恐惧和痛苦。他的政治感情深受伤害。

因此，默泽尔支援施略策尔与绝对主义作斗争，实是出于另外的理由。默泽尔对绝对主义的否定，源于他本人确信绝对主义往往会破坏传统的社会形式。对默泽尔来说，这种习传的形式表现为一种社会和政治框架，即贵族面对着一个由商人和地主组成的中产阶级，他们有社会自我意识、政治上很突出且参与决策。

显而易见，默泽尔认为财产构成一切政治权利的必要前提。穷光蛋没有什么可以拿来投入，因此也没有资格要求参与政治决定。② 改变现有财产分配状况以创造更大的公平，这一思想对默泽尔来说是完全陌生的。

> 如果第二等级聚集起来，自行宣布并向第一等级的成员宣布他们也是人，就是要享有跟第一等级一样的土地权，这将是公然的暴力。③

他甚至捍卫作为历史事实的农奴制度，尽管他也认为过分的

---

① Möser,《全集》，同前注，Bd. II，页 25 以及 Bd. III，页 67。
② Möser,《全集》，同前注，Bd. III，页 291-308，以及 Bd. V，页 195 和 203。
③ Möser,《全集》，同前注，Bd. V，页 182。

经济剥削和对农奴的社会贬低从长远上来看会损害国家利益。[①]

特赖奇克高度评价默泽尔的政治思想，[②]但实际上很清楚，默泽尔在这一领域的声音并非主流。在理性普遍主义和世界公民主义的时代，默泽尔实则在孤身捍卫实用主义和本土意识。[③]的确还是有另一部分人支持[40]爱国主义，比如阿卜特、格莱姆（Gleim）、克洛卜施托克、索嫩菲尔斯（Sonnenfels）等人，但他们当中没有谁像默泽尔那样狭窄地理解爱国主义，只认希腊城邦国家是值得模仿的政治典范。只有少数同代人附和默泽尔的小国寡民政治信条。究其原因，或许正如有人最近提到的，"病人已经受够太乡土、太传统了"。[④]而默泽尔赞颂的正是这种乡土主义和传统主义。部分原因是，默泽尔不像施略策尔，不是个大胆而积极的出版家。尽管如此，他的政治经验和历史理解，包括他对中世纪的崇拜，在后世政治思想和史学思想中仍有巨大回响。尤其是他强调社会和政治生活中的有机生长要素，这给赫尔德自己的有机主义政治历史观念提供了颇多助力。

在这一章中，我们试着对德意志18世纪政治生活作一综览，特别关注与赫尔德在世期间的主流政治理论相关的社会环境和

[①] Möser，《全集》，同前注，Bd. IX，页241。亦见页173。

[②] 特赖奇克谈到默泽尔时说，他是"德意志青年文学生活中唯一强健且特立独行的政治思想家"。Heinrich v. Treitschke，《德意志史》，同前注，Bd. I，页140。

[③] 他对法国大革命冷漠以待。1790年时他说，"人类的权利以前还从没有给刑法制造过这么大的混乱！"（《全集》，Bd. V，页194）。对于人民概念，他补充说，"'人民'，下降为分母的一大群人"（同上，页195）。他对主流的普世政治雄心同样也只有轻蔑："时髦的博爱，却让市民的爱心买单。"（《全集》，Bd. II，页164）

[④] G. P. Gooch，同前注，页29。

思潮。可以看到，从普遍政治麻木的背景下，某种程度的政治意识正如何生发出来；更确切地说，这种意识主要是外国思潮的涌入和他国政治事件的作用催化出来的产物，自然法作家、虔信主义者、启蒙主义者以及相当数量的狂飙突进时期的诗人，并没有把土壤条件完全准备好。① [41]人们可能会抗议我遗漏了康德的政治书写，他是本世纪最重要的思想家之一。然而我这么做也不无道理。要准确评估康德对赫尔德总的影响极为困难，而且康德的作品在政治思想领域对赫尔德来说是否重要，同样存疑。

康德的大多数政治作品发表于法国大革命爆发后，此时赫尔德已经完成了他的主要政治书写。② 而且，赫尔德在康德那里就学期间，康德更感兴趣的是哲学、神学和数学问题，而不是政治问题。这并不表示康德的哲学文本没有显露出政治维度。康德对道德自由的定义以及他的自主学说，毋庸置疑给作为民族主义思想的至高善（summum bonum）的自决原则注入了生命活力。不过，这些多发生于19世纪而非18世纪。

---

① 在此处或许也应点到所谓的慈善家和共济会成员。慈善家相信教育能疗愈社会政治弊病，这在他们对教育改革的热情中清晰可见。他们中有些人，比如巴瑟多（Basedow），着眼于贵族学校的教学法，主要致力于改善更高等级的教育状况。也有另外一些人的社会改革目标旨在强化唯才是举，比如坎珀（Campe）和特拉普（Trapp）。共济会成员也敦促取消社会壁垒，然而其启蒙理想与实际作为之间的不一致往往招致批评。人们在莱辛的《恩斯特与法尔克》（Ernst und Falk）中便能读到这类批评。

② 赫尔德奉行的座右铭"人跟动物不同，不需要主人"，有可能产生自跟康德的论战。康德的论文《世界公民观点下的普遍历史观念》（*Idee zu einer allgemeinen Geschichte in weltbürgerlicher Absicht*，1784）与赫尔德的上述观点正相反对。但另一方面，赫尔德的这一准则与其全部哲学贴合得丝丝入扣，可能并不需要一场"挑衅"也足以说出这样的话。

康德的专门政治著作也是从 19 世纪才开始影响德意志政治思想的。[1]

在赫尔德的德意志，我们迄今都找不到太多国族意识发达的迹象。倒应该说，主要是狂飙突进运动期间的一些发展，对民族主义思想的培育起了决定性作用。更早的时候，托马修斯、沃尔夫、戈特设德、波德默（Bodmer）、布赖廷格（Breitinger）、苏尔策等人曾呼吁诗人和学者不要不尊重德语，而要更有意识地去爱护它。克洛卜施托克和戈特设德更进一步，要求建立一所德意志科学院，以促进德语在科学、语言、艺术和诗歌创作领域的运用。赫尔德在 1787 年应巴登藩侯弗里德里希之邀，为一家"德意志共同精神爱国研究所"（Patriotisches Institut für den Allgemeingeist Deutschlands）草拟计划。[2] 柏林圈子的成员 [42] 以及一些大学也为保育德语及创造德意志文化意识奉献了很多想法和努力。这些围绕着德语的显著努力，无疑也是上升时期市民阶层用以对抗法国化宫廷和权贵上流社会的政治斗争武器。[3]

然而，所有这一切都与科苏特（Kossuth）或马志尼（Mazzini）可能主张的民族主义，也与法国大革命据以创造政治意识新时代的民族主义相去甚远。随着这个以民族主义为主导的世界的出现，赫尔德构成了其历史发展链条上的一个重要环节。因为他创设了新的基本原则，即语言是社会政治联合的唯一自然基础，因此也

---

[1] 见 Franz Schnabel,《十九世纪德意志史》(*Deutsche Geschichte im neunzehnten Jahrhundert*), 4. Bde., 2. Aufl., Freiburg, 1948—1951, Bd. I, 页 188。

[2] R. Haym, 同前注, Bd. II, 页 487、488。

[3] Max v. Boehn,《风尚：十八世纪的人与时尚》(*Die Mode. Menschen und Moden im achtzehnten Jahrhundert*), dritte Aufl., München, 1928, 页 17。

是不可或缺的基础。

通过树立这个基本原则,赫尔德"击打岩石,自此,民族主义思想和行动的水流就从那里源源不断流淌出来"。① 不宁唯是,通过在"人民"和语言共同体之间画等号,赫尔德复又在政治宇宙中置入了一种不可摧毁的自然力量,并为政治论证辩证法的新信条创立了意识形态前提。

---

① Carleton J. H. Hayes,《赫尔德对民族主义学说的贡献》("Contribution of Herder to the Doctrine of Nationalism"),载 *American Historical Review*, Bd. XXXII, Nr. 4, Juli 1927, 页 720。

第二章　赫尔德的有机体概念

[43]以前的研究已经清楚说明，直至18世纪，人们对于一个国家的领土边界应由什么因素来确定这个问题，仍不甚了了。赫尔德曾致力于探究这一问题也在情理之中。年轻时，他希望自己能追随莱吕库戈斯和梭伦的足迹，并且下定决心投身于活跃的政治生活，以博取功名。①

然而对于后来的政治理论而言，崭新且极其丰富的是这样一个事实：赫尔德历史阐释和世界阐释中的政治关切是次要的，而他的政治思考也因为这些阐释获得了精神和思想品格。只有看到这一点，才能对他的许多表达有所体会，否则它们可能本不会引发人们政治方面的考虑。

这种新思想方式的核心是有机体概念。赫尔德糅合各家学说，与自身学说相结合，成功地以有机体概念为基础构造出一套哲学，将以前孤立和散处的事物看成统一的。本章的意图便是澄清此哲学的基本特征。

赫尔德首先处理的问题缘于两个无可辩驳的现实情况。其中一个关乎差异性和多样性，它们既存在于自然领域，也存在于社

---

① 赫尔德1769年经海路前往法国的旅途当中所写的日记《我的旅行日志》(*Journal meiner Reise*)在这一点以及其他重要的点上颇有指示，特别是IV，353-364和401-474。

会领域；另一个关乎变化的持续过程，一切自然现象和社会现象都服从于它。现在的问题是，差异性能否有别于混沌，以及变化的内涵是否不止于现象的随机排列。如果人们应当以经验观察和检视为基础，那么需要回答的就是，在第一个方面，统一性原则（das Prinzip der Einheit）的内容是什么，在另一个方面，连续性原则（das Prinzip der Kontinuität）又意味着什么。赫尔德认为这即是他的任务。

1　统一性问题

认识论的前提

[44]赫尔德以严肃经验主义者的姿态展开他的哲学研究，从一开始就质疑作为先天（a priori）有效性而出现的形而上学抽象概念及定理。① 但很快他将看到，人若仅靠感官感觉（Sinneswahrnehmung），就无法获得关于外部世界的充分认识。赫尔德承认，我们所经验的素材并不是由外部世界径入人心，并向我们展示真实现象的原材料，而只是一些聚合物，外部世界的事物在被转化为经验的过程中，也已受到了接受者自身观念的影响。赫尔德把经验定义为知觉的一种状态，在这种状态下意识已经达到了显著的程度，因此，经验是个体精神的活动，感官感觉经此活动被改造为人自身的想象。

---

① II, 326；VI, 83、183；VIII, 267；IX, 413。

> 我们感觉的所有对象，仅仅在被意识到时才是我们的，也就是说，它们或多或少清晰生动地标识出我们意识的印记。（XV，525）

人就是如此复杂的存在，即便他使出浑身解数，也不曾达致简单清晰的状态。与此同时，他看、他听以及用自己复杂身体系统的所有器官接收那些形构他总体精神状态的外界影响，这些影响虽然大部分仍只是属于不确定的感触而已，却从无间断。他踏入印象之海，大浪将他送往某个方向抑或每个方向，时远时近，波涛用周边环境"刺激"（stimuli）他，从而改变他的内在状态。在这重意义上，每个个体都表现为一个小宇宙。身外对象被耳、目以最清晰和最有形的方式送抵头脑。头脑有天赋将这些对象保存在记忆中，并以语言的方式[45]加以说明，头脑也有能力从想象和图像中创造出一个有序世界。甚至精神的抽象观念在耳和目中也有其起源，这一点在如下全部来自视觉领域的概念类型中尤为清晰：直观、观念、图像等等。而触觉，特别是手部的触觉功能，也为精神提供了抽象的语词（如概念术语），但是味觉和嗅觉对此则贡献较少（XV，523–524）。

赫尔德在上面引用段落中的表达方式，可能会引人去猜测他的经验理论是不是与洛克的同类理论有亲缘关系。两者之间的确有种种相似，却也有重大区别。赫尔德分享洛克的那个信条，即我们的全部观念采自经验，并经由感官涌入精神。但是，洛克由于把感官感觉的印象视作经验的原材料，因此区分了两个阶段，经由印象，反射，然后才到行动。赫尔德则不采用此种区分。在他看来，经验的过程尽管非常复杂，却是单一的创造性进程。赫尔德强调说，创造性是因为我们不仅看，还为自己创造图像

（XV，526）。

如果我们接着探讨赫尔德在统一体的先决条件上的论据，以及他关于共同作用的原理、力量概念和灵魂理论，就会更清楚，洛克与赫尔德在思考经验问题的方式上有着根本性质的区别。然而在这之前，有必要更加详细地考查赫尔德对认识论问题的态度。

所有我们能从外部世界认识到的东西，都只能由精神在认知的过程中创造，这点前面的段落已有说明。这种认知尽管是经验主义的，但仍包含着精神的统合与创造功能。事物是否果真如它们向我们显现的那样？对此不可妄下断言。赫尔德绝不否认这点。他承认，我们称作"认识"的东西完全依赖于接受它的精神。我们对外部世界的感知就好比踏入外部世界的钥匙，它取决于个体心理—生理的具体情况。

> [46]我们只能感受到自己的神经所施与我们的；之后，我们唯有由此开始思考。（VIII，190）

因此，是感知着的精神，而非更外在的对象，导致了感知的产生（XV，528），在这里，赫尔德是反对洛克的。

这个结论大概把读者引向了某种与贝克莱相近的观点，还可能进一步导致外在事物的真正存在变得可疑。赫尔德在"元批评"（Metakritik）上的初始论点似乎暗示出这种观点。在那里，他论及与对象本性相符合的认识有程度之别，这些对象是由意识来处理的。举例来说，当我们在原因与结果之间建立彼此关联时，我们只能观察到——这里赫尔德追随休谟——从事件到事件这一过程中的规律性，虽然我们在想象中把它们彼此勾连在一起，从而假设它们的因果关系，但我们绝无可能从它们的必然联系中获得确定的知识。① 与此相类，当我们谈到事物的特性、相似性及区别时，离精确获知事物的真实本性和真正存在也还很遥远。只有在自我作为意识的客体时，我们方有可能确定地断言拥有关于其存在的认识。②

这个结论的意义在于将人引至一个关键点，在这里，赫尔德的观点得以与主观唯心主义区别开来。赫尔德论定：当自我意识表现为一种确定的、可靠的知识，并因此成为一切人类认识的前提时，它不能仅仅是主观的。自我意识包含主观要素，但也同样包括客观要素，[47]因为，自我不仅是认识的主体，也是被认识的客体。③ 更进一步讲，自我并不是意识的产物，因为认识以认识者（der Erkennende）为逻辑前提（XXI, 152）。基于同样的理由，我们切不可认为，那些对极为零碎和不完整的外部世界的认识，仅仅是人类意识的造物而已（XXI, 166）。

赫尔德的自我意识构想与其有机体学说有着直接关系，因为后者阐明了自我意识构想的关键问题之一：主客体关系。在这个语境中，赫尔德使用了"内在体验"（innere Erfahrung）或"内在认识感觉"（innerer erkennender Sinn）等概念。④ 与此同时，他还格外小心地避免将其与天生的、直觉的能力相混淆，正如他一点也不曾在先天的意义上来把握它们（IV, 5）。赫尔德解释说，

---

① XXI, 150-157；亦见于 XVI, 522："任何从因到果的推论，或者反之，任何从果到因的推论，从来都不是一种证明，而永远只是一种猜想。"

② 接下来我们将看到，赫尔德所指的自我并非静止不变的总体，而是个性力量的存在，虽然这种力量永恒变化，或者不如说其自身包含变化，但因其具有"连续性"，所以它并不是诸多变化状态的单纯积聚。

③ XXI, 292："在我当中有个双重自我；当我能够且必须成为自己的客体时，我自己是有意识的。"

④ XXI, 158；也可参看 XV, 527-528，以及 XXIV, 383。

自我意识既不能是直觉的，亦不能先天地存在，因为它与来自自我所占据的外部世界的经验须臾不可分离。

> （这种内在感觉）不是先天的未知，也不是从造物上剥离出来的、从一切对象中被分离出来的部分。（XXI，87）

此论断把我们带向了问题的核心。因为，当自我意识不被视作单独的、另外的存在或独立自主的过程时，也即不将其与自我的认识客体剥离时，换句话说，在认识活动中，当认识的自我和被认识的客体经由某种方式被纳进彼此的关系，而不是真正相互分立时，我们就必须得出结论：自我意识是自然或现实的某一确定的部分。由此便产生了认识的自我与被认识的对象之间应该存在的关系或相关性的问题。除此以外，这种相互关系的性质是什么，仍存疑问。

首先来处理第二个问题：如果我们认为自我意识这种东西完全不同于构成外部环境的有形的客体 [48]，例如，我们把其中一个视作非物质的，而把另一个视作由物质构成，那么这两者之间的关系究竟是如何建立的，就很难理解。这个问题似乎无法解决（笛卡尔也曾明确指出），除非能够证明，非物质的自我意识与由物质构成的环境之间的对立源于一个错误的前提。赫尔德就是从这里开始的。

本体论的预设

如下公理是赫尔德的出发点：存在（Dasein）包括积极行动（Aktivität），被动地"在"（Sein）不仅不可想象，而且本身就是自相矛盾的。

> "在"建立在一种实体（Wesenheit）的基础上，它存在的每一个瞬间都在证明着实体。我们称这个证据叫做它的效用……生命和运动也因此是存在的无从回避的必然结果（XVIII，340）。

如果存在包含着效用，也就预设了器官和有机体的生存，因为根据赫尔德的观点，行动只有通过器官，才能在自然中得以展现（XVI，452）。因此，我们所谓的"在"或者"现实"就是一个通过有机作用——换句话说就是通过活生生的宇宙——而得以显现的世界，因为生命和有机作用本为同义词。由此可见，物质只有和行动相结合，因此也是和生命相结合的时候，才能存有，舍此便无所依存。

> 物质不是死的而是活的，因为依照内在和外在的感官，成千上万活跃的、形形色色的力量在其中起作用。我们对物质的认识越多，在其中发现的那些力量也越多，这样一来，无生命的扩张的空洞概念就完全隐而不彰了。①

简言之，生命和物质因此不再是两种不同的实体；在物质与非物质之间，自然并没有固定一块"铁板"。② 赫尔德认为，

---

① XVI，453；也可见 454-456，以及 VII，169-170。
② VIII，193："我还不清楚，物质或者非物质指的是什么。但我并不相信，自然在两者之间固定了一块铁板，因为我在自然中从未见过这块铁板，当然了，最起码我能推测，那里是自然紧密合一之处。"

它们的关系仅涉及[49]一个渐进式的区分，不存在根本上的对立。①

所以，赫尔德把整个问题看成是个假问题。现实的"素材"被证明为根本上是同质性的，即作为精神现象、心理现象、生理现象不可分割地交织在一起的有机效用。宇宙可比作有机体，或者更精确地说，可比作一组互相结合的有机体之全体，并在这个意义上被视为总体和统一体，正如我们把人的有机体也想象为总体或统一体一样。

赫尔德称宇宙为总体，目的在于将其与单纯集聚区分开来。单纯集聚作为一个实体，不过是各个部分的简单加总，诸部分是分立的，彼此间并无关联性，其数量可增加或减少，但对一个总体来说，这顶多是在量的意义上影响它，与其性质无涉。所以，总体多于其部分相加之和。这种复多性并不存在于被孤立看待的部分之中，毋宁说它产生于相互关系；同时，部分的性质和关系的类型亦由总体加以确定，部分属于总体。某种程度上可以说，总体扮演着相互依存的关系之体系的角色。因此，人们不可能不伤及总体的结构和本质而对部分做出丝毫改变。简言之，总体的性状就是一个有机统一体的性状，其中诸部分并非简单累积在一起，而是功能性地彼此联结。

构成体系的诸部分的多样性，或曰有机体的多样性，不仅包含认识的自我，同样也包含被认识的客体，这毫无疑问。

> 没有任何两粒沙子是彼此相同的，更何况像两个人的心

---

① XIII，172；也可参看 VIII，178。

灵这般丰富的胚芽和力量的深渊了。①

因此,赫尔德将多样性视作持续互动过程的一个本质结果,也是有机作用的必然后果。

[50]我们接下来要处理的问题是,认识的自我与被认识的客体,二者的关系究竟是什么性质。

赫尔德继受莱布尼茨关于连续性(lex continui)的思想,秉持如下观点:有机作用的特点是自然现象之间的相互关系和不可分割性。对他来说,自然中没有任何东西是孤立的,一切事物和事件皆彼此依存。

> 在一切关系之外,我们认识不到任何事物;离开了关系,没什么是可以理解的。②

与此同时,一切活动,无论是在自然王国还是在人类社会中,都受"最坚定的个性"所指引。③一切都既是手段又是目的。④

不能将一项事物从与其他事物的共同作用中拎出来,孤立地去认识它,自然界——如同人类社会一样——由相互联系的有机体组成。根据这一原理和思想,任何个体在某些个性上对总体来说都必不可少,这就是赫尔德有机关系哲学的基本前提假设。

---

① VIII,226;也可参看 XIV,83。
② XXI,179。赫尔德认为一切行动都"交互作用于彼此"(XXI,182)。
③ XIV,83-84:"简而言之,诸多生命力量在最为确定的个性中的全部共同作用,决定了自然界的所有世代,也决定了人类王国的所有重大事件。"亦见 XVI,488 及 546-548。
④ XXII,279;也可参看 V,559。

赫尔德理论中的单个有机体虽然可说与莱布尼茨的单子相仿,但两者间仍存在着一项重要区别:赫尔德式的"单子"有"窗户",这意味着,他并不把这些基本单位设想为本身内部自成一体、在外部以某种方式彼此联结的东西。在赫尔德笔下,单子的含义要更多一重,不只是指本身(in sich selbst)倾向于与其他统一体相结合并共同起作用的客观实体:

> 根据永恒的法则,它们在那里,它们相互决定,彼此交替着发挥作用。(XXI,182)

所以,自我意识不是一段孤立的过程,不是发生在自我当中的外部经验的抽象化过程。自我不仅感知周边环境,也感知自身的内在状况,[51]这正是稳固的相互关系的一项功能,而上述关系就在自我的内里与表面之间运行。由于否定先天起源,赫尔德把自己的论断推得很远,可以说,甚至自我意识觉醒的初次激励都是从外部世界获得的(XXI,152)。

可见,认识的自我与被认识的客体之间的关系不是什么外在的,毋宁说就根植于它们的本质之中。然而这并非思考的终点。因为如果作用是相互的,那么两者中的任何一个都不可能是被动的或静止的。由此而产生的宇宙图景中,构成性的部分积极地彼此关联,进一步说,这种关联处在一张相互作用的动态之网中,并通过内部关系来实现。如果这幅图景不谬,那么就意味着在宇宙中没有任何一个事物能够孤立地实存,或者能够脱离相互关系的内在联系而得到正确认识和理解。

不过,假如忽视了赫尔德的"力量"(Kraft)概念,这幅图景也不完整。因为力量是所有行动的联结环节的表现。赫尔德在

"一种活跃的能量"这一意义上使用该术语,这种能量决定了存在(Sein)是其所是。①

赫尔德必须承认,上述"力量"概念有实质的形而上学起源(VIII, 178)。它旨在取代形而上学的实体(Substanz)观点,以规避一种危险的二元论,如赫尔德所见,这种二元论在笛卡尔的体系中已然存在(XVI, 458及549)。力量作为对实体的替代,偶尔被等同于上帝。②赫尔德没有尝试去更精确地定义力量概念。如果把功夫下在此处,不啻逾越了他的观点,到达了认识的边界。但这样一来,哲学也就只能将力量预设为存在的第一源泉,却不能解释它。③可这个预设建立在什么之上呢?如何证明它的存在?赫尔德的回答是,我们必须相信基础力量(Grundkraft),因为"数十万计"的现象已证明了它的实存。④"力量"虽无法从起源上得到解释,[52]却能够通过体现其作用的外部表现来观察和描述。因此,力量的作用似乎能够而且应当接受人类不断丰富的理解力的检验。力量的形态是一种有机效用,因为只有借助官能和有机体,力量才得以显现。根据赫尔德,力量以此为心理—生理的联结提供了最佳证明。⑤

赫尔德对力量的处理之所以引人注目,还有一重理由:它属于受当时新式生物学引导,并将生物学思路用于哲学观念上的最早尝试之一。由于赫尔德在这方面的推论并不限于形而上学难题,甚至会触及历史和政治领域,因此,简要介绍概念上的发展大概

---

① XXI, 228:"存在者经由力量而存在。"
② XIII, 273-276;亦见 VIII, 197 以及 XVI, 453。
③ VIII, 177;也可参看 XV, 533 以及 XVI, 441 和 522。
④ VIII, 175。
⑤ VIII, 175 和 193;也可参看 XVI, 452。

不可或缺。

根据克拉克（R. T. Clark），中古高地德语中的"力量"（Kraft）是对 vis 这一概念的翻译，这也是中世纪对 vis 的惯常理解。① vis 概念的意义在经院哲学中大体被限定为"能力"（Vermögen）或者"本领"（Fähigkeit），指的是令事情之所以发生的原因。Potestas 则是另一种表达，内容上与 vis 相同。当时这些概念间的互换使用非常频繁。② 然而并不存在对 vis 概念唯一的、基础性的阐释。使用复数形式 vires 来代替 vis，并应用于上位或下位范畴，是一种趋势。

莱布尼茨率先采用了 vis viva 概念，它和质量（Masse）一起，并列为物理学的原初原理。不过，仅有波尔哈夫（Boerhaave）在人类力量的意义上采纳莱布尼茨的用法，且给以生物学的说明。哈勒尔（Albrecht von Haller）在他1757年的论文《人体的生理元素》（"Elementa physiologicae corporis humani"）中，推进了波尔哈夫的生理学理论，赫尔德就是从这儿继受了关于生命力的观念。③

哈勒尔并未假定一种根本意义上的 vis vitalis，而是与之谨慎地保持距离，[53]因为他找不到可见的真凭实据。出于这个缘由，哈勒尔更喜欢谈论复数意义的生物学力量，但与此同时，赫尔德

---

① Robert T. Clark Jr.，《赫尔德的"力量"概念》（"Herder's Conception of 'Kraft'"），载 *Publications of the Modern Language Association of America*, vol. LVII, 1942, 页 740。

② Ludwig Schütz，《阿奎那百科全书》（*Thomas-Lexikon*），Paderborn，1895，页 865。

③ 赫尔德无疑对哈勒尔的《元素》非常熟悉；尤请参看他的《人类最古老的证书》（*Aeltesten Urkunde des Menschengeschlechts*，1774—1776）的第四部分，在这里，他频繁提及哈勒尔的作品，有时甚至还给出了引文的卷数和页码。

则并不知晓哈勒尔的顾虑。赫尔德认为一个唯一的原初力量便能囊括全部的 vires，而前者是后者最初和共同的源泉。这种做法远远越过了那个时代的生物学知识，从而意味着形而上学的一个飞跃。

但是，赫尔德并不当真对生物学的发现感兴趣。看起来他主要在乎两件事：首先，要把"范畴哲学家"（Kategorien-Philosophen）从权威宝座上驱逐下去；第二重要的是，向洛克发难，撼动他的力量学说。对赫尔德来说，在第一个问题上坚持到底，似乎是自己的人类心灵理论的基本前提。同样地，他的发展理论也需要他在第二个问题上有说服力。

心理学预设

不出所料，赫尔德用以支持心灵有机统一理论的论据，得自其认识理论和形而上学预设，对此我们已经做过探讨。他认为，人的心灵是更大的宇宙总体当中的一个小宇宙。恰如宇宙是个有机的统一体，多于自身构成部分的积聚，人类心灵也不只是人体器官的简单装配或器官捕捉到的感觉的综合。心灵从神经那里获得的不仅是感官感受的单纯刺激，它会对刺激持续产生反应，所以，心灵会有多于刺激积聚的反应，并在其自身效用（Wirken）中得到证明（VIII, 291）。赫尔德强调，与其说这些活动可比作钟表走动那样的机械式工作程序，莫如说它是一种创造性过程。心灵把不同感觉相互联系起来，创造出一些比激发了行动的感觉更新、更多的东西。①

[54]但心灵究竟是什么呢？赫尔德的回答极为清晰，表达也

---

① VIII, 249, 以及291。

很明确。心灵不是人类本质的一个部分;它就是人类的本质。

> 有感受力和为自己创造图像的心灵,有思考力和为自身订立原则的心灵,是制造不同效果(Wirkung)的同一种生机勃勃的能力;"我们是整体感知着的人类"。①

如是,心灵的位置便不是固定的。依笛卡尔之见,心灵是单独额外的东西,是人体中某个特别的部分,但赫尔德不赞成这个看法。他认为,心灵并不像笛卡尔的松果体那样有固定位置,而是全部神经的联结,是一切人类器官的共同效用(Zusammenwirken)。它多于大脑。正如赫尔德所指出的,对于实际上发生在心灵中的事情,大多数时候人们却错误地在头脑中找寻其原因,但事实上那原因还可能在横膈膜以下哩(VIII, 179)。

赫尔德的答案显然以事物之间会相互关联、相互作用这一基础预设为前提。这些事物通常被区分为生命和物质,在当前语境中,它们分别表现为心灵和身体。他对上述预设的论证,我们早先已经处理过,因此不必再赘述细节。但我们应该还记得,赫尔德没有从本质上区分物理学现象与生物学现象。与此类似,他拒绝将生理学和心理学的特征看作独立的客观存在来处理。在《日志》(*Journal*)中,他已经谈到这个问题:

> 离开了身体,我们的心灵将百无一用。(IV, 454)

在他较晚的论文《论人类心灵在其起源与作用法则下的认知

---

① XXI, 19 和 83;亦见 IV, 28:"它(心灵)就是一个人。"

和感觉》（"Vom Erkennen und Empfinden der menschlichen Seele in ihrem Ursprunge und den Gesetzen ihrer Wirkung"，1778）中，这一点阐述得更为准确。其结论可由如下引文来概括：

> 我微不足道的看法是，心理学如果不是在每一个步骤上都是某种生理学，那是不可能的。（VIII，180）

[55]相应地，不可能存在任何一种与人类身体理论相分离的人类心灵理论，也不可能存在不同时是生理学的心理学。赫尔德再次从哈勒尔那里继受了更多的东西，甚至比后者实际上能提供的还要多，因为根据哈勒尔，生理学的和心理学的力量是彼此完全分离的客观实体。[①] 在赫尔德看来，哈勒尔之所以持如此看法，是因为在分离的力量范畴概念中思考是当时的习惯，而哈勒尔不能从中解放自己。

按高级范畴和低级范畴来划分能力（天资）的做法，正是与上述思维习惯相伴的倾向，但按赫尔德的观点，人们如果想要停止使用抽象语词，以便用有机主义来替代关于人类心灵的机械主义观点，就必须抛弃这种做法。赫尔德说：

> 人们习惯于塞给心灵大量的低级力量；……如果人们只是高高在上把它们当成观念来对待……或者完全跟分拆单元界限分明的木构建筑似的去分隔它们，认为它们是独立的个别的东西，那就完全没有触及这些力量的根基。[②]

---

① Albrecht v. Haller,《元素》(Elementa)，出处同上，Bd. IV，页 464。转引自克拉克，出处同上，页 746。
② VIII, 195-196。

赫尔德特别热衷于把理性从它作为心灵最高能力的统治地位上驱逐下去。① 他挖苦并反讽所有以这种方式追捧理性的哲学家，尽管他们的思想可能也很有价值。他们的所作所为属于赫尔德口中所谓的哲学废话。

> 人们已经认定，人类理性是心灵当中一种新的、可予剥离的力量，相较于一切动物，理性已属人类特有的附属物，它就好比梯子最底层三个梯级上头的第四级，必须独享人们钟爱的目光；当然，正如伟大的哲学家所言，那是哲学上的废话。（V, 29）

不过，对卢梭那样把理性看作单纯能力或隐秘力量的做法，他也颇有微词。他断定，以这种方式来谈论理性等于空话连篇（V, 32）。

[56]对赫尔德来说，理性跟判断非常切近；他相信这关乎过程，而无关乎能力。按此理解，理性不能与心灵的其他力量相分离。赫尔德对此有如下论述：

> 我们是能以思想和言辞的形式，出于某种用途，把理性从我们本性的其他力量中间筛出，但我们永远不应忘记，倘若与其他力量分离的话，它就不能维持存在。就是这同一个心灵，它思考、欲求，它理解、感受，它运用并追求理性。所有这些力量是如此亲近、相互交错、共同发力，不仅体现

---

① 劳神于此的赫尔德显然是哈曼的忠实继承人，当然，也是休谟的。在赫尔德的作品中，哈曼常常充当着问题意识引导者的角色。

在运用时，甚至体现在其增长过程中，或许它们在源头上就如此了。所以，当我们在称呼同一事物的完成状态时，不应该误认我们命名了不同的客体。单靠名称，在我们的心灵中给它圈定不了任何自留地；我们不分切心灵，而是标明它的效果和它力量的运用。（XXI, 18-19）

此段值得详尽引用，因为它差不多是赫尔德在这些问题上的总结陈辞；不仅如此，更因为它充分展示了赫尔德对康德《纯粹理性批判》的态度。在自己的《对纯粹理性批判的形而上批判》（*Eine Metakritik zur Kritik der reinen Vernunft*）中，赫尔德曾与《纯粹理性批判》辩难。

由此可见，理性既不是心灵的一项独立自主的能力，亦不是心灵的高级能力，甚至也不比心灵更原始，它只是心灵过程的一个组成部分，与之相关并共同起作用。这一切都与我们至此所了解的赫尔德关于有机共同效用的理论若合符节。总而言之，他对理性和心灵之有机统一体的处理完全摆脱了二元性。

然而，这说的还不是在赫尔德心灵理论中占据关键位置的"悟性"（Besonnenheit）概念。

在我看来，将"悟性"这一概念与"反省"（Reflexion）等同起来，是不妥当的。因为"反省"一词与赫尔德所拒斥的伦理学家的关系过于紧密，同时也使人想起赫尔德希望避免的洛克式二元论。除此以外，洛克笔下的反省代表着一种特定的思维过程，[①] 赫尔德则将悟性定义为一个人感知、认识、意愿这些禀赋的整体，

[①] Locke,《人类理解研究》（*An Essay concerning Human Understanding*），Book II, chap. 1, sect. 4, 页 10、24。

[57]它被视作思想的基本条件。这意味着,悟性决定思维进程应当在什么范围内活动(V, 28-29)。因此在赫尔德看来,思想的力量就是悟性。这也可以从他的语言理论推导出来:他首先主张人类语言应该等同于悟性,其次还认为思维进程一旦离开了语言便根本不可能。①

当我们使用"思维的力量"这一概念时,仿佛在危险地向卢梭的术语靠拢,而如我们先前所见,这是赫尔德抗拒的。但若人们还记得,赫尔德不把力量看作一种单纯的可能性,而是行动和有创造力的东西(V, 32-33),就能够避免上述印象了。不过,虽然赫尔德有目共睹地区分了心灵的观点和悟性的观点,但这没有让解释变得简单轻松。因为,尽管一切有关后者的论述均可适用于前者,可他从未说过两者是否可以互换。

与此密切相关的"知觉"概念(Besinnung)虽然略清楚些,但也不是毫不含糊。在这里,赫尔德很可能使用了莱布尼茨对统觉(apperception)与细微感知(petites perception)的区分。他之所以引入别的概念,是希望引起人们对心灵活动的注意,比如提醒人们留意做梦:梦不涉及知觉,但却以悟性为前提,因为我们在梦境中也总是还在思考,尽管不像清醒状态时那么连贯和确定(V, 99)。

但另一方面,赫尔德又进一步彻底区分了知觉和悟性。他说:

> 它(作为受造物的人类)在最初的瞬间就不是野兽,

---

① V, 124。赫尔德的《论语言的起源》(*Abhandlung über den Ursprung der Sprache*, 1770)是他涉足哲学和心理学领域的首部作品。亦见 I, 417:"我们通过语言学会了思维";以及同一出处,页 420:"……因为离开了语言,我们就无从思考……"。

而是人，虽然还不是知觉的造物，但已为悟性在宇宙中所唤醒。（V，95）

[58] 通过这种进一步的区分，知觉的概念尽管变得更加暧昧，但同时也在意义上有所收获。知觉概念的扩展有以下意义：自我不仅在逻辑上，也在时间上早于自我的意识，那么赫尔德的主张，即认识既不是先天的也不是完全主观的，便由此获得了支持。这就意味着，意识并非天生，而是随着发展的历程出现的。它是一种发展过程的结果，成长着的自我在此过程中受周遭环境刺激并作出反应。在后面章节研讨赫尔德的第二个主要思想，即对力量概念的理解时，我们将关注这一事实的意涵。不过在这里，我们想事先简要概括一下他试图用以驳斥传统精神能力和心灵范畴学说的主要论据。

将积极相互关系的原理应用于心灵活动，得出的一个结论是：心灵的不同官能及其活动并不是孤立和彼此无关的存在。举例来说，至今还被看作心灵特殊能力和主导能力的理性，被赫尔德解释成不能与其他过程比如感觉和意愿相分离的思维的过程。心灵因此必须被视作一个统一的总体，而不是各种分隔能力的聚会所。因为不同过程的共同效用也应当看成是创造性的活动，而非机械性的工作，所以赫尔德假定，存在着有生命力的"力量"，它就是上述行为的内在能量源泉。作为这种内在的力量源泉，它在彼此关联的进程的差异性中，代表着统一性的原则，其自身也借此得以凸显。所以，赫尔德从心灵范畴学说中发展出来的心灵有机统一理论，就作为有机的总体，和他的宇宙论一样，直接从他以形而上学方式建构起的力量概念当中推导出来了。

2　连续性问题

变化与成长

如前所述，为了跟洛克力量理论的可靠性辩难，界定自己的"力量"概念 [59] 就成了赫尔德的第二个目标。洛克谈及"力量"（power）时，指的是一种能力，它能够引发变化，亦能够经受变化。洛克说：

> 火焰有力量熔化黄金……；黄金有力量被熔化……；其中一个可称作"主动的"力量，另一个则是"被动的"力量。①

为了更加清晰地对比洛克和赫尔德关于力量的看法，运用 vis 和 potestas 的概念可能会有所助益。先前已经提到，那些以心灵为核心范畴的哲学家们频繁地互换使用这两个概念。我们想把 vis 等同于一种内在的力量——大约与亚里士多德的"圆满实现"（Entelechie，下称"隐得来希"）类似，并依照洛克对概念的用法把 potestas 解释为"力量"（power）——洛克宣布它有积极面也有消极面。这样可以突出两者的差异。

如果人们还记得前面说过的赫尔德的力量概念，就不难看出，赫尔德不相信力量可能有被动的一面。如果存在意味着行动，那么它就包含一种能量源泉的实存。根据赫尔德，消极的能量源泉

---

① Locke,《人类理解研究》，出处同前，II. Buch, Kap. XXI, 第 1 及 2 段。

这种说法显然将会引起内在的抵牾。更有甚者,一种积极和消极力量之可能性的设想,会跟有机统一体的一元论哲学相冲突,而这种哲学恰恰是赫尔德为了对抗对现实性的二元解释而希望推动的。此观点的基础正是先前提到的赫尔德的坚持,即用一种单一的创造性力量来代替传统实体(Substanz)作为形而上学支撑。

不过大概有人会争辩说,赫尔德即便否定了洛克力量学说明显带有的二元论,也构不成对他个人观点充分有效的支持。也就是说,还需要解释以下问题:如果现实的材料不是恒定的实体,而是一种通过不断地活动而得到说明的创造性力量,那么,人们应该怎样理解宇宙,理解作为总体或统一体的现实性?宇宙本质上的统一性怎样才能与其不断的活动变化相协调?因为既存的世界和后来产生的世界是两码事,所以难道不是后者扬弃前者吗?[60]

抛出这些问题的时候,人们自然也对赫尔德用积极力量代替实体的做法是否合理产生了怀疑。斯宾诺莎明确意识到,积极力量必须视为恒定的,因为若不如此,实体的一种状态将和另一种有所不同,如此,实体就不会再表现为唯一和全面的统一体。不宁唯是,若实体如斯宾诺莎所断言的那样与上帝等同,变化同样也很难以想象。因为变化是一种状态到另一种状态的过渡,如果人们认为上帝彻底完美,却又预设了一种变换着的实体,那就要么必须承认上帝异于实体,要么承认上帝并不完美。接受前者,就意味着放弃斯宾诺莎用以建立宇宙论的统一体思想;主张后者,将使"上帝"的概念变得毫无意义。

可是赫尔德自视为斯宾诺莎主义者。① 他步子迈得相当大,

---

① 参见赫尔德1786年2月17日给Gleim的书信。H. Düntzer und F. G. v. Herder,《赫尔德往来书信集》(*Von und an Herder*),Leipzig 1851/1852, Bd. I,页116。

甚至把上帝等同于力量,这个我们早先已看到。他还相信,用力量来替代实体,大大强化了斯宾诺莎体系的一贯性和可理解性(XVI, 458 和 549)。这除了说明赫尔德的神学思想有些矛盾以外,也说明他并没有意识到一个事实,即他的形而上学预设与斯宾诺莎的区别有多大,以及他的一元论因此在什么程度上有别于其"前辈",而不管它们表面上看起来有多相似。实际上也许可以说,赫尔德的统一体思想与斯宾诺莎的根本不同,一如他的力量概念与洛克的 power 概念的关系。

赫尔德是如何用动态的总体思想来替代静态统一体思想的?换句话说,他是如何尝试协调统一体原理与行动变化原理的?现在我们来稍作解释。

必须再次指出,赫尔德把世界看作有机体,或更确切地说,是一些互相联系着的有机体,其中每个个体对于他者的存在都不可或缺,是故,我们必须把这些彼此关联的有机体之全部设想为统一的总体。我们也已查明,[61]各个有机体并非受动地被置入关系之中(In-Beziehung-Stehen),而更多是互动的。一如我们所见,相互作用的过程显现为现实的内核或材料。相互作用的本质是有机的行动,因此必然基本上是同质的。为了维持这个定律,赫尔德否认心灵与物质之间,或者物质的与非物质的实体之间的差别,相反,他主张以唯一的心理—生理能量或力量作为积极行动的共同源泉。不过,这个力量并不是作用于宇宙之上的外在因素,而是贯穿于宇宙来起作用的内在能量。意思是说,所谓宇宙就是"力量"的显现,宇宙也是可以改变的,因为力量包含行动及行动变化。由此也必会得出如下结论:作为一种内在有生命力的"力量"的表现,宇宙存在于永久的变动当中。

地球上的一切事物都处于变动之中……持续地……追求。（IX, 371; V, 512）

这种理解给赫尔德的历史哲学带来了一项至为关键的结果，即必须看到，"时间"远非借助人类理解而强加给现实的东西，实际上反而是现实的必要功能。如果现实是一种流畅的变化，那么时间就属于它的本质特征（IX, 371-372）。所以，寓于现实性中的现象不是永恒的，毋宁说它们是"时间的代理人"（Agenten der Zeit）（XXII, 314）。由此也使得"时间"或"期间"（Dauer，赫尔德同时使用这两个表达方式）必须理解为积极和活跃的力量，并基于这一理由必须理解为存在的原理（XVI, 566 以及 IX, 371）。如此，也就无怪乎赫尔德认为时间是一种思想，是一种包含于"力量"概念之中的思想了。①

力量，赫尔德共同效用原理的形而上学支柱，由此被看成在时间中行进的过程。赫尔德希望通过把它和"成长"（Werden）或发展等同起来，[62]来把握作为和这一过程相关的统一体概念。现在，我们可以引入本节开头时介绍过的 potestas 和 vis 之间的区别了。根据赫尔德对"力量"的处理，不难发现哪个概念更贴近他的观点。他的发展理论拨开了最后一片乌云。假如像我们所说，vis 意指一种内在能量，一种大略与亚里士多德的"隐得来希"相符合的能量，那么对于变化着的事物的本质来说，变化过程的方向就是其内在固有的。相应地，发展也是过程，原先隐藏的东西在这个过程中显露出来。赫尔德对于发展恰恰就是这么理解的，

---

① XXI, 64。赫尔德对待时间并非完全一以贯之。例见 XVII, 80，时间在这里被定义为一种"思想图像"（Gedankenbild）。

所以他也把发展与成长相提并论:

> 种子里孕育着植物和它的部分;精子里孕育着动物及其全部肢体。①

即便有一些限制性影响要归因于环境,但在成长过程中展现其力量的事物,它天生的——或赫尔德所谓"基因上"的——对实现目标的倾向,仍然是首要的。这种基因上的倾向决定了共同效用会采纳何种形式,以及事物达到完全现实化的成长过程在多大程度上会受外界因素影响(XIII, 273、276、277)。

成长和人的发展

如果事物遗传倾向的展开包含了它所要达到的目标,那么,这一过程的结果,也即流变当中所发生的事件,就已由最初的本性所决定。对于这一点,赫尔德无从否认。同时他也心知肚明,如果不假思索地在人的发展上采纳这种目的决定论,那么给人的自决留下的回旋余地就很小了。对此,他谨慎地将人的发展、社会发展与成长的其他形式作了划分。其他形式以无意识和本能的方式发展,② 人类则是有悟性的生物[63],因而有能力认识自身发展的原则和目标(V, 29)。个体的人在何种程度上达到这一认识,取决于他把悟性变成知觉或真实意识的能力(XXI, 152)。这是因为,如果悟性起初就是人类存在的附属物,并因此是力量的生

---

① II, 62。我虽然使用亚里士多德的"隐得来希"概念,但绝对无意宣称他的心理学可以全部套用到生物学上去。

② V, 98;亦见 XIII, 102。

物起源方面，知觉就应被视作发展的机能（V, 93）。这样一来，人的发展就应被视为悟性转化为知觉的过程，在这一过程中，盲目的力量就变成了一种自觉的精神的表达。外界环境因素在这里虽不会被忽略，但其意义是第二位的，其实际影响取决于个体精神的主动吸纳。也就是说，虽然整个环境（赫尔德称之为气候，Klima。XIII, 272）中的一切事物对于自我之全面实现（赫尔德所谓的个性形成，Individuation）[①]的发展都有一定的重要性，但不同事物的重要性仍有程度上的区别。在个殊目标引导下，什么是对自己的发展最为重要的？人在这一点上的领悟，很可能就表现为赫尔德所谓的自觉成长。

综上，个体生命应视为一种行动过程，内在和外在的要素在此过程中彼此关联，并按照它们对个体目的的重要性互相融合在一起，目的于是成为人行动过程中的关系准则。在这种目的导向的交互关系中，蕴含着赫尔德的"连续性"。

> 效用是互相加强的：你依赖我；我因他而壮大……我们生命的本质绝不是享乐，而是不断前进。直到生命尽头，我们方能说自己已然成人。（V, 98）

相应地，人的生命与其说是心理—生理状况的孤立和变动不居的单纯递进次序，毋宁说是一段连续和彼此相依的时光流淌。连续性原理[64]不是什么外部法则，它存在于发展着的自我的本性中，并塑造了人真正的个性。因为人能够认识到并实现自己的发展目标，所以他就能够把握这项内在的原则。也正是在自我所

---

① XVI, 574。亦见 XXI, 106。

拥有的连续性意识中，赫尔德看到了人规定自我和将自身带向圆满的能力。①

然而，赫尔德的发展和自我规定理论包含着一个根本性的困难。在我看来，他将自我从单纯的集合中抽离出来，并将关系的统一性从单纯生理—心理状态的简单序列中解救出来，放置在一个过程中，这是对的。我们看到的是作为经验实践之事实的自我，而不"仅仅是各种知觉（Perception）的集聚，或一束知觉，除此以外无他"。② 相反，我们认为，有一种自我身份认同存在于它不断变化的状态中。我想，在这一点上，我们和赫尔德的出发点一致。我们通常认为的自我的同一性或统一性，就是由目的所引导的变化状态在方向上的恒定性。然而，如何解释这种认识到变化着的诸状态之间存在目标导向关系的东西，仍然是个谜。因为这里预设的前提是，这种东西与自我的诸状态不是一回事。在这种情况下，赫尔德所理解的"悟性"和"知觉"是两个不同的概念，他将前者等同于这样的一些思考能力，将后者等同于有意识的自我认知能力，好像是在尝试借此对付上述难题。只要这个"有意识的自我认知"跟自我的其他状态之间的目标导向关系是明朗的，人们就可将它跟自我的状态画等号；由此，心灵的关系统一体，以及赫尔德的术语中作为个体人格的自我的总体性，都会在知觉中被辨别出来。可是，赫尔德对所有这些都没有作出格外清楚的表述。③

---

① XVII，115，以及 XVI，574。

② Hume，《人性论》（*A Treatise of Human Nature*），Book I，Part IV，sect. VI（Of Personal Identity）；Everyman 编，页 239。

③ 人们自然可以声称，之所以会出现这种困难，是因为提出了一个根本无从回答的不当问题。

3　统一性与连续性

[65]如果不同部分的存在能够视为总体之存在的前提条件，如果人们宣称，不在连续变化的形式中来观察就不能理解总体的存在，那么，部分与总体之间、现在与将来之间的关系类型就构成了决定性的维度。差异性和变化的双重问题——我们所析出的赫尔德有机主义理论的出发点——看来的确可以回溯到单独一个问题，即关系的问题。如前所述，赫尔德给出的回答是相互作用的原理。依据该原理，一切事物都在现在和未来密不可分的融合状态下持续不断地发展，在这重意义上，当下包含着未来，就如同橡子包含着橡树。因此，这一过程的特性就是成长，它意味着受一种内在目标或内在目的所指引的连续活动。另一方面，个别统一体的活动与其他个体的行为也不可分离地联结在一起，尽管没有任何一个统一体精确地跟另一个相等同，也就是说，甲的存在对乙的存在来说属于绝对必要。这种关系其实就是相互的依赖性。成长，以及功能性的依赖，二者共同充当着赫尔德积极相互关系或共同效用原理的基础。这是有机体概念而不是机械主义概念的运用，因为有机体概念才会预设存在效用的内部源泉。由此可知，成长和依赖性仅仅是这些概念所表达的有机活动的基础作用力的功能。作用的来源和赫尔德的力的概念是一致的。赫尔德力求通过这一构想在斯宾诺莎的一元论和莱布尼茨的多元论之间进行综合，从而，它代表了赫尔德有机主义哲学的核心观念：共同作用原理。

如上所述，共同作用原理包含着盘根错节的诸多事件的不断发展和流变。相应地，任何一个事件本身都必须视为这一发展中的持续性过程。所以我们面对的不是一连串孤立的事件，而是一张关系之网，网中的一切彼此勾连。甚至[66]就连关系本身也不能与依靠它而结合的事物相剥离，毋宁说，前者是后者本质的组成部分，这一点也极为重要。于是赫尔德得出结论：如果孤立地对待某样事物，就无法认识和理解它，因为这脱离了它出场的语境。

要评价这一结论的方法论意义，首先不能忘记，所谓关系都是目标导向的和目的论的。由此，如果任何一个事物只能在自身语境中被认知，那么它的意义就在于它的目标。既然假定过程是持续的，又设想了功能性或者目标导向的关系，于是就出现了一个问题，即赫尔德的共同效用原理是否忽视了或者干脆放弃了因果定律。因为，如果事物果真不能真正地彼此分离，那么，因—果的图示就意味着任意将两个事件从彼此关联的序列中粗暴地分拣出来。或者更进一步说，如果一个事件既不孤立地立于空间中，又不孤立地立于时间中，那就完全没有任何理由去以惯常的形式采纳因果律。

赫尔德关于原因和结果的思想在历史领域中的运用（直到晚近仍有人探究，见第六章），是其社会哲学中最为繁难的部分。我们这里只想特别注意，赫尔德的有机主义世界秩序学说与他对因果问题的看法有何关联。

当我们说到 A 导致 B 时，不仅指 B 紧随 A 而出现，亦是想说明 B 是 A 的产物，A 是 B 出现的必要条件。换句话说，在两个事件之间存在着必要联系。然而仍需澄清的问题是，这一切如何被促成，即什么东西令两个事件以某种方式彼此结合。毫无疑问是施加了力量，这样方可促成某种作用。现在，这种力量的效用如果是 A 和 B 以外的东西，那么它就形成了一个外部事件，而且如果我们不无穷无尽地（ad infinitum）追问下去，其孤立的存在就无法用因果关系来解释。但如果该事件不是孤立存在的东西，那么 A 和 B 也不可能单独存在，因为没有办法承认它们的独立存在。另一种选择是假设事件本身存在因果关系的特征。在第一种情况下，A 和 B 并不表现为单独的事件，[67]通常意义上的因果律就不能再适用了；而在第二种情况下，必须假定有种内部力量。休谟拒绝了这第二种可能性，他不得不得出结论，认为因果律要么不必要，要么无根据。如果我们预设了因果律，那么就不是在谈论一个真实存在的东西，也不是在谈论一项可以从现实中引申出来的东西。我们所做和能够做的无非是：在我们的想象力中，将这些事件联系在一起，正如我们的经验所显示的那样，这些事件有规律地相互追随，就好像它们之间有着必然的联系。据此，我们也不应该主张 A 是 B 的原因，而应该主张 B 通常追随着 A。①

乍一看，赫尔德似乎协调了休谟和他自己的因果性论说。我们仅仅假设一下，他说，存在因果关系，但确切地说，是借助于以类比和经验为基础的精神建构而存在的（XVI, 522）。然而进一步观察就会发现，赫尔德并没有质疑因果律的真实性，而是拒绝把因果性简单化，或是把它看作通俗易懂的东西。因此，当他提出跟休谟同样的命题时——人类精神只能依照对外在关系的观察而建构起因果性假说，这意味着规律性表现在后果中——所基于的理由跟休谟完全不同。人们必然还记得，赫尔德实际上承认存在一种内在的因果性力量，所以，他期待的因果关系是一种

---

① Hume，出处同前，Book I, Part III, sect. VI。Everyman 编，页 163。

内在关系。除此以外，由于他仅仅否定现象的孤立性而不否定其个性，这样就给单纯的因果定律赋予了极其广泛和五花八门的多元形式。这种广泛性和多重性，使赫尔德质疑人真正、全面地认知因果关系的可能性。为了达至这种认知，我们必须有能力深入事物的内在本质，但这越出了我们的限度。

> 我们没有任何感官可用于深入探究事物的本质；我们身处物外，并且必须意识到这一点。（XVI，551）

休谟为什么必须把内在的因果性当作一些完全不可捉摸的东西而加以否定，其实不难理解。但这并不符合赫尔德的情况。[68] 理由有二：首先，赫尔德使用自己关于力量的形而上学观点来支持他的经验论；其次，他将目的论要素带进了因果性理论。

即便赫尔德自称要努力像经验主义者那样去思考，以及再加上他对形而上学的反感，他仍无法舍弃作为自己思想大厦形而上学支柱的"力量"概念。这里面不仅包含着有机主义哲学的联系原理，更有他神学世界观的基础概念。他在力量中既看到了第一因，也看到了成长所拥有的持续起作用的威力。在他那里，这就跟存在本身别无二致。因此对赫尔德来说，力量就是上帝的不断显现。

> 所以，没有世界，上帝就是不可能的；没有上帝，世界同样是不可能的……世界在空间上是无限连续，在时间上是无限演替……上帝用他的力量填满了这一空间。（XXXII，228）

在相似的意义上，赫尔德的内在关系原理对于他而言就是一种先天内含宇宙的和谐（XVI，547-551），但对这一观点，赫尔德没有进行任何论证。他极有可能将宇宙的内在和谐视为力量假说——所有实存的神圣源泉——的必然结果。

所以，与休谟不同，赫尔德绝不是纯粹的经验主义者。他内心中不仅是形而上学者，更是虔诚的形而上学者，不管他自己是否明了。我们必须强调这一背景，因为这对赫尔德的政治和历史见解来说极其重要。

在赫尔德的因果性理论中，目的论要素与形而上学要素联系紧密。在思考因果性的时候，他脑海中浮现的是有机体，他认为有机体的效用是目的导向的力量所推动。与之相对应，要说明事件发生的原因，其充要条件不是去解释事件的开端，而是要解释事件的目标和终点。赫尔德对终点的因果性意义的强调实属顺理成章，考察他的成长理论，就会发现，一个事物的目标就内在于其发展过程之中。换句话说，为了解释一项事物，我们不应只回顾它的存在招致了什么，更应关注它力求达到的效果和目的。因为成长不仅反映着过往，亦昭示着未来。

[69]不过，我们此时此刻的任务，并不是要在赫尔德发展理论及其历史因果性的观点方面贡献出准确的研究。我们首先要做的是，阐明并展示他有机主义理论中的认识论和形而上学视角，即他如何把亚里士多德式目的论的发展理念与他本人的 vis 观点相结合，从而创造出一种可能性，也就是使统一体可能理解为过程的统一体，并使统一性原理本质上的同一性可能用连续性的原理来说明。

第三章　有机主义国家

[70]尽管世界由数目庞大且形式繁杂的诸多要素构成,但它仍然表现为一个统一体。如前所述,这个思想主要是在赫尔德"有机主义"世界秩序的论断中展开的。在人类范畴里面,该论断既包含着承认个人作为个体的独一性,同时也包含着个人与社会组织这个更大的总体之间功能性的关系:个人扮演着一个小宇宙,但另一方面,小宇宙并不能独自存在。所以,差异性和关联性这两个基本属性,就成了社会学家乃至自然科学研究者不得不去深入研究的东西。[①]这其实是在探究某种可能性,即人类如何可能在不伤及个体性的前提下,彼此来往、共同劳作。

赫尔德并不是执着于该问题的第一人,他本人也非常清楚这一点。在他的思考历程中,卢梭据有重要地位。"他的宏大主题多与我的极为切近",这是他早年笔记当中的一段记录(XXXII,41)。另一方面,尽管他与卢梭分享着同样的基本观点,即人是社会性的存在——生在社会中且为社会而生,[②]但在重要的细节上,他仍与卢梭分道扬镳。

为赫尔德说人生在社会(Gesellschaft)中时,他所谓的"社会"

---

① 全部相关论述见 IV, 37; VIII, 210、226、314; XIV, 227。

② IX, 313。在古典时期就已属常见的此种观念,与18世纪时沙夫茨伯里的思想非常接近,后者在当时的欧洲享有盛誉。

指的是一个封闭且自足的社会性（sozial）统一体，如家庭、氏族和民族——这听起来像是默泽尔的观点。赫尔德指出，民族（das Volk）是一种"有着若干分支的家庭"（XIII, 384）。社会也可能是某类职业集团，比如农夫、手工业者、商人、[71]士兵以及学者，即一种自成一格的共同体（Gemeinschaft sui generis）（IV, 369）。所以根据赫尔德的看法，完全不必强求什么"社会契约"，因为社会契约在这里是历史性的，而在卢梭那里又是虚构和未经证明的（VII, 294）。当我们把社会理解成一种特定的社会构造时，就不得不把它视为某种给定的东西：社会状态恰恰是人的自然状态的表现。脱离社会来看待个人，是一种抽象的做法，它诱使人们把个人视为不可剥夺的自然权利的拥有者，从而必须捍卫这些权利免受社会攻击。

根据赫尔德的看法，上述想象并不妥当，其根子就在自然权利学说上。赫尔德宁可相信，个人与社会之间并没有根本的对立关系，这两个概念并不构成对抗，反而是互补的。接下来我们将看到，这种看法完全能够容忍可能发生的社会冲突。而且它也完全排除了在孤立的个体（个人）和集体（社会）之间存在先天对抗的可能性。[①]

赫尔德进一步认为，人不但是一种社会性的存在，还必然是政治性的产儿。[②] 易言之，人生活在社会中，就需要某种方式的组织和一些对关系的规制。这么理解的话，政府可说是人的社会存在的本质组成部分。

---

① IX, 538："人不享有自己独占的、孤立的自然权利。"亦见 V, 509 和 XIV, 227。

② XVI, 48 和 119；亦见 IX, 311–319。

人类从来就没有过无政府的状态；政府对他来说是何其自然啊，就如同他的起源一样。（IX, 313）

　　因此正如赫尔德主张的那样，谈论所谓非政治性的自然状态毫无意义可言（V, 44）。
　　然而，社会关系的秩序以及通过法律和规章对欲望和利益的限定，对赫尔德来说，只代表了政治生活的外在形式，无论它们多么重要。赫尔德要探索的，是社会政治过程的内在本源及内在力量。和沙夫茨伯里一样，[72]赫尔德把事物的内在形式视为其能量和持久力量的源泉。他认为，一个社会政治联合体最强有力的内在纽带——这可能看上去很不寻常，但对于赫尔德而言却是最典型的——恰恰是最能清楚地反映一个人个性的东西：语言。
　　赫尔德的获奖论文《论语言的起源》（"Über den Ursprung der Sprache", 1770, 发表于1772年）是对语言研究的杰出贡献。①但这篇文章的重要性还不仅在此，因为它超越了语文学的界限。
　　该文所处理的主题早就吸引了赫尔德的注意。五六十年代，语言领域发生了激烈论战，赫尔德对之自然瞩目有加。他认为争执不下的两方在理论上均不足取，于是决定介入辩论。首先，他否弃了语言的神创论起源，认为那是人类无从理解的，继而也否

---

① 该文被看作心理和哲学语言理论的开山之作（Ernst Cassirer,《自由与形式》[Freiheit und Form]，出处同上，页199），意味着语言哲学的真正创立（R. Haym, 出处同上, Bd.1, 页408），是语文学和比较语言学的奠基之作（R. R. Ergang,《赫尔德和德意志民族主义的根基》[Herder and the Foundations of German Nationalism], New York, 1931, 页106），也是赫尔德最富天才的作品（H. A. Korff, 出处同上, Bd. 1, 页115）。

弃了语言的历史与哲学起源，认为那是站不住脚的（II，67）。但另一方面，他也不接受语言是由人类所发明的这一看法。知性也好，上帝也罢，都不曾创造语言，语言的出现不是知性力量的结果，但它与知性并存：知性和语言是交互概念。

> 每个民族都言说它们所想的东西，并且思索它们所说的东西。离开语词，我们无法思考。（II，18 以及 I，420）

其实在《断章》（*Fragmenten*，1767）中，赫尔德已经相当清楚地表明了自己的意见，从该文集所涉的不同主题中即可得见。

根据赫尔德的见解，人类与生俱来地拥有语言能力和思考能力，而且两者密不可分，缺一不可。赫尔德并不质疑人类会靠叫声和含混不清的呼喊来表达自身最强烈的感受，尽管这令人无法跟动物区别开来，但他并不认为[73]这对人类语言的起源有什么意义（V，5）。语言和叫声难道不是两种完全不同的现象吗（V，20）？承认语言中的动物性要素，跟从动物性要素中产生出语言，完全是两码事。那么，该如何解释从蒙昧的动物语言到宏富的人类语言的跳跃呢（V，9）？

不论是孔狄亚克（Condillac）还是卢梭，都没能令人信服地解释从蒙昧的呼喊到富有意义的言谈这一飞跃。赫尔德对此并不意外，因为从根本上说，他不认为接受这一假设的理由是充足的（V，20）。在他看来，在语言上并不存在从动物层次到人类层次的过渡，相反，他眼中的人跟动物有天壤之别。人用"悟性"取代了动物本能。从这个角度出发，人所扮演的并不简单是被附上了理性的动物，而是自成一格（sui generis）的存在者，端本正源，人的力量的发展自一开始便是完全特有的（V，29）。人的语言并非产生自动物性的叫声。语言不单是嘴巴和喉咙特殊构造的结果，不是对野兽和飞禽声音的简单模仿，而是有思考能力的精神的作品。伴随着意识的首次苏醒，人类成了有语言能力的存在。

> 知觉的最初标志是心灵的话语！借助于它，人类语言得以发明。（V，35）

布莱克维尔（Blackwell）谈及"胡言乱语"（gibberish、Kauderwelsch）时指出，① 进入社会状态之前，人类在语言上有所谓半人的中间状态。这种看法在赫尔德眼中 [74] 完全站不住脚，更不消说，它又把自然状态的幽灵唤了回来（V，44）。

赫尔德用以介入语言问题的主要范畴是：交互作用原理、自我意识概念和差异性学说。这些范畴搭建起一个框架，赫尔德借之得以构造关于社会政治形式和发展的思想。除此以外，在最广泛的意义上来理解语言，使得赫尔德能够在他的基础概念"力量"上融合认识论视角和社会政治视角。这个事实的重要性现在已凸显出来。

赫尔德不仅强调一个社会的语言与其思想和生活方式之间的密切联系，同样也把注意力投在了诸如气候和饮食等因素的影响上。

---

① Thomas Blackwell,《探究荷马的人生与书写》(*Enquiry into the Life and Writings of Homer*)，1735。引文页码据第二版，London，1736。在该书第三章中，布莱克维尔把语言的开端描述为"破碎的、失衡的、喧闹的"，是一种"胡言乱语"（页 42）。唯有在政治发展的过程中，在"国家的婴儿期"，才会有货真价实的语言的诸种开端（页 43）。赫尔德多次援引布莱克维尔：I，78、289；V，330、341、398。

> 风土、空气和水,食物和饮品,将会……影响语言……这么看来,语言是何其伟大!一座人类思想的宝库,每个人都以自己的方式对它有所贡献!它是全部人类心灵效用的总和。(V,125、136)

语言也是媒介,通过语言,人类获得了自我意识;另一方面,语言亦是理解这种意识自身与外部世界之关系的钥匙。语言将人与其他人联系起来,但又使之彼此有别。语言揭开历史连续性的意义面纱,也在不知不觉间用过往把人们拎结起来。语言所传递下来的祖辈的思想、情绪和前见,深深埋藏在人们自己的意识中;后来人们重又将这些拾获,使其惠及子孙,其媒介恰恰就是语言。因此,语言是历史性成长的活的载体,同时也是一块热土,人类从那里唤醒对于父辈遗产的感受,并在那里将这种感受培育成熟(V,135)。一群人共同参与一段自主的——在语言中建立起的——历史传统,对赫尔德来说就具有了一个民族(Volk)、一个国族(Nation)的本质特征。这群人根底上的精神品质,就是赫尔德眼中一个国家的自然前提和有机基础。

[75]相应地,语言为族群的统一和团结建立了标准。离开了独特的语言,"民族"一词不过是自相矛盾的谬误罢了(I,147)。能够创造出独一无二的意识,能让这种意识独力担起一个共同体的存在和延续之可能的,既非鲜血和土地,亦非军事凯旋或政治行动。而如果一个民族保存了自身的语言传统,那么,哪怕其国家政权衰亡了,其国族也依然会存续(XIV,87)。

赫尔德如此强烈地相信语言的联结力和维持力,甚至希冀普遍的语言维护(Sprachpflege)意识能带来更为牢固的社会关联。据说,他曾在1787年为"德意志共同精神爱国研究所"

(Patriotisches Institut für den Allgemeingeist Deutschlands）出谋划策，不仅筹划了一个德意志语言促进联盟，还设想以文化议会的形式，通过继续完善和推广德语，来为弥合不同阶层间的社会鸿沟做贡献。

> 个别的帝国等级没有分割的政治利益……，因为德意志只有一个利益，那就是总体的生活与福祉。……划分阶层[是]糟糕的，它们通常将随着时间流逝变成令人窒息的约束……我们德意志人[认不清]语言对于国族的重要性是什么……一说起语言，众人都觉得那是语法学家要谈的。语言充当着我们理性和社会活动的器官，……是社会交往和良善风俗的纽带，在任何社会阶层中都应这么看，而这是我们严重欠缺的。①

但是，语言在有力地创造内在于人类社群的公共精神时，也在用另一种言说唤醒人与人的差别意识。在赫尔德看来，这是逻辑上理所当然的。由于差异性是世界秩序的基本现实，所以民族性的多元存在属于必然（XIV，67 和 84）。因此，对事物的自然秩序来说，一切自发的、原始的和特殊的东西，都将成为其生命力的源泉。差异性即造物主的目标。约瑟夫二世皇帝之所以受抨击，就是因为他不尊重那些明白易见的自然法和上帝的戒律。

[76]的确，就如上帝容忍世界上所有语言那样，一个执政者

---

① XVI，607 和 XVIII，384。亦可参见 R. Haym，出处同前，Bd. 2，页 486。

对他人民的不同语言应当不仅容忍，而且更要尊重。（XVII，59）

总的来看，人类天然地由诸民族组成，每个民族都拥有独特的语言，这是他们必须守护的最为独特和最为神圣的财产。语言也是民族心灵的实体化，这同样非常重要。一个民族如果慢待自己的语言，就等于自我毁灭，因为由语言而蓬勃的国族意识无法跟语言割裂。混合于另一个国族是有违民族天性的。在赫尔德看来，事物的自然秩序以保全差异性为宗旨，与这个基本事实最为类似的情况，就是植物在大地上的生长。

> 千百年来，国族的形成都与异质性的混合保持距离，当它如植物一般附着在自己特有的土地上时，就会产生最具决定性的效果。（IV，212）

如果所有的国族都停留在它们原初被"播撒"（gepflanzt）下的地方，世界就会像一个种着形形色色民族之花的苗圃，在里面，每一株花都根据自身的本性和发展而绽放。

约瑟夫二世不尊重奥地利境内不同语言群体的意愿，这促使赫尔德确信，即使是一个开明的君主，也不能轻易指望他容忍国内的民族差异。从这时起，赫尔德本质上仍是文化批判性的民族主义纳入了明显的政治色彩。在他看来，只有包含单一民族的国家才是唯一的自然国家。

> 自然国家因此是……只具有一个国族属性的民族。（XIII，384）

多民族国家不外乎无心灵的机械，自始就被认定一无是处：

> 于是，它们被粘合成一个脆弱的机械，被叫做国家机关，没有内在生命，各部分之间缺乏通感 [77]……这种机械一起挪动起来像特洛伊木马一般……，但因为没有国族品性，所以也就没有生命在里边。①

从语言和政治的这种紧密联系当中，国族的概念发生了深刻转变。国族不再指在共同的政治支配下团结在一起的公民的集合，相反，现在要以一种封闭的、自然的全体性来理解这个概念，此种全体性要求政治承认建立在拥有共同语言的基础上。然而，这一意义转换所造成的困难并不少于它也许解决掉了的。

首先，何谓语言？应当以可能没受过教育，甚至不懂得书写的人民口中所说的语言为基础吗？还是说，应该从书面语言和最广泛意义上的文学出发？在第一种情况下，人们会联想起区域性的方言，大大小小的民众群体口说着这些方言，有些有诗性的传承，有些并没有。第二种情况，书面语言的传播则可以更广泛，然而只能局限于居民中的识字者或受教育阶层。语言在发展过程中还可能吸收新词，并因此失去原初的纯洁性。那么，什么才是真实表达着民族精神的自然的语言呢？

要想尝试回答这个问题，无论如何都得进行高强度的语言学工作。但即便如此，也很难指望仅凭这一点就能得到符合国族要求的具有普遍约束力的结果。因为，当语言被当作国家存在的唯一标准时，对确认领土主权来说非常重要的明晰性，就消失在文学和科学沉思的迷雾中了。就算人们承认国家边界应当与语言边界相契合，但在哪儿有这种国族，以及它精确的领土边界怎么定，

---

① XIII, 384、385；亦见 XVI, 48。

依然悬而未决。①

[78]将国家和民族等同视之，还很容易遭遇另外两个困难。第一，有的族群很可能生活在自己国族的国家疆界之外，他们继续讲着民族语言，于是，在应该有义务向本民族还是向新国家效忠这件事上，他们顿时陷入巨大的窘境。第二，如果国家必须由同属一个语言共同体的国族来组织，那么，国境内讲着不同的语言的国家，其统一就会受到严重威胁；更确切地说，威胁来自所有领土要求尚未获得政治承认的少数族群。对少数族群而言，有时情况更糟糕的是被一个要求自己领地自己控制的集团所统治，而不是被一个并非奠基在国族观点之上的国家所统治。在后面这种国家的政府面前，杂居在一处的所有族群都有相等的发言权；然而，对一个严格国族取向的政府来说，杂居族群就好比外来杂质，要么必须融入，要么必被除去。

还有一重困难是历史边界和地理边界造成的，因为这两种边界并不与民族边界绝对相符。举例来说，波兰或匈牙利国族若要求获得在历史边界上的权利，马上就会引发争执。不仅由于历史边界在时光流转中发生过变化，也因为国族概念的使用在现代语言理论上很难自圆其说。地理学所谓国家自然边界的观念不过扩大了混乱。例如，特兰西瓦尼亚（Siebenbürgen）拥有明确的自然边界，却混居着匈牙利人、罗马尼亚人、俄罗斯人、德意志人及其他族群。捷克民族主义者为了能够创立捷克民族国家，一方面

---

① 例如，泛斯拉夫语言学家很可能找出"证据"，以证明所有斯拉夫语均派生自俄语。德意志民族主义者也有可能声称，荷兰人和弗拉芒人说的不过是德语的一种方言，所以应该属于德意志民族的一部分。另一方面，乌克兰人、克罗地亚人和斯洛伐克人则以此为理据要求独立建国，他们认为自己的语言跟俄语或者塞尔维亚语和捷克语不同。

吁求语言原则,另一方面却也诉诸地理和历史论据,为的是将前波希米亚王国在战略和经济上的重要地带囊括进来,尽管这一地带的居民中占优势的是德意志人。这两个例子均表明,"自然的"想象——地理的与语言的——是多么容易造成冲突。

最后还要指出,有些民族自视为国族,比如爱尔兰人和犹太人,但他们当中只有小部分人讲爱尔兰语或希伯来语。依照[79]语言优先论的民族主义,这里必会发生抵牾。大不列颠和美国的分离以及德国和奥地利的分离,还有些不同的族群则反其道而行之,合众为一,成为一个国家,例如加拿大和瑞士,这些似乎同样是非自然的。

从这些思路来看,至少值得商榷的是,语言是否为区分国族并将其划分至不同的国家提供了充足的理据。人们或许得承认,从语言出发也许有助于解决划界纠纷,然而,语言仍难以充任确定国家边界唯一的甚或最重要的标准。应用这种原理而产生的国家,会跟它所取代的帝国一样,充满不正常的东西。

政治边界仅仅是权力、娴熟的外交手腕或历史机缘的产物,对这一思想,毫无政治权力行使经验的哲人和学者不会感到畅快,我们表示理解。在这些人看来,一个诞生于暴力和外交协定的国家无异于机械之类的东西,或像没有心灵的躯壳,因为它缺乏精神联结的意识。缺少了精神联系,也就不可能在一个国家中产生自发的共同体生活。虽然如此,但也无从得出结论说,精神联系的必要前提仅存在于语言之中。此外,援引差异性原则为保存不同社群的独立性进行辩护是一码事,认为拥有共同语言是唯一的区别特征则完全是另一码事。

当然,现在赫尔德并不总是按照其限定性含义来使用他民族主义哲学中最重要的两个概念——民族(Volk)和国族性格/国民性（Nationalcharakter）。有些地方表明，他深知限定的危险，在这些地方，他直言不讳地反对过于圆滑和简化的观点，并警告不要草率地以偏概全：

> 每个国族必须从自己究竟是什么、拥有什么这个立足点出发来考虑；对彼此个别的特征和风俗的任意区分和排斥，并不能产生历史。①

[80]在赫尔德看来，希伯来人是拥有真正国族性格之民族的最为古老和最为杰出的例子，从他关于希伯来人的著作中，可以看出他如何准确地意识到构成国族性格的那些不同特征。② 在探究犹太国族统一的由来时，除语言以外，他把侧重点放在了四个因素上，即：

1. 作为民族共同遗产的土地；
2. 作为律法的自愿订立的契约；
3. 作为原始细胞的家庭或氏族，通过4得到维护和强化；
4. 祖先崇拜。

这些因素也没有哪一个是孤立的；莫如说，赫尔德视之皆为彼此联结的要素，不可分离，有机的总体决定了它们的本质。在文学传统以及民族语言中，他找到了构想的统一体的源头和表达。

---

① XVIII, 248；亦见 III, 432 和 XVIII, 56。
② X, 139。赫尔德以两卷本的形式出版于1782和1783年的《论希伯来诗歌的精神》(*Vom Geist der Ebräischen Poesie*)，可视为除《人类历史哲学的观念》(*Ideen zur Philosophie der Geschichte der Menschheit*) 之外最为成熟的作品之一。我的论文《希伯来人与赫尔德的政治信条》("The Hebrews and Herder's Political Creed")对之进行了详细讨论。载 *The Modern Language Review*, Bd. LIV, Sept. 1959，页 533–546。

比方说，故土对犹太人非凡的魔力，在赫尔德看来就是通过这种途径形成的，土地和律法在他们的宗教文献中结合得多么难舍难分啊（XII，115 和 335）。与之极为相似的是，犹太人作为一个民族之历史连续性的意义，派生于并体现在希伯来语"父亲"一词的情感内涵中。赫尔德写道，希伯来人不知晓高贵和亲切还有什么更高级的表达。对这些语词的尊重，相应地将犹太人导向对其祖先的崇拜，这种崇拜在赫尔德看来不仅有家庭意义象征，更是犹太国族精神的符号化。①

尽管赫尔德承认，除语言以外尚有其他因素起着塑造国族性格的作用，但语言要素仍然一直起着关键作用。② 这导致了极为特殊的政治[81]后果。只有那些拥有或曾经拥有共同语言和共同文学传统的民族，才有权利被承认为国族并建立国家——这种观点不仅为民族主义口号的提出埋下了种子，而且伴随着民族主义运动，引发了惊人的语文学研究。从此，政治边界一定是语言科学研究之结果的观点便开始流传。基于这个原因，现代政治家的角色即便没有被语言学教授和民俗学者所替换，也必须屈从于他们。

赫尔德对希伯来人的历史和文学传统的解释之所以引人入胜，不单在于其中闪耀着他的民族主义理论，也因为这些解释阐明了他对悬于眼前的民族国家内部社会政治结构的看法。③

一个像民族国家那样健康自然的共同体，不再需要任何行使

---

① XII，107；亦见 VI，60 和 XIV，84。

② 赫尔德对民间诗歌和民歌的高度评价同样可资证明。在一处地方，他甚至大胆声称，没有民歌的民族是没有自己国民性的民族（XXVII，180）。

③ 赫尔德无疑发现了更狡黠的做法，即在文学和神学的伪装下说出自己的政治观点，因为一旦他在《观念》中这么做，就会收到禁止发表的指令。见 XVIII，356；I，528，以及 H. Düntzer 和 F. G. v. Herder,《赫尔德遗稿选》(*Aus Herders Nachlaß*), Frankfurt a. M., 1856, Bd. 2, 页 268。

政治权力的最高权威——赫尔德似乎笃信这一点。在他眼中，民族国家就是扎根于历史和传统的共同体生活的范本；民族国家的公民拥有关于共同目标的意愿，也明了对彼此的依赖。赫尔德虽然跟随霍布斯，认为自我保存的驱动固然是不可低估的动力，但他同时认为，这也使得政治权威中心的设置不再必要。换句话说，赫尔德坚决否认自我保存的驱动会产生永恒斗争状态。他主张，事实上存在于人类本性中的恰恰不是战争，而是和平，只要人类能够自由发展，和平就能实现。战争对他来说是压迫的结局，是暴政的后果。就此而言，建立政治权力中心不应被视为所有政治的开端，反而是其崩颓，是社会衰落和政治垮台的一种征兆（XIII, 319-322）。

[82]赫尔德的政府理论实质上围绕着目的论展开，并建立在他有关人之规定性的形而上学和宗教观点之上。他的两个主要假定是：

1. 只有作为民族的一员，人才可以完全自我实现（XVIII, 309）；

2. 命令与服从不是人的任务。①

第一个假定包含的观点是，民族构成一个有机的统一体，个别公民在其中扮演着构成性部分的角色。第二个原理预设了一种状态，在这种状态中，与其说是人在统治，不如说是法律在统治。为了更加清晰地认识赫尔德的观点，接下来我们简要聚焦一下他

---

① XIII, 383：“必须有主人的人，毋宁说是动物；他一旦想要做人，就不再需要原来的主人了。”赫尔德说这番话是为了反对康德，康德认为人如果想要和同类一起生活，就需要一个主人。《世界公民视角下的普遍历史观念》，载 *Kants Schriften*, hrsg. von der Preuss. Akademie der Wissenschaften, Berlin, 1923, Bd. 8, 页23。

对希伯来国家，特别是对摩西立法说了些什么，这颇为有用。

在赫尔德看来，摩西不仅是全犹太民族最贤明的立法者之一，更是全人类最贤明的立法者之一（XI，450）。所以，他期望人们去研究摩西律法，不仅应当从伦理立意的角度，更应从政治立意的角度去研习。① 换言之，赫尔德所持的看法是，如果说律法的神圣起源是虚构的，那么，摩西其实完全是从政治智慧出发，形而上地证立了自己的作品（XII，122）。

虽说赫尔德相信，法律要想有效，就得享有近乎神一般的崇拜，但他仍然不接受在一种共生体（corpus symbioticum）意义上主张基本义务的自然法学说。摩西律法虽是成文法律规定汇编方面最古老的实例，但他并不将其视为一成不变的契约（XI，452）。恰恰相反，他认为这些东西完全是可以修改的立法作品，能够去适应变动的情势。[83]赫尔德注意到，如遇形势所迫，② 摩西本人也会改动律法，且毫不犹豫。比如，律法原先规定，所有支派的长老都应平等参加包括执法在内的公共服务（Staatsgeschäften），但摩西发现有必要把这些职责限制于利未支派。③ 摩西给先知分派权利和义务，不仅为了让他们守护律法，更是为了避免让律法成为一纸具文。先知们应当筑起一座防范僭越的堡垒（XII，114）；他们应充任看护者，要在群众或群众的祭司由于政治压力堕落到某种形式的消极状态时，成为振聋发聩的贤人（XI，458）。

---

① 有鉴于此，赫尔德在一个格外重要的脚注中写道："他的立法基础"是：a）哲学的；b）道德的；c）国族的（XI，462）。

② XI，453："他（摩西）自行改良了他的律法，视情况不同而有所损益。"

③ 然而赫尔德还补充说，摩西的慎虑是通过确保利未人不享有行政或立法权，以尽可能少地限制人民的政治自由。赫尔德指出："每个政治举措都取决于全体人民各支派的长老；利未支派最有学问，但不是统治部族。"（XII，120）

赫尔德同样抵制个体权利不可转让的想象，这种权利据说在实在的政治立法面前享有优先地位，并应当不受政治立法之管辖。按照赫尔德的观点，并不存在哪怕最细微的迹象，能够断定摩西会秉持个体在律法生效之前享有什么东西的天赋和不可转让的权利这一思想。实际上，个体绝非第一要务。在赫尔德看来，摩西立法的目的是创设一个只听命于其自身法律的自由民族。摩西首先考虑的是民族，是它的国族存续和国族自由的权利。

不过赫尔德补充说，这并不一定意味着个体的自由始终遭到忽视。仅仅因为将引入一种共和主义制度——也可称之为规则之治（nomokratisch），所以，统治会依法进行。赫尔德认为，这就排除了一切形式的恣意。只要法律仍是最高机关，公民就没有理由恐惧。

> [84]是法律而非立法者统治，一个自由的民族自主地接受它、顺从地遵循它，引导人的是一股无形、理性和温和的权力，而不是束缚和锁链。这就是摩西的思想。（XII，117）

在这种情形下，不存在人们屈从于某些少数（人）的、以政府之名行使强权的危险。唯一的"政府"将位于法律的支配下。

相应地，好政府意味着不可见的政府。一个政治体系只要能做到无需统治强人，只要不必采取暴力作为巩固权威的庇护而又尚可运转，它就与人类精神的尊严相适应。赫尔德相信，凝聚一个社会的政治纽带越是谦逊和无形，该社会的自由度就越大。①

---

① XII，117："所有过分可触及和可见的政府都是桎梏，没错，人类常因此蒙羞。"

在一个共和国中,最重要的显然不是伟人或统治权,而是所有表象之后的某些机构和法律。因此,赫尔德视摩西律法的共和主义形式为它的本质属性。只有上帝才是王。赫尔德由此认为,随着君主制的建立,宪制也被削弱了。①

从赫尔德关于摩西宪制的表述中,可以得出四个主要观点:

1. 赫尔德描绘了一个共和主义的成文宪法的形式,它在理论上无疑具有弹性,能够修改,但在实践中较少改动。因为其主要着眼点并不在于法律的可易性,而是在于对法律的尊崇。当成文宪法尊享近乎上帝崇拜的最高政治安排的地位时,对它的修改行为并不怎么受到鼓励。尽管赫尔德坚决否定普芬道夫的自然法理论,但他对共和主义宪法形式(按他的观点是宪法的脊梁)的高度推崇却表明,至少这一点,在原初联合和基本联合的意义上,是不可更易的。

[85]既然赫尔德要求在他理想化的民族国家中对宪法和法律有一种近乎神圣的尊崇,那么,人们可以断言,他赞同另一种服从。对法律的尊崇,可能会通过礼俗和习惯而导致僭政,对这一指责或许赫尔德会如此回应:如果把社会从习惯的僭政当中解放出来,反而会把社会推向人的僭政。在赫尔德的理想国度中,共同体的保守力量才是抵抗一切干涉个人自由之举的最为安全的保障。②

2. 赫尔德设想的社会结构是多元的。它有许多中心,所以本质上与一元论的社会政治秩序泾渭分明。权力并不是集中在一个点上。在明显未分化的全民族社会和经济框架中,活跃着不同的

---

① XII, 121;亦见 XII, 82 和 115。
② 赫尔德这里接近于卢梭。见卢梭《波兰政府论》(*Considerations sur le Gouvernement de Pologne*), Kap. XI, 卢梭在此处认为,保留旧习俗是一种重要的政治保护措施。

团体(利未人、祭司、先知、长老以及其他多多少少较固定的组织)。立法权无疑专属于上述团体中的某一个,确切说就是专属于每个支派的长老,然而他们事实上并未享有很大的活动空间。风俗和传统保证了对法律的崇拜,并阻碍了立法自由,特别是当这种崇拜受到富有影响力的不同团体的支持时。

3. 政府不跟固定的、常设的行政设施相绑定。政府等同于长老们的代表会议,根据情势条件而召集。在这个意义上,长老们毋庸置疑是在行使主权,虽然基于上述理由,他们的主权在霍布斯或卢梭的理解看来不过是主权的某种幻影或扭曲镜像。

另一方面,赫尔德心目中的政治结构,与洛克的分权学说或者被孟德斯鸠进一步发展了的形式——分权制衡体系——相比较,可能有某种相似性。但这也是假象。在赫尔德那里,不存在什么立法、执行和司法的分离。不管是权力分立还是复数的权力,他都根本未有提及。① 此外,孟德斯鸠的表达最终落脚在机械主义基本观念上,他的国家是个强大、复杂的机械,每个齿轮都依据对共同作用的精确计算来运作。其中所涉及的政治技术建基于牛顿物理学。赫尔德则反其道而行,主张有机主义国家,反对一切形式的政治机械论。在他的心目中,民族国家是领土和种族的统一体,遵从本己的法律和风俗。"一个民族,一个祖国,一种语言",赫尔德如是说(XVIII, 347)。国家是国族框架而不是管制机器,不同群体居于其间并相互影响。政府唯一的使命是,在共同法权所联结起来的领土的、民族的共同体中,为这种共同作用创造方便。因此,不存在所谓"统治者",不然便毁弃

---

① 事实上可以说,在赫尔德的政治体系中,政治形式的正当性是以权力的缺失为前提的。

了法的支配地位。如是,赫尔德理解的政府必须是非人格化的,否则就等于给健康的共同体强加了一副重担。①

4. 赫尔德的主要着眼点是国族的权利,而非个人的权利。这种重心上的转变预示着,至少在欧洲大陆,19世纪的自由形式将与启蒙的自由形式分道扬镳。个人被理解为总体的部分,也就是民族的部分。同时,需要记住的是,对于赫尔德来说,总体就是自足的统一体,但它并非产生自一个中心权力或依附其上,相反,唯有当总体被认为是一些小的总体性所表现出来的巨大多样性的联合时,总体才具有意义。赫尔德理想中的民族国家并不为中央集权的集体主义张目,而是主张不可胜数的社会、经济、文化、宗教和法律团体彼此享有伙伴关系,在国族框架下,这些团体不受任何来自中心的压力。设立一个专门的政治机构来协调和控制各种团体,被认为是没有必要的。

[87]这在读者看来可能很奇怪。然而人们必须清楚,赫尔德排除了同属一个民族的成员之间自然对抗的存在。赫尔德的观点认为,在一个国家中,自然给定的东西不是离心力和向心力的永恒紧张——这是社会契约思想和自然法理论所据以建立的想象——而是存在于彼此关联之中却又相互独立的社会团体间的伙伴关系。所以,保障个体权利不受中央权力干涉这一考量,也就没多大意义了,因为并没有什么中央权力。

赫尔德反感把最高政治使命委以中央权力的做法,在某种意义上,是基于他对事物的天赋差异性的深刻信念。他担心,对于

---

① "共同作用"的概念在《观念》中的处理更详尽,比如XIII, 149 和 347;XIV, 227。

不同角度起作用的力量，中央权力只懂得压制其发育，阻止其展开协作。他认为总体中的多样性是彼此相连的，很显然，如果尽可能给予这种多样性更多的活动空间，一项主权性的中央权力必将不可避免地对一些个体和团体带来负面冲击，因此它迟早必为了捍卫自己的权威而采取强制措施。一旦有志于此，它就会意图牺牲差异性来促成统一，摧毁自然自生力量，而这些力量在保持着多样性的健康社会秩序中本会以共同性为鹄的。最后的结果就是整齐划一和虚假统一，因为共同性只能繁茂在差异性的土壤上。①

赫尔德坚信，一个人对另一个人的命令权与个体尊严不可兼容，这也是他拒绝给政治权力以某种组织化的第二个理由。个人或团体行使国家权力，乃以公民情愿服从该权威为前提。不过在赫尔德看来，即便如此也意味着不必要的贬抑。总之，他的法权学说反对设立任何此类机构，[88]因为法律和条例由权威制定，但权威自己却不服从法律。所以，赫尔德担心它会蜕变成专断。

赫尔德的法权观念与中世纪思想走得很近。法以风俗为基础，并通过习惯而神圣化，人们更多地是发现法而不是创造法。法内在于自然社会中由人所传承的生活方式，就如同一个民族所传承的生活方式那样。因此，正确的理解是，立法不需要表现为一种强制措施。立法是民族道德觉悟的表达，并拥有内在的说服力。另一方面，一部法律如果不是从共同体的传统中生长出来的，而仅仅依靠权威的强迫推动来设定秩序，那它不过是一片死寂的阴影罢了（IV，466-469）。

---

① 我们接下来也将看到，赫尔德以非常类似的方式向绝对主义统治和政治审查发难，IX，354-362。

赫尔德反对中央权力的主要观点有待商榷，自不待言。他相信差异性是和谐的社会共同作用的必要条件（conditio sine qua non），他信赖民族法权，这些在经验和逻辑上都可能成问题。差异性可以是事物的自然秩序，它有倾向于统一的本质特征，但同时也有倾向于分离的本质特征。民族法权可以被岁月神圣化，也可在岁月中遭到废弃或变得含混。建基于"健康的民族感悟"之上的法律可以是良法，但也有可能包含缺陷和危险。并不是差异性本身，也不是以习俗为基础的法律，构建了针对社会和政治之恶的可靠屏障，因为在差异性与共同作用之间、在民族法及绝对正义之间，本质上并没有既定关联。

然而，赫尔德的基本意图是显而易见的：他希望通过强调社会政治关系的内在力量，以界定自然和个体自由，同时证明外在强制纯属多余。同康德相似，他已然确信，人只有在服从自己内在的法则时才是自由的。按照这一观点，自决是最高的道德善和政治善，对一个病态的社会来说亦是最好的救济手段。今天的人们可以轻易地说，[89]这种要求所造成的问题比它解决的还要多；但是在当时，它不仅相当全面地改变了政治思维方式，更明显地影响了政治实践的趋势。①

由于赫尔德以民族或国族的聚合统一体为一方，以个体为另一方，将两者做了精确的类比（因为自决原则对双方来说都有效），可以看出，他在一个拟人化的范畴中来思考民族国家，为其设定了身体和心灵，实际上是为其设定了自己的性格。他称希伯来民族为一个"遗传个体"，还有他对生物学隐喻的使用，都支持我

---

① 我们将在第五章再回来讨论赫尔德的自决理论。

们这一论点。① 然而有趣的是，赫尔德在选择生物学比喻时，从未使用过诸如叶子和树、肢体和躯干之类的低等级有机关系。相反，他强调统一体之间的功能性关联，这些统一体虽然相互依赖、相互决定，但仍是自负其责和主动的总体，发挥着自身的力量。这种内在力量的存在，恰好能够导出国家是有机体而不是机械性联结的观点。赫尔德的有机主义图景更多展示了众多有机体的联盟，而不仅是与单个人类身体的对观，在后一种情形下，头颅将成为国家之中央权力的象征。所以，尽管使用了生物学隐喻，赫尔德对这件事还是比较笃定的：就形容个体与共同体之间的关系而言，身体各部分与躯体之间的那种联系并不是合适的模本。

所以，当赫尔德靠着拟人化和植物学的例子来寻求为其思想辩护时，他从未忘记社会统一体与个人、躯体或植物与其组成部分的原则性区别。他强调一种有机特性，这种特性决定了社会生活如同植物的生命一样，这便是生长的原理。换句话说，赫尔德坚持认为，一个意图展现稳定的自然政治形象的国家，必然是自发生长的结果。它得从一片特定的沃土上诞生，并在该环境中成长；语言和文学传统蕴藏着这个环境的确定性和决定性特征，[90] 唯其如此，它才能枝繁叶茂。

赫尔德虽然用诸如"遗传的"、"有机的"等生物学概念来形容增长过程，但他首先并不在生物学意义上来思考这个过程（XIV，84；XIII，348）。他主要关心民族的历史延续性，认为这种延续性指社会传统的自觉传承，而不等同于伴随着这一继受过程的生理特征。在他看来，传承本身之所以是"遗传性的"，是因为语言在教化的过程中，能够令民族的社会遗产代代相传。

---

① XVII，285。亦见 I，151；IV，212；XIV，67 和 84；XX，136。

而且因着这种继受方式的缘故,传承是创造性更新的,所以同时也是"有机的"。① 可见,民族国家意味着双重意义上的伙伴关系:一方面,在一段确定的时期,民族国家内部成员之间有合作,另一方面,民族国家也在前后相继的代际之间创造了延续性的纽带。

人们有时会问,赫尔德"人民"概念的有机观念是否通过强调"遗传的"国族特性而影响了现代种族理论。② 不可否认,赫尔德反对不同种族来源的共同体相互混合。特别是在断章取义的理解之下,他那种反对以国族为单位来任意融合的尖锐言论,可能会让人以为他在鼓吹某种种族纯洁论。③ 如果把赫尔德最喜欢的形容词"遗传的",跟现代生物学中明确定义的术语相提并论,那么这种判断就可以得到进一步支持了。然而仍须留意,语言,而非血统,才是赫尔德眼中一个民族最本质的标准。民族对他来说是伦理族裔的统一体,而非种族的统一体。在民族和人类之间,他没有设置任何中间层级,他认为人类本身在生物学上并无差别。虽然他也同意不同的国族群体在思想态度上会存在显著差异,但他绝没有把这种差异看作种族特征。[91]"地球上人的形象千差万别,但不论到哪儿,都有且只有一个人类",他在《人类历史哲学诸观念》(*Ideen zur Philosophie der Geschichte der Menschheit*,1784—1791)中写道。谈到种族概念时,他直截了当地说:"我觉得这个名称毫无道理。"(XIII,252 和 257)

不宁唯是,种族优先的思想,还有现代种族主义的关键词,是赫尔德绝对感到陌生的东西。他断然拒绝"超人"的想象,就

---

① 关于赫尔德社会文化传承的理论,请看第六章。
② 见[原书]第 8 页脚注 3。
③ XIII,384。赫尔德在这里处理的与其说是种族性,不如说是作为军事征服之后果的粗暴的民族混合。

像拒绝主人民族或主人种族的观念一样。① 任何形式的压迫或迫害,不论是对一个人还是对整个国族,都违背其最深层本质。② 这不需要过多解释。赫尔德是人道主义的宣道者,唯有以歪曲的方式来观察,才会把他当成种族理论的急先锋。

仍需强调的是,赫尔德的有机国家理论大体来看只能适用于理想状态。只有这样,权力问题才是完全第二位的。若将赫尔德的概念应用于完善度较低的国家组织,则具有一定程度的危险性,因为权力政治的现实可能会被委婉的说法所掩盖,这样一来,政治问题就再不能与无关乎权力的语言和形而上学问题区别开来。

尽管赫尔德没能始终分开现实与观念,但他清楚地知道两者之间的深渊。我们现在需要问,赫尔德如何在深渊上架起桥梁,以及,通过从机械主义国家到有机主义国家的有计划改造,他的"人民"概念在多大程度上实现了意义转换。

---

① XVII,115;亦见 XVIII,248:"不存在等级秩序……设若白人把黑人看作牲口和黑色的动物,黑人同样有权把白人看作变种,看作天生的蟑螂。"

② XVII,273:"从孩提时起,就没有什么东西比迫害更令我厌恶了。"

第四章 从机械主义到有机主义

[92]大多数启蒙政治思想家感兴趣的首要问题是人们应当如何被统治,而不是应当由谁来统治。对他们来说,似乎更重要的是人民听命于仁慈而又有能力的统治者,这就好比人民自己也参加了政府统治。他们也不反对贵族特权,倘若绝对主义不违背宽容、废除刑讯、解放家奴和救助穷人的启蒙主义诉求,他们甚至愿意为之背书。毫不回避地抱持这种立场的有莱布尼茨、托马修斯、沃尔夫等一些启蒙主义者,还有伏尔泰、狄德罗和其他百科全书派。甚至连施略策尔都没有更高要求了。来自人民的普通人可以或者应当分担政府的责任,这种想法对他们来说显得很荒谬,或者说完全不可想象。

青年赫尔德曾分享这一见解。他诚心诚意地信任贤君的开明。他虽然终其一生都从未对弗里德里希大王有特别的好感,但对叶卡捷琳娜二世(Katharina II)却期待颇多。为了庆祝叶卡捷琳娜二世在1765年的加冕礼([译按]原文如此),他甚至专门写下了热情洋溢的颂诗。① 然而,他应当会大失所望。带着同样紧张的期待,他对约瑟夫二世的统治寄予厚望。期望再一次落空后,他迎来的不仅是单纯的失望,也是彻底的清醒。

---

① XXIX, 24-27;亦见 Haym,出处同前,Bd. I,页108。

> 他想要最好的,但盼来的却是最好的暴君。(XVII, 61)

在约瑟夫治下一切都是老样子,这种情形造就了赫尔德政治观的转向。他现在转而相信,进步、启蒙的思想不可能和绝对主义立场联系在一起(XVII,61)。[93]这种观念上的变化发生得并不突然,也没有戏剧性。虽然叶卡捷琳娜二世对狄德罗表现出了浓厚兴趣,但即使观察得再细致,都看不到她给予狄德罗的政治思想有哪怕一丁点的关注。① 这个时候,赫尔德对绝对君主开明性的信任已经陷入摇摆,尽管他还没有完全理清楚。在柯尼斯堡期间(1762—1764)以及到达魏玛之后(1776),赫尔德对政治进行了许多反思,这些都留存在他的笔记,特别是旅行日记(1769)当中。"国家必须由下及上加以改善"——这些年他虽如此写过,但还是把这些念头留在了心里。② 如果不考虑未出版材料,那么,他的思想发生根本性转变的踪迹,可在论文《又一种关于人类教育的历史哲学》(*Auch eine Philosophie der Geschichte zur Bildung der Menschheit*,1774)中找到。具体来说,他在该文中丝毫不掩饰,他本人会在运作良好的开明专制政府与运行不佳、仍待完善的人民参政政治秩序之间优先选择哪一个:

> 应当通过……不完善的宪法、无序、野蛮人的荣誉、粗鲁的争辩以及什么类似的东西来统治吗?——只要能达到目的,那总比行尸走肉要强,要更现代。(V,516)

---

① John Viscount Morley,《狄德罗和百科全书派》(*Diderot and the Encyclopaedists*),London,1923,Bd. II,页112—114。
② XXXII,56。此处引文所据笔记日期未明。

国家为了合乎自然，应当是国族性的，并由人民所承载，[①]赫尔德自此便巩固了这种信念。正是这些思想导出了赫尔德的基本政治观点：人民和国族应当同一。

赫尔德把希伯来人称作"人民"时所指有二：一个同质的国族统一体，以及一个根本上未分化的 [94] 社会统一体。但他同时代的列国却不是两者当中的任何一个。即使在语言领域的条件符合赫尔德对民族国家之存在的要求的地方，人民也只是政治国族的一部分。当被问到是哪一部分时，人们不得不回答说，赫尔德偶尔会把它等同于臣民（Untertan）。通常情况下，他把人民限定在暴徒和智识阶层之间。按照他的观点，这些群体都拥有各自特定的精神和情感特征。受过教育的人民和一般人民之间的界限比较含混，但作为社会阶层的暴徒或乌合之众（Pöbel）则与人民明显有别。[②]"人民并不是躲在街巷里的暴徒"（XXV，323）。与之类似，处在社会阶层另一端的贵族也被排除于人民之外（XVII，391 和 413）。

因此，赫尔德最终将人民划分为两部分：绝大多数群众构成了市民的人民（das Volk der Bürger），少数人则表现为人民中的知识阶层，或者有教养的人民（das Volk der Gelehrsamkeit）（XXXII，60）。市民不单人数最多，而且正如赫尔德所强调的那样，他们

[①] XIII，384。从这个角度看，Ergang 对赫尔德在民歌上所花功夫之政治意义的提示颇有趣味（出处同上，页 198–211）。赫尔德以普罗大众的语言和歌唱为基础搭建文学传统，其意图是革命性的，深深影响了狂飙突进运动中的诗人。群众、社会的最底层不是无定形的乌合之众，毋宁说他们是一个国族集体意识和文化意识的创造性源泉。这种思想的影响力也跃出了德意志，为民族主义运动的民主视角作出了贡献。

[②] II，25："人民的思维方式是如何与受过教育的思维方式并列和互相交织的？"亦见 V，185。

即便不能等于人民本身,也是其中最有用、最可敬的部分。① 赫尔德用"市民"一词来指代那些常在民歌中占据一席之地的职业:农夫、渔夫、手工业者和商人。他认为,这些都是不容易被文明所触动的人,相应地,他们也是一个国族真正人民性格的最纯粹、最原初的化身。赫尔德心目中的性格,是指由衷自发的情感,与大地和自然的亲近感,以及某种能在孩童身上寻获的本真和单纯。②

[95]难以确定,赫尔德认为市民是毫无经济及社会差别的均质群体呢,还是将其视为一个尽管有上述差别,但仍基于共同的精神姿态而达致某种程度统一性的阶级。同时,居民当中的哪个部分会被贴上"暴徒"的标签也不明确。没有任何证据表明,赫尔德考虑把18世纪政治作家大多会看重的财产纳作标准。因此,"暴徒"这个词可能更多指心智较为低下的民众群体,而不是指以经济状况为特征的阶级。

另外,赫尔德是否觉得农奴制度已经过时,以及他有没有把农奴算进市民之内,也不甚清楚。他只是谈到谁不属于市民:贵族、学者和暴民。但由于赫尔德说市民尽管就数量而言最为庞大,却绝对是国族当中最受压迫和压榨的部分,因此人们可以假定,他并未将农奴和市民区分开来。③

赫尔德在这一语境下使用的某些表达,体现出我们今日才常

---

① I,392:"……人类中最大、最有用和最尊贵的部分,人民。"亦见 VI,104:"……我们公众中最尊贵的部分被称为人民。"
② V,182;亦见 VII,265:"人民,人类中最大和感性的部分。"有意思的是,赫尔德在旅行日记中对俄国的情况发表看法时写道:"他们(俄国人)的语言中没有表述市民的词汇。"(IV,419)
③ XXIII,210;亦见 XXX,200。

见的兴味。但他是否已经准备好把最钟情的市民意义上的"人民"概念用于现代工业无产阶级，这依然是个问题。易言之，市民阶级在数量上的扩张不是引起赫尔德注意的首要因素，他们的生产能力以及经济上受压榨的程度和政治上受压迫的程度也不是，尽管他也不可能忽略这些情况。对他来说更加重要的是一种信念，即劳动着的人民是大地上的"国族"之盐——国族性格最为纯正的表达；借助这种思想，他振奋和点燃了自己对政治改革的热忱。在市民身上，他看到了一个国族拥有的一切自然和原初的东西的化身。至于他有没有联系现代工厂劳动者来想这个问题，姑且不论。

赫尔德无疑把教育——更恰当地说是缺乏教育——看作市民社会地位卑微和政治软弱的主要原因。国族中比例最大的部分只享受过不充分的教化，在赫尔德看来，这已不能用诸如天生能力等自然状况之别来解释了。确切地说，这是长期以来刻意漠视的结果，[96]统治阶层应当为此担负起全部责任。

> 在所有的邦国中，给我们公众中最尊贵的部分，给称为"人民"的部分所准备的智慧学校在哪儿呢？……给大批人民群众以有区别的教育和思维方式……而这些不都是人吗？难道一个国族的主干没有能力也不值得去启蒙？仅仅让国族的贵族自我启蒙，就为了更好地利用国族和更便于倒行逆施？（Ⅵ，104，105）

赫尔德对政府权力的世袭，对业已存在的世袭贵族，有着很深的反感。缪勒（Johann Georg Müller）在日记中这样形容赫尔德：

> 他是贵族们可怕的敌人，因为贵族反对人类平等和基督

教的一切基本原则,是人性愚蠢的一个耻辱柱。①

赫尔德不知疲倦地反对世袭贵族制原则,认为它不仅毫无意义,甚至是危险的。自然并没有把它至好的才能礼赠给特定的家族。

> 为什么有人生而有权统治他成千上万的市民?……自然并不是以家族的方式分配它至高的赏赐的……多么危险啊,在这个或那个位置上,从这条或那条王侯世系中,登临宝座,干脆生在宝座上!②

赫尔德认为,如果一个尚未来到世上的人因其出身便受指定要去统治他人,这是不合理的权利要求,也是人类理性史当中非理性的最极端例子(XIII, 377)。

在赫尔德看来,战争创造了鼓励贵族统治之产生的条件(出处同上)。无独有偶,他也在战争中找到了奴隶制度的起因。与默泽尔不同,赫尔德[97]出于道德和经济的理由反对奴隶制度

---

① J. G. Müller,《在赫尔德身边:1780—1782》(*Aus dem Herderschen Hause [1780-1782]*), J. Baechtold 编辑出版, Berlin, 1881, 页 109。也可参看赫尔德 1796 年 10 月 10 日写给 Johannes v. Müller 的信:"啊哈,我们德意志人做到了的,贵族们做不到!" J. v. Müller,《与赫尔德夫妇的通信:1782—1808》(*Briefwechsel mit J. G. Herder und Caroline v. Herder geb. Flachsland 1782-1808*), K. E. Hoffmann 编辑出版, Schaffhausen, 1952, 页 44。[译注] Johann Georg Müller(1759—1819),瑞士神学家、教育及历史学家、出版人、政治家;Johannes von Müller(1752—1809),瑞士史学家、出版人、政治家。两人系兄弟,也是赫尔德的学生和读者。自 1805 年起,两人共同参编首部赫尔德作品集。

② XIII, 332、377,以及 XVII, 61。

（XIII，377、378）。如他所说，这种因征服、压迫和剥削而产生的状态，通过"时效，或者像我们的国家法学者口中的默认契约"，上升为权利（XIII，378）。

考虑到赫尔德这种对现存政治统治形式的敌意态度，在看到他对自上而下改革的可能性及现实性仅抱持微弱信任时，便不会感到意外了。赫尔德反其道而行之，寄希望于人民中的某些人，他们应当怀有布道般的激情，为了将整个国族引向不再需要政治统治的状态，去传讲和散播教育的福音。他们被赫尔德明确定义为"人民的人"（Männer des Volkes）。这个表达很不同寻常，因为它听起来自相矛盾，令人困惑。

虽然赫尔德拒绝在社会中划分泾渭分明的阶级，但他还是赋予中间阶层以显著的意义，认为它是国家的基础和柱石。① "人民的人"应该就从这个阶层当中产生。

> 我们知道，在中间等级产生精神活动和文化；它们应当向上或向下作用，以使整体都活跃起来。（XXIV，174）

不过，如果赫尔德在这里没有把他市民意义上的"人民"概念扩大到包括那些从事精神和文化任务的人，那么，他使用"人民的人"这一表达，只能指这么一些人物：他们虽然应该将人民引向文化和政治成熟的新高度，却不是产生自人民；他们是人民的领袖，却不是从人民中来的领袖。

在这个过渡阶段，全体国族成员都应获得更好教育和发展

---

① XXIII，429。正和孟德斯鸠的看法一样，赫尔德笔下的英国崛起要归功于经济力量，中间阶层因较早参与政府而获得了主导英国的更大政治自由，他们也功不可没。

更为茁壮的政治意识,这样,赫尔德所希冀的贵族民主体制（Aristo-demokratie）才会得以成真（XVIII, 331）。

[98]在赫尔德看来,贵族民主体制的最终目标是作为政府机关的国家的消失,并以社会生活的有机秩序取而代之。在这种社会生活中,积极的合作让一切形式的从属关系显得过时和多余（XIV, 217）。接下来的任务,大概就在于他所说的——现行政治秩序的人文化（IX, 407）。

按赫尔德的理解,人文化的内容首先是基于政治自由的教育和社会福利,而其基本前提则是取消政治审查和废除绝对主义统治。

赫尔德反对政治审查的理由,形式上颇有点类似密尔（J. S. Mill）在将近一百年后的著作《论自由》（*On Liberty*）中的表达。最重要的一点是,谁制造了审查制度,谁就将深受其害。而且,在压制社会上的批判性思想的同时,迷信和神话般的想象就赢得了生存土壤。这种态度反对一切进步,它窒息所有新的东西,只是为了避免任何对惯习的改造。傲慢到如此愚不可及,能生产出的,恐怕也只有盲目的保守思维和大面积的"头脑迟钝"（dullness,赫尔德使用英文表达）了。在这种情形下,科学和艺术不可能兴盛,所有启蒙和社会改良的努力也必然归于沉寂。最重要的是,国家终将失去自我,因为文化和经济的停滞必将销蚀整套社会和政治结构。因此赫尔德得出结论：

> 在真相的领域里,在思想和精神的王国中,不应该也不可能由任何尘世的权力来做决定；政府亦不可能做到这些,更别提它那看似披着神圣外衣的审查员了。[1]

---

[1] IX, 358；全面的阐述请看 IX, 354–362。

基于这些理由，政府应当容忍并积极支持意见的自由交流，容忍并积极支持一切形式的旨在发现和洞察新的真理的研究和努力，即便只是为了政府本身的利益。①

[99]赫尔德十分清楚，自由可能被滥用，但他认为这是可以接受的风险。因为若没有自由，人类精神也就不可能存在，"自由是人类精神必得拥有的；他也坦然滥用自由"。② 出于同样的理据，赫尔德也否定绝对主义。诚然，他对个人崇拜的痛恨起到了一定作用，但更具决定意义的是，他确信绝对主义统治会让人民变得不道德，并攻击他们的内心最深处；这样的统治只会造就奴隶、奴颜婢膝以及下作小人和无耻的马屁精。③ 当绝对主义坚决主张整齐划一，要求命令和服从的时候，它已经把人变成了无定形的乌合之众或是强大机器当中的一个小小齿轮（V，516）。最为恶劣的是，绝对主义滋养了妄为的恣意和无边的暴力，这无疑构成了对道德性等事物决定性的威胁。

> 不受约束的强力是太阳底下最肮脏的东西，也是一种耻辱，因为它放弃了所有的道德，放弃了所有真正的优点。④

那么，在适宜于人文化的氛围里，赫尔德眼中的教育过程又是什么样的呢？

---

① IX, 361；亦见 XVII, 233，赫尔德在此处强调，对幻象和谬误唯一有效的解毒剂，就是从任何一种可以想见的角度出发去探究真相。

② XI, 202；亦见 XXXI, 776。

③ XVIII, 310；XIII, 381、382 和 IX, 365。

④ XVIII, 309。然而赫尔德也很清楚，恣意和暴力统治可能披上法律行为的外衣。尤请参看他对所谓危害国家的犯罪的评论，XVI, 60。

在其《学校谈话》(*Schulreden*)系列的一篇中,以及在给公爵的一封建议进行学校改革的信中,我们找到了针对这一问题的若干深刻探讨。[1] 人是什么?他说,从自然角度出发,[100]人无所谓好或者坏,不过单纯有着需要发展的天然倾向。赫尔德将这些倾向划分为三个层面:

a)生理的和情感的;

b)精神的和审美的;

c)道德的和政治的。[2]

现在回到他的观点:所谓国家,其功能就是帮助每个市民拓展他们的天赋,这也是国家本身的利益所在。[3] 所以,当国家漠视市民的教育时,它自身价值连城的财富也就被劫夺了。不宁唯是,甚至国家的存在也会成问题,因为被压制的天分很容易成为政治动荡的危险源泉。

> 人类神圣又高贵的天分如被雪藏,任其锈蚀或磨损,不光是对人性的叛逆,更是一个国家自作自受所能造成的最大损害。因为,任何一种这样被掩藏的、死掉的财富,并不只涉及人们以为的资本和利息损失;由于活生生的力量不可能永远都像死的资本一样被掩埋,它们还会这样彼此自乱阵脚,给国民整体造成许多混乱与无序。一个无法尽其所能的人是

---

① 赫尔德《学校谈话》包括但不限于服务于教育利益的材料。里面也有许多犀利的政治观察;它们大多写于德意志历史上自三十年战争以来最为激越的时期。此处所引的谈话节选自一份写于1793年的草稿(XXXII, 518)。信件日期是1785年12月14日(XXX, 429–452)。

② XXX, 517 和 XXXII, 518。

③ 赫尔德在另一处地方也表达了类似的思想:VI, 104;XIV, 209 和 XXIV, 109。

不会安分的，因为他必须生活，尤其是被激怒的时候，他也会把自己的天赋用在干非常邪恶的事情上。直到最后，所有能运作的齿轮都互相搅在一起、陷入混乱，整套机械上演了一出悲剧。（XXX，234）

这一段话值得详细引用。它展示了赫尔德对教育的经济和政治面相，以及对教育投入与经济投入和政治发展之间紧密联系的准确和深入认知。每一股未经使用和开发的人类力量——即希望被盘活的死资本，伤及的不唯个人，还有共同体的社会政治结构，这一点于我们今天来说已显而易见。但这些教益在几十年前还不甚清楚，遑论在赫尔德的时代了。人们还应注意国家提供的受教育机会与社会经济平等程度之间的关联。[101]赫尔德也认同，绝对平等既不可能达到也不值得期待，但他仍然坚信，自然属性上的不平等，事实上无论如何总要小于教育培训机会不均所造成的不平等。①

> 人类从自然那里得到的不平等，没有通过教育所造成的不平等那样大。②

赫尔德绝没有忽略社会和经济要素的重要性。他的人文化概念不单和教育有关，也考虑到了社会和国民的福利。在人文化概念中，体质健康和物质收入都占有一席之地，国族全体成员都应该享有这些。尽力保证其实现，就是国家的第二项重要任务：

---

① 赫尔德强调，即使能够在一代人中达到平等，这也是无法持久的。见 XVII，127。

② XIII，381；亦见 XVII，出处同上，295，以及 XXIII，414。

> 国家是所有孩子的母亲：它应当为所有人的健康、强健和清白负起责任。①

赫尔德认为，教育和物质关怀必须携手并行。

> 一个国家需要的不仅有字母，也有面包。（IX，408）

赫尔德相信，人文化进程流淌在个体的自我发展中，也充盈于社会的肢体之中。按其观点，个体必须认识到，自己并不可能孤独存留于世，因此为了获得尽可能良好的发展，他必须与其他个体展开积极合作。

> 因为独个的人只能以非常不完美的形式存在，所以，在任何社会中，更高的顶峰都是由共同协作的力量形成的。（XIV，227）

[102]对于国家内部这种个体与群体协力的机制，赫尔德着力甚多。在从机械主义国家到有机主义国家的过渡时代，只要权力不世袭、不被人暴虐地行使，只要人们认识到不受约束的强权最终是多余的，那么，采用何种政府形式，赫尔德并不十分关心。有些学者，如海姆（Haym）、屈内曼（Kühnemann）、席恩贝格（Schierenberg）等撰文指出，赫尔德将立宪君主制看作这一过渡时期的最佳政府形式。但在我看来，他们的论证并不充分。毫无

---

① IX，401；亦见XVI，601："学着去理解和心系伟大的终极目标——国族幸福——的智慧头脑和勤劳双手越多，国家就越会获得更多的秩序、更大的合乎法律的自由，也会更加稳固。"

疑问，与绝对君主制比起来，赫尔德偏爱立宪君主制，因为它是较小的恶。同样，他亦惊奇于英国的折中妥协，即王朝的延续性幸运地与责任政府的原理结合在了一起（XXIII, 155-158）。不过，在考察立宪君主制时，他仍投之以极大的不信任。

> 宽和适中的君主制？（一个可疑的……名称！）……只有暴政或共同体（共和国）才是两端，是让球体旋转起来的两级，宽和适中的君主制不过是在两级间不规律地来回摇摆罢了。（XVIII, 317）

另一方面，人们在赫尔德的书写中也能找到足够的证据，表明他视共和主义体制为实现其政治观念的最佳前提。他甚至比卢梭更推崇这种政府形式。卢梭质疑共和制的一般原理可否在大国行得通，赫尔德却不接受这种怀疑，他不认为较之小共和国，大共和国可能更难生存。[①] 话说回来，即使是这种国家形式，对赫尔德来说也只是相对最佳宪制。照他的观点，并不存在能够适用于所有时代、所有民族和国家的理想体制。

> 没有能永续的政府形式：时光每分每秒都在变化……所谓的最佳政府形式——很不幸尚未找到——肯定不能以同样的方式一劳永逸地适宜于所有民族。（IV, 467 以及 XVIII, 283）

[①] XVIII, 317；亦见 XVIII, 523 和 IX, 365、376；可与 Joh. v. Müller 书相比较，出处同前，页 13。

如前所述，赫尔德也谈到过民主制的基本原理。为了防止误解，需要进一步研讨这些见解。赫尔德反对直接民主，[103]其理由和18世纪多数政治作家一致。他认为，人民以及市民因为缺乏教育和政治不成熟而不能施行统治，这一点数百年来都为人忽视。所以，关键不在于让不让人民去统治，而在于提高人民的受教育水准（XVII, 96）。此外，希腊城邦国家意义上的直接民主，在现代国家是不可理解的，赫尔德和卢梭在此处达成了一致（XVIII, 331、332）。无法想象人民的全部成员都能同等地参与政府施政：

> 他们即使都能够参与立法，也不能握有同样的权柄，至少不能无差别地享有直接的份额。（XVII, 127）

基于相似的理由，赫尔德也反对多数原则。他也看不出这类原则有什么意义和目的（XVII, 96；亦见 XIII, 149）。但代表制民主倒还是可能的。赫尔德似乎考虑过将贵族民主制视为过渡时期的一种代表性制度。可是，如前所述，应当带领市民达到教育和政治上更为成熟状态的代表，或者政治领袖，甚至不允许从市民阶层中产生。因此，如果代表制民主政府是指通过直接选举的人民代表来统治，那么，赫尔德的贵族民主制就难以与之等同，至少在初始阶段如此。

赫尔德在某些旨趣上有别于18世纪的许多政治作家。相较于孟德斯鸠、狄德罗、霍尔巴赫或者默泽尔等人，赫尔德绝不把个人财产当作政治领导地位的实质前提，甚至不视其为值得期待的前提。他的贵族民主党人是指科学巨擘、有教养阶层的代表，在某种程度上可以说，是哲人做王。赫尔德认为，由于国家在过渡时期的主要目标是促进普遍教育，所以，应当将这一任务托付给最好的学者和职业教育家。①[104]他们没有个人经济负担，因而是最为理想的公仆，当他们以政治家和学者的身份来行使政治权力时，可能会更不卑不亢。当人民达到政治成熟时，他们也会非常高兴地退场。基于此，他们会用尽全力，加速推进社会政治教育进程。

于是，人文化期间的政治领袖肩负着两重任务：既要让人民有能力早日达到预期的目标，又要确保人文化通过人民自身的努力而实现。

> 领导人必须为我们缩短路程，但一定要让我们自己走，不要想扛着我们走，从而麻痹我们。（IV，454）

人民也必须依靠自己的力量。为了不削弱人民的政治意识，不影响主要目标即"自决"的实现，政治领袖不可担负过多责任（XIII，149；XVIII，339）。

个人和群体在其为自己创造的法定框架下决定其社会和经济生活，他们意识到自身的自由，也意识到彼此的相互依存，而自决便是决定这种生活的能力和意志。在赫尔德眼中，自决是政治变革的目标。如果是这样，那么在这最后一个阶段，就必须使用民主的概念，尽管是在一种非正统的、几乎是乌托邦—无政府主义的意义上。

这就是赫尔德所能达到的最远的地方。但如何从人民受其引

---

① 赫尔德信任从事政治的知识人的政治能力和道德无瑕，这或许影响了欧洲民族主义者对政治领袖的想象。尤其是对中欧和东南欧来说，教授在那里曾拥有巨大的政治影响力，直到今天也是如此。

导的贵族民主制，过渡到规则之治下的多元分散治理模式？我们想从赫尔德那里找到更为确切的论说，最终却徒劳无功。我们也不清楚，为什么那些被认为拥有能力的贵族民主主义者就应当掌握权力。但有一点是清楚的：赫尔德不考虑以革命为工具来驱逐世袭贵族这一做法：

> 事物前进的、自然的、理性的改良仍是我的座右铭；革命则不是。（XVIII，332）

[105]新秩序会从老的社会结构中不断地逐渐生长出来，没有突变，这种不容辩驳的信仰必然假设了，一些具有某种特性的力量在社会政治发展中起了作用。这究竟是哪类假设，下面的章节将探讨（尤见第六章）。不过，在我们描绘赫尔德有机主义理论的主要特征时，就已经略微提示了决定这一信仰的根本思想。如前所述，赫尔德设想社会发展是一个有机的过程，是从内在力量当中汲取能量的增长。但由于这种内在力量会被看作神圣权能的展现，所以"发展"一词具有双重意义：它既描述了外在变化的方式，也描述了神圣意图的作用。所以，发展首先是一种经验上看得到的趋势，科学研究能够认识它；但同时，它也是无法以科学方式来领会的神义论。

重点在于，伴随着这种所谓自然和神圣力量的显现，发展是否以及在多大范围上受人类力量的控制？这一点必须搞清楚。易言之，发展究竟是不受神圣或物理威力干预的结果，还是至少在一定程度上是人类努力的结果？赫尔德并不能完全解决这些问题。或许原因主要在于，他不曾承认自然科学王国与神学王国的真正分离；另一方面，他也不曾承认全部事物均已命定的世界与人类意志在其间扮演根本和积极角色的世界的真正分离。①

赫尔德在这里遭到了解不开的麻烦。人们必须原谅他,因为在这些问题上,许多其他 18 世纪乃至更晚的思想家都遭遇了挫败。他和别人一样,找寻满意的答案却一无所获,但他终归成功提出了两项影响后世政治思想的基本原理。第一项涉及一个信仰,即物质力量与人类努力这两种自然领域之间能够达成更高的和谐——只要 [106] 克服那种应归咎于非国族和非人民政府的不完善之处即可。另一条原理是,克服不完美,这本身就是人类发展的本质和宇宙力量之展开所固有的渐进演化过程。

这两条原理因为比附生物学而获得了不少说服力。如果社会性的新构造不过是生物性变化之普遍趋势的一个例子的话,那么,将两者置于同一个视角之下来观察,或者使用同样的方法来研究,就是可取的。自然里面有生长有衰亡,社会当中又怎么会没有呢?因此,能不能从一个历史进程的角度来观察从贵族统治到民主制之转变的性质呢?这一历史进程涉及两种相关但对立的趋势:衰败从上层开始,而生长自下层萌发。当时在德意志发生的某些事件似乎可以支持这种假设,也恰好被赫尔德所密切观察到。②但是另一方面,这些事件也不能更清楚地表明,上层的衰败不一定带来下层成长的结果,后者需要特别培养。赫尔德很快就意识到了这一点。结果是他更加强调社会和政治教育之于过渡时期的必

---

① 如果赫尔德没有受到神学思想的困扰,他是否会创造出更加融贯的自然哲学和历史哲学?这样的发问是多余的。

② 尤请参看赫尔德 1796 年的《学校谈话》:"德意志的宪法,只消用一句伤感的话来说,宪法的影子都已消失不见了……年轻人啊,你们到晚年的时候会羞愧地想起,你们的青年时代是在帝国的身体支离破碎、久病不愈、败坏瓦解的时候度过的啊。"(XXX,228)

要性，他期待经由这种教育，国族和社会意识能够得到培育。

然而赫尔德还是思虑不周，因为脱离有效的宪制组织而单有这种意识是不够的。假如缺少制度性框架，那么就连唤醒这种意识都没有可能。赫尔德之所以在政治现实主义上有所欠缺，首先是他对政治问题持有明显的文化批评见解，这点十分肯定；另外，这也源自他未能充分区分更大的国家共同体与其原始细胞，即自然的家庭共同体。赫尔德从亚里士多德那里接受了一种想象，认为人是[107]政治性的存在，家庭是自然的共同体。因此，一方面为了勾勒他的最终目标即有机主义国家，另一方面也为了展示通达此目标的必经之路，他会顺理成章构想出一幅"政治家庭"的图景。① 在某种意义上，赫尔德把过渡时期政治领袖的任务比作家父（pater familias）的义务，家父的主要责任，就是将孩子们教育成为有担当的成年人。② 但这种类比没有给赫尔德太多帮助，它远不能揭示所设想的转型中那些决定性的细节，即社会控制的难题和政治权威的边界问题，反而把根本问题弄含混了。生而为人必然有父亲，这是自然的要求，但这项生物学上众所周知的常识，却不能回答父亲的权威应当达到什么程度。事实上，父辈权力的想象天然地意味着孩童的从属性，从而径直反对赫尔德的那种领导机构无用论的社会想象。

赫尔德在做某些区分时似乎有点不够小心。比如他谈到，作为国家成员和作为家庭成员的感觉和意识应当是一样的，这其实和他提出的另一项表述，即国族仅仅是扩大版的家庭，不是一码

---

① Aristoteles，《政治学》（*Politik*），I，Kap. 2 和 4。
② 完整的论述请看 XIII，384 和 456。

事。①上述第一种说法的着眼点在于,对强制的惧怕应当让位于好感和尊重之感,这就像家庭成员之间的关系那样,完全合乎自然。人们可能会问,人民的伦理共同体或国族共同体难道不会因为体积太大,以至于认同感有限而不足以唤起忠诚的感觉?没有了认同感,要求人民效忠的合理性就大可怀疑。

第二种说法则证明了一个事实:赫尔德的自然政府设想本身,其有效性和意义都岌岌可危。②因为在他的体系中,[108]权威将由受拣选的人来行使,其权力受限于职权范围,一旦交办的任务完成,他的在职时间也就结束了。③不宁唯是,家庭暴露出等级特征,呈现阶梯式的责任划分,这种结构难道不正是赫尔德所谓机械主义国家的典型吗?

赫尔德没有意识到,家庭与国家的差别是原则上的,而不是程度上的。这无疑缘于他对社会政治领域的程序问题缺乏兴趣,特别是在他的多元体系中,对诸权威范围的约束问题,以及如果有必要的话还有它们之间的衔接问题,差不多被完全忽视了。另一方面也必须强调,假如赫尔德主要致力于社会和政治生活的制度视角,那他便不可能发明如下观念:可以不再仅从政治性的角度去理解政府。赫尔德认为有机国家是一个精神上统一、经济上协力的共同体,它更倾向于服从由其成员的社会和道德意识塑造的法律制度,而不是一套自上而下引导控制的体制。这样的论说与其说是政治理论,不如说更类似一种宗教性的体认,这是我们

---

① XIII, 384:"因为民族又是自然中的一株植物,就好比一个家庭,区别不过是枝杈更多一些。"

② 赫尔德把适用于民族的社会分叉结构体系称为"自然政府的第二层级";家庭相应地是"自然政府的第一层级"(XIII, 375、376)。

③ XIII, 375、376;亦见 XIV, 489。

必须承认的。然而,无论如何也不能断言赫尔德的观点不包含任何政治意义。其实这么说才更真切:正是他对世俗救赎的确信支撑着他的政治信念,从中产生了有机国家理论的推动力。

虽然这种信念近乎乌托邦,但赫尔德还是对建立有机社会关系之路上的重重阻碍有所认识。他虽低估了政治组织的必要性和有效性,但他不遗余力地向读者强调,通过专门培育社会观念和世界观而得来的精神焕新是多么必要。赫尔德清楚,试图创造这样一种姿态,需要相当高的道德条件(XVI,601),但若没有这样一种创造,就完全无法想象作为有存活能力的政治构造的有机民族国家的实现。只要国家像一艘[109]被无数危险和敌对势力所包围的海船,它就只能是一种必要的恶,其唯一的目标是对内维护秩序、对外保卫自己(IV,354、355)。

一个"有机"民族国家的世界,其正统意义上的政治领导要通过非中心化的、自治的和专门(ad hoc)设立的机构来实现。所以,它不仅需要一国内部高度发达的社会协作,甚至需要国家间关系的非凡和谐。赫尔德认为这种国内和国际关系是绝对能够实现的。因为对他而言,在包括人类社会在内的事物的本性中,有着支持这种创造的趋向:多样性朝向统一性的努力,

> 一种谋求统一性的无终的多样性,无处不在,撼动一切。(XVIII,300)

相应地,赫尔德得出结论说,民族国家和国际化并非两股迎头相撞的潮流,反而更应看作相继的历史发展阶段。民族主义分离倾向和国际主义统一倾向,二者如同互为补充的力量,并不相斥。国家的人文化和国际的人文化在赫尔德眼中是同一个过程。

这种信念认为，分离倾向与联结倾向之间的关系自然和谐，多样性与统一性之间的关系也自然和谐。某种意义上，这是赫尔德有机世界秩序观念的逻辑后果。但从根本上说，这是一种信仰的行动，是对人的社会规定性的道德和宗教确信。这种信仰的理论来源以及情感来源在赫尔德那里存乎一辞：人性（Humanität）。

第五章　从民族主义到国际主义：人性

[110]赫尔德不是第一个想在地上实现上帝之国的人，然而之前很少有人如他那样将神性带入人的范畴。确切地说，在天国与尘世的问题上，他否定二元论或者反题的存在。在宗教领域和人事领域沟通世俗价值与神圣价值，俨然是他的主要目的：

> 这是多么好的用意，让宗教服务于人类和社会的福祉。（VI，63）

宗教若要在社会生活中起积极作用，就必须受人类和社会的目的引领。宗教对实现这些目的贡献越多，就越能够增益一切社会理想当中的最高者——人性（XVII，121、122）。

对赫尔德而言，这项最高的社会理想远不止是一个单纯概念而已，而是世界的至善（summum bonum）。屈内曼不无讽刺地指出，它环抱着所有纯真美好的东西。[①] 人性是赫尔德社会哲学的核心要点。宗教的道德价值就在于它对提升人性做了多少贡献：

> 宗教越纯净，就越会、越情愿帮助人性提升。这就是形

---

① E. Kühnemann,《赫尔德》(*Herder*), München, 1927, 页536。

形色色宗教的试金石。（XVII，121）

在我看来，有必要再略微更深入地研究一下赫尔德的宗教哲学。其意义不仅在于理解赫尔德的宗教观念本身，也有助于我们认识他的历史和社会发展理论。

和历史哲学一样，赫尔德在宗教哲学中也考虑把对天意和决定论的信仰与对人类自由的信仰挂上钩。[111]"一位手持圣经的启蒙者"——① 这种对赫尔德的描述本质上是真确的，尽管他的见解某些时候看起来很难与托兰德（John Toland）和廷达尔（Matthew Tindal）这样的自然神论哲学家区分开。如同托兰德及廷达尔，赫尔德反对不加批判地虔信并敬仰自然事物：

> 在奇迹之前，上帝保佑我……就是说，不去寻求超自然的事物……魔法是无意义的幻想和冲动，是一种超自然和非自然的东西……敬仰上帝——一场空虚的活动……虔诚？人们是多么频繁地乱用这些名称！②

在赫尔德看来，圣经是人的作品，是历史文献，它听命于人类的价值概念，他不允许未经批判地把圣经当作盲目崇拜的

---

① Haym，前揭，Bd. I，页 93。只有在比克堡期间，赫尔德才追随一种更强调神秘事物的信仰。在 1772 年 10 月写给梅尔克（Johann Heinrich Merck）的一封信中，他甚至称自己是个"神秘主义狂热分子"（Haym，前揭，页 502）。

② XIX，53 和 XX，75。这些看法不是偶然冒出来的，而是这位魏玛教会最高代表人物深思熟虑的论断，他在一套五卷本论说集（《基督教手札》，*Christliche Schriften*，1794—1798）当中进行了进一步的阐述。所以对它们的评价必须公允：它们就是赫尔德宗教哲学的准确阐述。

客体。① 读者应当带着问题，准确地说，应当带着怀疑去读圣经（Ⅶ，264）。

赫尔德认为，宗教最突出的特征在于其彻头彻尾属于人类。② 赫尔德所理解的人类，是活跃的和有意识的一类造物，因此绝不愿放弃做决断的自由。圣经的意义或许并不在于促使或允许人将自己的生命被动地托付给神的眷顾。从圣经当中既得不出对宿命的依赖，亦得不出对神恩的盲信。恰恰相反，人类某种意义上可以是他自己在地上的上帝；他一定要清楚自己在自身命运中扮演什么角色。任何未经证明的未来生活都不应夺走或败坏他当下的生活。[112]人类自己的起源、自己的故土、自己的王国，都在大地上。人的目标蕴含在大地之内，他的规定性也包含在大地之中。③

> 程度最纯正的启示是……看到事物及其所是者，抛开图像和梦境，眼见为实。（XX，128）

启示对赫尔德并非意味着遥远未来的一次性事件，而更是远未完成的过程。

> 每个时代都在揭幕，都在启示着。（XX，131）

在基督身上，赫尔德首先看到的是一位重要的启蒙者，一位

---

① Ⅷ，543、544；亦见 XI，178。
② Ⅷ，235；亦见 XX，178、232、239 和 265。
③ Ⅵ，64；亦见 XIV，322–324 和 XVII，120、121。更多提示还可看 1772 年 10 月 30 日赫尔德写给拉瓦特（Lavater）的信（Düntzer，《赫尔德遗稿选》，出处同上，Bd. II，页 15、16）。

为了精神自由而战的果敢斗士，

> 一位热心于普遍启蒙并反对成见的精神自由的高贵之人。（XX，47）

教会作为一个机构，它的等级制度，它的固定教条，所有这些在赫尔德眼中都没有得到太多认可。对他来说教会和宗教绝不是一码事。① 有人主张，基督教曾经为创造国家间更为和平友好的关系做出贡献，他对此怀有疑问；有人说，教会权威的存在资格是通过建立对政治权威的某种控制而争取到的，他也认为站不住脚。他说，在限制贵族的专横权力方面，教会什么都没有做。与干涉政治绝对主义大异其趣，教会等级组织反而给政治绝对主义的存在和发展提供了范本（XIV，411）。

赫尔德认为，宗教和教义必须严格地区分开来（XX，135）。宗教团结人群，教义则分离他们。狂热和偏狭是教义造成的结果。② 出于对[113]宽容和自由探究真理的同情，他关注莱辛和门德尔松等启蒙主义者，大声为他们喝彩。他也赞赏把英国宽容原则的重要代表，哈奇森（Hutcheson）、沙夫茨伯里、巴特勒（Butler）、洛克，介绍给德意志人民的翻译家们。③

---

① XIV，541、542；亦见 XV，130、131。
② XV，130、131；亦见 XVII，273；XX，145 和 XXIII，10。
③ XI，204；亦见 XV，33；XVII，233 和 XXIII，133、134。赫尔德为人慷慨。洛克支持思想解放，沙夫茨伯里曾为此攻击过他。赫尔德还为洛克和自由意志论者辩护（XXIII，134、135）。他认为甚至无神论者也不无可取之处。"'不信教人'的角色意谓人类残暴的敌人，这个成见由来已久"（XXIV，97）。赫尔德坚信，虔诚、盲目以及常常是虚伪的信徒在过去给真基督教施加的损害，比来自基督教反对者的还要多。见赫尔德的文章《虔诚的谎言》（"Die fromme Lüge"），载其《基督教手札》中的《论基督教的精神》（*Vom Geist des Christentums*），XX，5。

赫尔德对宗教的见解，如同他对人类追求的其他领域的思考一样，具有明显的相对主义性质。如他所言，宗教涉及人最深层的本质，是不易混淆的。① 所以，每两个人恰好拥有同样宗教的概率，比两个国家间的情况还小些。

> 难道宗教不是必须……依照国族来划分吗？（XXIV，49）

那么，赫尔德在个体上的宗教观是什么样呢？从总体上看，他的神学立场有些矛盾，但他仍致力于廓清宗教这个重点。在《基督教手札》（*Christliche Schriften*）中他写道：

> 宗教是这样一种信念：它是我们最根底的意识，是关于我们作为世界之一部分的意识，关于我们应当做什么样的人以及要干什么的意识……（宗教）是一切人类义务中叫做责任心的东西。（XX，159、160、264）

可见，赫尔德所理解的宗教，本质上存在于对社会责任的意识中。在其最纯粹的形式上，基督教便是这种意识在社会关系中，以及在个体面对自己同类时所持态度的表达。它不只是一种精神姿态，更是一种高于神学原理刻板体系的包罗一切的思想意识。虽然赫尔德把基督[114]视为人性的伟大导师（IV，290），但他还不至于说，人们得使用"基督教的"一词来指称宗教的思想意

---

① XX，141 和 225；亦见 XVII，273 和 XXIV，49。更多讨论也可参看 Düntzer，《赫尔德往来书信集》，出处同上，Bd. I，页 281。

识。① 没错,他甚至相信,假如基督教仍停留在自由哲学或一种单纯伦理导向的思想意识上,那么对人类,特别是对关乎人性的事物来说,将更为有益。这样一来,基督教就成了一种真正无所不包的信仰,一种所有人都可以分享的信仰。

为了让这种无所不包的信仰显得更为具体,赫尔德尝试着慢慢摸索前行,因为他完全清楚将会遇上什么困难。让我们首先来着手阐明,他所理解的"人性"不是什么。赫尔德说,人性不允许将人类混淆为特定时间内所有活人的总和。人性也不允许将人道(Menschlichkeit)与一种对人类的泛泛之爱相提并论。赫尔德在《人性升华书信》(*Briefe zur Beförderung der Humanität*,1793—1797)②的第三卷当中如是说:"我们不会写信宣扬这种所谓的'人道'。"据他的用法,"人道"一词不仅用在琐屑的事上,也频繁地派上了虚伪的用场。人们借口说爱就要爱人类的全部,这样就不必爱某个特定的个体了。另外,教导人们待人接物行礼如仪又是多么美好的事情,这对我们的日常社会交往来说非常重要,但这恰恰不是人性。礼貌和殷勤并非目标本身,至多能算"我们目标的下位概念"(XVII, 138、152)。人性其实是活跃的东西,是从效用当中来的,而效用是力量在社会上看得见摸得着的表达。

> 如果人们把自己所有的力量都赋予了这个概念,就展示了它效用的全部范围。(XVII, 131)

---

① XX, 159、264、265;XIV, 320。
② XVII, 137;不过,赫尔德本人并没有太注意他自己如此强调的谨慎区分。

"它效用的全部范围"（Imganzen Umfange seiner Wirkungen），这里问题来了。如此变动不居、错综复杂的概念，该怎样去定义它？怎样才能给它具体的实质，用真实可见的意义去填充它？语言究竟够用吗？

> [115]我希望能够在"人性"这个词当中注入一切，一切迄今为止被我用来形容为了理性和自由、为了更精致优美的心灵和热望、为了最柔韧和最强健的身体、为了铺满和领有这地球而给人类以高贵教育的东西，因为人类再无更高贵的词来描述它的规定性。（XIII，154）

赫尔德曾多次尝试阐明该概念。[①]不过这项努力未尽全功，赫尔德自己对此心照不宣。他找不到合适的唯一定义，只好将概念拆成一个个构成性的部分，往下继续分析。在这里他已尽其所能，即便接下来的阐述方式并不如人们期待的那样系统。但随后，他就被问题的复杂性所淹没，其中有大量互相纠缠的因素，有的是物理、心理角度的，有的是政治、经济、文化以及历史角度的。

> 我周遭关于人性的难题可真是成千上万。（XIV，252）

然而，通过把人性的客观要素与主观要素相剥离，赫尔德作

---

① 举例来说："人性是人类本性的目的，上帝根据该目的把我们这个物种的命运交到了我们自己手上"（XIV，207）；或者："人性意味着在一切人类阶级、一切人类事务中的理性和公道"（XIV，230）；最后还有："人性……是人类本性在它的强壮与虚弱之间、缺失与完美之间的一种感觉，它不是没有行动力，也不是没有洞察力。"（XVII，152、153）

了一个有趣的区分。个人容身其间的总体情势,具体讲即社会环境,构成了客观要素,人在其中被塑造。而人对自己所处客观形势的感知方式、他能力的范围、他与形形色色人类活动的关系,以及对之依赖程度的认识,决定了人的反应。人性的主观方面就存在于这种反应当中(XVII,152、153)。

赫尔德完成这些区分后,并不是想宣布存在着两个分离的整体。恰恰相反,他强调[116]主观因素和客观因素之间的协作是永恒的。个体的反应不能看成遭受外在限制时的反射。赫尔德预设人有一定的天资,据此,人一方面有能力勾画出客观环境的画面,另一方面也有意识或者"主观地"做出反应。

所谓人性知觉(sensus humanitatis)便是赫尔德加诸这项天资的概念,他将之定义为"对全部人性的意识和感觉"(XVIII,291)。但是他又认为,不可把这种知觉与道德倾向搞混。他果断否认存在与生俱来的、凭直觉的道德感或道德意识。他强调说,道德不是第六感的本能表现,而更多是有意识地发展或教育的经验过程的结果。道德判断要靠教化塑造,而教化也不是能瞬间完成的。

> 这种判断的形成,对这种或那种情况或多或少地应用,对这种或那种道德缘由或强或弱地回忆,难道不是只有道德主体那样才能一再调适善恶观念?那么,人们除了按照道德原则行事的能力外,什么也感觉不到,内在的直接的自然导师在哪里?…作为道德判断,它们是被塑造出来的。(IV,35、36)

由此可见,认为"人性知觉"的存在令人性的发展变得多余,这一解读是没有道理的。我们自诞生之日起天生拥有的态度是道德中立，它就如同另一种与生俱来的基本天赋——自我保存的欲望一样，可以发展得好，也可以倒向邪恶一边。

> 因为我们认识不到人身上的圣洁性，当统治我们的精灵不是人道的精灵时，我们就将令人厌恶。（XVII，138）

"人文知觉"只能令个体有能力接受甚至善于接受道德教化，而道德教化独力为人性提供支持。

> ……人只是把关于人性的一种能力带到了世上，还得他付出艰辛和努力，人性才可能成就。（XIII，196）

[117]这大概就是道德教育的过程，它把人性的客观要素和主观要素之间的连接揭示出来。我们到底还是记得，"教育"一词在赫尔德那里的用法既不是纯粹学术的或智识的，也不代表完全外在的要素——在这种情况下，个人将相应地处于被动地位。换言之，教育也可理解为共同作用的过程以及结构生成的有机过程，人们在特定的社会框架下彼此相互影响。赫尔德声称，这种相互影响就是人类联合的真正目的。

> （一切人类联合的目的是）一个人和他同类之间最为仁慈慷慨的相互作用。（XVII，116）

虽然赫尔德在这里视教育为一个共同作用的过程，而且主观要素在此扮演着积极和重要的角色，但他似乎还是赋予了教育过程所赖以进行的社会环境以决定性意义。他有时甚至说，反社会因素是社会环境本身缺乏善意所导致的。① 在赫尔德的文章里，受客观因素决定的法律框架以及社会的政治安排有着特殊意义，与造就了这些的伟大果敢的立法者、发明家、哲人、诗人和艺术家一样。② 如赫尔德所说，这些环境因素为个人确立人性的主观图景做出了贡献。

不过，即便赫尔德花了很大功夫去论证环境因素的重要性，人的道德反应归根结底仍需要个人来负责任。

> 自身的责任必须贯穿国家所有环节的全部链条。（XVIII, 309）

[118]虽然国家能够也应当用它的文教、法律以及社会机制，来给道德教育创造适宜的环境，但敦促人去合乎道德地行动却并非国家的任务。赫尔德并不赞同爱尔维修，后者认为，道德可以也应该由法律来规定，赫尔德认为这样的讲法有内在矛盾（XIII, 468）。在他看来，道德是超越国界的东西，是社会关系和人的社会责任的意识，不可能也不应该受任何政治机构所限定。人性的真谛恰恰在于，它理应联结起作为国家成员的人与作为人类一员的人。根据此"绝对命令"（kategorischer Imperativ），"当你

---

① XVII, 116。在赫尔德对教育概念的理解中，有个不容忽视的重心转移，涉及天赋能力和环境影响。尽管赫尔德从未放弃其共同效用原理，却在晚期著作中赋予了环境影响以更重大的意义。他在《观念》中仍强调，环境因素相对于"遗传"力量来说不过是次要的，但在《书信》中，对两者关系的处理差不多完全颠倒过来了。

② XVII, 138；亦见 XIV, 484。

必须这样为国效力时，你也理当能够如此服务于人类"（XIII，456）。

这种意欲糅合社会、国家和国际视角的伦理学，其前提是什么？这个道德教育过程的有效理念是什么？易言之，让"人文知觉"有意识地朝人性的发展成为可能的原理，其落脚点在哪里？赫尔德在探究这一原理时，就差不多同时提出了这个问题。

> 我能否找到一种规则，让人类道德心的秩序、阶段……根据一切自然、历史和启示的证据就能很简单地来说明，如同牛顿按照他的自然律来安顿整个天空一样？（VII，270）

然而，他并不确定能否寻得这样一种普遍的道德法则。如他所说，自然律与人类行为法则之间有本质区别，但通常情况下他并不始终坚持这一观点。人是自然的一分子，当然要服从自然的种种规律，但是，人还有块保留地，在此地界之内人拥有决断能力。从这种力量意识，以及从这里派生出的对存在人类自由的信仰出发，道德性获得了[119]它的意义。此种意识还能够用来说明，为什么自然律不能解释人类行为。另外我们必须注意到，与其相信自由存在于某种使决断得以可能的领域，不如相信它存在于对该领域之边界的察觉当中。赫尔德这么认为，晚一些的黑格尔也是一样。

> 人是机械论的奴仆……还误以为自己是自由的；锁链下的奴隶……的确是自由最初的萌芽，他感觉到，人并不是自由的，还有人是被绑住的。最强大最自由的人对这些感受最深，且努力向前争取。（VIII，201、202）

赫尔德坚决反对卢梭的那句格言：人人生而自由。他认为，人其实和任何其他生命一样，都受制于环境的有机要素和物理要素，自由是被"组织"起来的，因为人有能力认识限度、看到界限，所以才能在内部确定自己的行为（XIII，142；亦见 XV，133）。人类关于自身界限的知识构成了一种媒介，人得以借之安排自己的生活。赫尔德此说得自他的哲学假定，即任意一种认知行为同时也表现为运用意志力的过程。①通过认识自己的限度，人不言而喻地（eo ipso）拥有了确定自己言行举止的能力。自我认识就是自我规定。此外，赫尔德和康德都认为，从知识当中可以知道人能够干什么以及人理应干什么。这种观念以知识与意图之间的等价性、意图与道德意图之间的等价性为基础，它导出了上面提到过的哲学假定以及公理：自我的规定性包括接纳自我创制的法则。

人有意志，他能够立法……他能够组织自身。②

按照这一理论，人类在行为上区别于其他生命的典型标志，就是 [120] 人拥有一种本领，能够在给定的而又认识到的界限内，根据自我创制的原则来规范自己的行为。有了这种本领，人便不仅是自然生命，更是一个道德生命。作为道德生命的人，就有可能创造自己的人性图景，并据此来生活。

这一论说有三点可供批判之处。首先，人们可以对赫尔德自我规定性理论的前提提出质疑。比如，为什么在考察经验的时候，

---

① VIII，200。这是赫尔德的文章《论人类灵魂的认识与感觉》（"Vom Erkennen und Empfinden der menschlichen Seele"）的中心论题。

② XVII，143；亦见 XIII，149；XV，133 和 XVIII，339。

常常把意志和认识拆开来看？其次，人们可以质疑，所谓在自我规定的视角下对自由的客观解释，是关于这一概念的唯一有效或可能的见解吗？[①] 再次，是否能斩钉截铁地说，自由与道德性之间的等同在逻辑上是理由充足的？这一点尤为重要。行为只有以自由决断为基础，才会在道德评价的考虑之内，虽然我们心悦诚服地赞同上述论断，但绝不能说，一切符合这种形式标准的行为，都必然是可以进行道德评判的行为。换句话说，从形式出发并不足以构成判断一个行为的道德品质的标准。

另一方面，人们也了解到，赫尔德的"自我规定"概念和"人性"概念一样，除了在道德秩序的范围内使用外，还与一切本能表达的行动和自我的创造性发展有关。他试图联结自我规定观念与"个性化"思想（Individuation），以及他对人性的相对化解释，都能支持上述判断。

根据赫尔德，"个性化"关乎个体在有生之年的自我规定的连续状态；个体试着在他精神状况的差异性当中体察自我的同一性，个性化就是指这一过程。[②] 赫尔德强调，这个过程并不是在空的空间里发生的。孤独的个体不能实现个性化。个体要完全发展，就需要积极参与共同体生活，反过来，共同体的主要目的[121]则在于尽可能地捍卫其成员实现个性。[③]

这种相互依赖的思想也是赫尔德人性概念的基础和前提。我们已经指出，赫尔德将日益增长的相互依存意识，跟人文知觉的

[①] 伯林的就职演说《两种自由概念》（*Two Concepts of Liberty*）提供了一个处理此问题的绝佳范例。

[②] XVI，574 和 XVII，115。

[③] "有生命的诸力量在其最为确定的个性中的共同作用"，见 XIV，84 和 XVIII，309。

发展联系在了一起。在同样的意义上,赫尔德也强调这种发展与既定时空环境的相关性。他说,法国人和英国人应当各依其法留意他们各自的 humanité 或 humanity(XVIII, 285)。每个个体、每个民族都有自己关于人性的独特图景,它合乎历史和地理的主导条件。所以,它得之于自然,独一无二,无可攀比(XIV, 227)。

综上所述,赫尔德念兹在兹的是,避免让绝对的、不可变动的道德规范跟人性概念画上等号。① 不能把人性视为超历史的理念,因为人性不可与其历史情境切断关系。由此可见,任何社会、任何时代都有属于自己的解释人性的方式。对于这一点,赫尔德讲得很清楚:

> 我们认为,有权以他所设想的那种人性形式塑造自己的人,以及行使这种权利的人,无处不在。(XIV, 210)

当他把努力探究人性看成一般和普遍的特征时,这种特征就如同人类"自由的联合",独立于情势、国籍和种族。在他眼中,人性的个别运用是时间和空间的功能(XIV, 230)。

[122]很明显,强调概念的相对性有其特殊的双关用意。虽然人性是个普世概念,但它只有在被特殊的历史内容所填满时,才能获得具体的含义。② 于是,人们可以就此提出质疑:像这样

---

① 所以令人诧异的是,施塔德曼(Stadelmann)把赫尔德的人性概念解读为一个绝对标准、一个常量。Rudolf Stadelmann,《赫尔德论历史的意义》(*Der historische Sinn bei Herder*),Halle,1928,页 28—36。

② 我相信,赫尔德对这一普世概念的理解,与卡西尔的"具体普世概念的构想"(Konzeption des konkreten Universalbegriffes)强烈相仿。见氏著《人文科学的逻辑》(*The Logic of Humanities*),Clarence Smith Howe 译,New Haven,1961,页 XIV、25、64、76、89、135 以下。

变动不居的内容必然给普世概念的有效性打上问号。所以，如何才能避免对人性的理解不同而造成的冲突？莫非人们不得不接受彻底怀疑论的相对主义，从而陷入对客观性的全面否定？这里面的现实危险，赫尔德民族主义学说的实际后果已经为我们展示得足够清楚。尽管人们可以坚持认为，相对主义并不必然排除有些共同行动和意愿足以在一定程度上沟通不同国族、不同世代，而这无疑也是赫尔德的核心观点。

如果密切注意赫尔德相对主义的思维方式，就不会奇怪他极端反感可能作为普遍人性之标准的一般道德原则。他假设了一条应当具有普遍有效性的"准绳"（Richtschnur）：公道的法则。其表述如下：

己所不欲，勿施于人；推己及人。（XIII，160）

按照赫尔德的观点，所有人类领域和所有国族都能理解这条基本原则（XVIII，288）。假如人们重视它的话，那么不管是在特定民族的成员之间，还是在不同的人类民族之间，社会性的共同作用都会让许多事情变得简单。除此以外，赫尔德还站在康德的对立面上坚持认为，遵守这条原则不应只是一种出于义务感的行为而产生的结果，[123]而更应是出于主观意愿去做这件从客观上看起来人们应当去做的事。①

赫尔德并不满足于单纯以道德哲学家的身份来写作。他希望给人们提示和引导，而不光是斟酌和观察。人性作为社会哲学的

---

① XVI，535。很可能应当通过人在社会中的人文化和教育过程，让义务与倾向相一致。

概念和重要组成部分，也常常是战斗的号角，是小册子作者武库中的利器。上述状况虽然没有对阐明人性概念的一般形式起什么作用，却从具体含义方面拓展了概念，也就是说，通过代入鲜活的社会政治议题及形势，概念获得了额外的新的侧面。这便是赫尔德对启蒙人文主义传统的主要贡献。

赫尔德的政治观念，是一个机械论的、以朝代更替为原则的静止国家的世界，向着以自决立国的有机国家的世界转变。我们在前面已经看到，这幅未来图景要以各个国家及国际关系满足某种需要为前提，具体来说，就是要在过渡时期完成赫尔德所谓的人文化。这更进一步说明，此种国内启蒙和国际启蒙乃是在同一进程中互为补充的。该设想具有重大意义。赫尔德因此不仅与同时代的世界主义思想家有了根本区别，也与晚些时候被视作其后继者的民族主义者有了本质区别。

对于莱辛、维兰德和席勒等人来说，"人性"和"世界公民"是同义词。① 在他们看来，不同民族—国家的存在不过是实现包罗万象的理念的障碍。赫尔德不同意这一点，他认为作为伦理共同体的国族 [124] 是人类必然和不可消灭的组成部分。否定民族特性的存在，无异于否定自然。在他看来，当时的普世政治思想方式既不自然，亦不真实（V，545）。

---

① 维兰德以"世界公民"自居，见其《世界主义通信》(*Kosmopolitische Adresse*)，Göschen 版本作品集，Bd. XXXI，页 31。维兰德在《德意志水星》(*Teutschen Merkur*，又译《德意志信使》) 1786 年 6 月号写道：德意志人已经没有祖国了。莱辛和席勒也表达了类似的感受。这位自命为世界公民的人以这种方式宣布自己不服从于任何诸侯（《作品集》，Bellermann 编辑出版，Bd. XIII，页 223）。如此一来，地方主义者的乡土主义和本地优先主义，恐怕就成了这位蔑视爱国主义的诗人的首要斗争对象（参见 R. R. Ergang，出处同上，页 30 及以下）。

> 人们俯瞰全部民族、时间和国家的汪洋大海，只消一瞥、只靠一种感觉、只用一个词就尽在不言中了！语言那晦暗的半吊子皮影戏啊！（V，502）

赫尔德用嘲弄的口气，点出了似乎已被那个年代的贤人们遗忘的事实，即按照气候、土地环境、历史形势和其他因素的不同而造就出来的个人乃至国家，其形不可胜数。所有这些物理的、历史的、政治的和心理的差异，难道都应该继续被忽视吗？所有的民族特色，难道都应该被抹去吗（V，558）？赫尔德用尖刻的嘲讽表达了对启蒙时代的态度：在这个时代，人类据说是幸运的，仿佛所有人在人文教育上都能达到同样的高度；在这个时代，人人都是公民，而家庭、民族、祖国及其风俗则无足轻重。人们献身于"人性"的理念。贵族们讲着法语，众人随即趋之若鹜，争相效仿。至高幸福、黄金年代，这就来到了！全世界奏着同样的调子，在无所不包的人类语言中联合起来。如此一来，就只剩一群乌合之众和一个牧羊人了吧（V，551）？——赫尔德问道。对整个人类的爱难道不就只是个影子吗，即便是个非常高贵的影子？一个山野村夫在平和的喜悦中爱着自己的妻子儿女，并以适度的方式为自己的部落谋福利，他活得难道不是真实得多吗？而一个无所事事的普世政治家，怀着过分热情的心，又能给某个他者提供什么保护呢（XIII，339）？

所以，人性不可以否定或威胁到民族个性的存在。赫尔德质疑广受赞誉的文化进步说，该学说认为，应当致力于消灭国家。他的历史观点不容许出现这样的结局。他提起[125]匈奴人、腓尼基人、迦太基人、希腊人和罗马人，并问道：征服者带来的灾祸和痛苦，就是所谓文化传播的奖赏吗？不宁唯是，他也提及十字军的历史,并且不信它给人带去了多少福音。最后,赫尔德把注意力投向欧洲殖民主义的文化后果。

> 归根到底要谈谈文化的事,被西班牙人、葡萄牙人、英格兰人和荷兰人带到东印度和西印度的,还有带到非洲给黑人的……是文化吗?所有这些地方难道不都是喊着……要复仇吗?因为它们在进步的—增长的朽败中跌进了一个无法估量的时代……如果欧洲的集体精神生活在其他地方,而不是在书本上,那么我们得说,它必须为着对受侮辱的人类所犯下的罪,在地球上所有民族面前感到羞愧。①

赫尔德鄙视那些把人性等同于欧洲文化的人。② 他对欧洲文化据有优先地位的思想特别愤怒,根据那种优先地位,可以推导出欧洲有权取得非欧洲民族的服从,有权对其进行政治压迫和经济榨取。③ 赫尔德强调,欧洲人不占有任何文化垄断地位,对此

---

① XVIII, 222;亦见 V, 546、550 和 579:"我们欧洲人发明的手段和工具越多,你们就越是去奴役世界的其他地方,就越是扯谎和劫掠——可能你们真的认为那是凯旋!我们抖响手中的锁链,这就是你们要给我们套上的。"赫尔德坚信,只要欧洲不去矫正补偿在非欧洲人身上做的恶,就必会为罪行付出代价(见 XIII, 285、286 和 451)。

② XIII, 455:"欧洲不等于世界……;不等于全人类。"亦见 XIII, 333:"荒谬——自豪于这样无理的要求,认为世界所有地方的居民都得变成欧洲人。"类似的表达见 VIII, 303 和 XVII, 237:"我们欧洲人究竟应该拿什么给地上万国当作尺度?"或者 XVIII, 290:"为什么本该我们北半球的西北角独霸文化?它独霸了文化吗?"

③ V, 546:"商业和教皇制,你们已经给这笔大生意贡献了多少东西啊!西班牙人、耶稣会士和荷兰人,你们这些对人友好、无私、高贵和德行端正的国族!在世界各地,有多少人类教育不是要感谢你们呢?"

他们必须头脑清醒。他不容许什么所谓的统治者种族存在。任何一个民族都没有升格为"宠儿民族"（Favoritvolk）的资格（XVIII，247）。因此，欧洲人应该停止把土著人当成不信神的人或奴隶，而维护教皇的权威实则无关紧要。[126]他们也应该重新考虑那些"证明"没有黑人奴隶就不可能有种植园的经济论证。同样站不住脚的，还有欧洲商业利益优先于面对化外之人时的"感性"考量这一主张。（XVIII，247、248）。

赫尔德的信念不仅是出于对高贵野蛮人的同情。他跟奴隶制以及殖民压迫作斗争的主要理由在于，他在其中看到了对民族自尊和民族多样性的否定和破坏。对他来说，这意味着放弃道德和人道观念，意味着否定人性。而其后果或许是，人们可能不再相信人性，同时赞同并维护白人优先以及民族霸权或民族联盟霸权的学说。

> 此类原则一条就会立刻摧毁人类的全部历史……人们不可能出于"天赋高贵"的理由，把统治其他民族的权杖交到地球上任何一个民族的手中，更不用说宝剑和抽打奴隶的鞭子了。①

赫尔德宣称，只要诸民族以统治和压榨的目的滥用任意一种他们拥有的偏见，建立在公道原理上的社会和国际的共同协作就不可能达成。人性的政治适用以自由民族的存在为前提。哪怕世界上仅存唯一的奴隶，人性也是不可想象的（XVIII，299）。

---

① XVIII，248。鉴于赫尔德对殖民主义和欧洲优先地位的公开敌意，有人说赫尔德认为欧洲文化代表着历史进步的典范，就很难理解了。

赫尔德是殖民压迫、奴隶制、奴隶贸易最为重要的批评者之一,而这些在他的时代势头正盛。他认为这是资本对人性的犯罪,欧洲人迟早有一天要为之忏悔。① 对于启蒙和人类完满在那个世纪内达到巅峰的观点,赫尔德反驳道,奴隶的持续存在不啻为证明其自恋和浅薄最为明白无误的证据。文化间的冲突最令他忧心。[127]怀着担忧,他思考着外来信仰和外来习俗因考虑不周而对传统生活方式和本地文化需求可能带来的压迫。

> 意欲强迫一个从未改变过情感核心的民族去接受一种新的教义和思想方式,而不是从最基本的地方去融合,这样最为无益,且常常造成损害。②

赫尔德正确地预见到,欧洲殖民主义史上的对立因素——基督教爱邻人的理念和商业精神冷酷无情的现实,必会造成混乱,也会留下猜疑和不信任。在这个问题上,《阿德剌斯忒亚》(*Adrastea*, 1801)中虚构的亚洲人和欧洲人的对话极富启发性。欧洲人提出,他传播福音和欧洲文化理念的崇高使命必须完成,作为对其主张的回应,赫尔德让亚洲人讲了这些话:

> 但别忘了,这个崇高的志业可不等于东印度公司呵。
> (XXIII, 505)

赫尔德不断劝告他的同时代人更多地关注这个难题。在他看

---

① XIV, 220;亦见 XVII, 68。
② VIII, 210。赫尔德要求对不同文化和社会的信仰、情感、习俗进行更为谨慎的研究和比较观察。VIII, 303。

来，这是欧洲主要民族面对的最为急迫和重要的国际问题，理清这一问题实在迫在眉睫，已经没有时间再去浪费了。欧洲人不能继续回避这个问题，也不能继续不以为意、无所作为，好像什么都不存在一样。

> 欧洲必须补偿它欠下的债，弥补它的罪过。不能随心所欲，而要依照事物自身的本性。①

[128]针对错误理解的批判、制止的告诫已经有很多了，更有价值的是另行提出什么建设性的选项，并表明某种可能，即为了有所弥补，欧洲能怎么办。赫尔德把这一点置于首要位置。他的建议听起来极为简单：欧洲人应当处处和受压迫的人一道做同样的事情。他必须以伙伴而不是征服者的身份，来承受他的经验、他的发明和他所制造出来的东西。

> 为了在此处和别处跟受压迫者共事，越来越多不幸的欧洲人将会离开这块大陆。这样，智能的力量和动物的力量就越能以某种方式结合起来，这是我们现在很难想象的。②

赫尔德说，当欧洲人顾及土著居民独立自主的权利时，当欧洲人不那么残暴地试图将自己的信仰、习俗和生活方式强加给他

---

① XVIII, 289。赫尔德同时代的有些人已经认识到了形势的紧迫性，这点他是承认的。他也把作品题献给某些大人物，比如蒙博杜勋爵（Lord Monboddo）或圣皮埃尔（Bernardin de Saint Pierre），并首先对教友派信徒的工作报以掌声。见XVIII, 244、237、241-244、291；亦见XXXIII, 211。

② XVIII, 288；亦见XVI, 48。

们时,欧洲人就能成为人性的真正使者和建筑师,并由此而贡献于创造人际和国际关系的新范式。①

不过,赫尔德没有完全说明欧洲拓殖者和土著居民之间的伙伴关系是什么样子。移民应当融入他所意愿与之同在的土著民族生活当中,以至于放弃他自己的民族遗产吗?或者他应当保持生活一仍其旧,只在全然未被垦殖的地区落户,为的是避免和土著人接触或爆发可能的冲突?如果处在后一种情形,那又如何能运用赫尔德的建议呢?很显然,在没有接触的地方,自然也就没有问题,他所提议的伙伴关系也就没有用武之地。[129]赫尔德有时似乎也知道这一困境,而且已经足够讲究实际。他承认,如果欧洲人在已有人居住的土地上安家,那么他就算对本地住民行为友善,也永远会被当成入侵者。一旦土著人发展出民族国家意识——无论正确还是错误的——他们就会觉得上当受骗,感到自己的发展受了阻碍。接着,潜在的反感就会转化为公开的敌意。不受欢迎的异乡人就这样变成了令人憎恶的敌人。

> 他们固有的民族意识被唤醒,长期以来被尽力压在灰烬之下的火焰,如今燃起来了;……敌人和异乡人对他们来说,没有两样。(XIII,264)

赫尔德在这场斗争中会判定谁的主张更有道理,这不言而喻。

---

① XIII,288;亦见 VIII,210 和 303,以及 XVI,48。赫尔德特别期待他所认为的受到冷落的国家能发展起来。他最先会想到俄罗斯,俄国的疆土大部在亚洲,但其心灵却倾向于欧洲(XXIII,447)。赫尔德对俄罗斯的评论听起来好比预言:"命运的车轮没准会掉转过来,黑海诸国及其远疆和腹地,将会苏醒过来。"(IX,363)亦见 XXIII,445-449。

他断言,"原始民族"(Urvölker)世代居住于从先辈那里继承的土地之上,因此,他们的主张更为正当(XIII, 263)。欧洲人若恶劣地对待土著人,那么总体上看情况还会变得更糟。国族性苏醒之日便是复仇之时。不过,赫尔德也必须承认,上述两种情况的后果没有什么区别。

看来,赫尔德似乎仍然遵循着《观念》的思考轨迹。但是在写作《书信》时,那种强调冷静评估的姿态发生了变化,写作重心落在了对普遍拯救的那种绝少批判的信仰之上。① 他对人性普世要素给予了较高的评价,从中人们无疑能够窥见晚期赫尔德的一些个人风格。但这不是他关注的全部。一些政治和经济上的重大事件在初露端倪时,就深深吸引了赫尔德。

首先是法国大革命。"自由的朝阳升起来了",赫尔德的夫人卡洛琳娜(Caroline)写道。他自己则以温和的腔调作了补充:"……正在发生的事让人惊得合不拢嘴,因为其结局无从预见,于是它就这样征服了人心。"② [130]动人心魄的大事件攫住了赫尔德的心灵:

> 就我而言,我并不愿否认,在我们这个时代发生的所有奇观中,法国大革命对我来说几乎是最重要的,我的心神时常为之牵动,自己亢奋起来,就好像我本人生活在那里一样。(XVIII, 314)

其次是邦国林立的世界:德意志的宪法已经不存在,它长期

---

① XVIII, 288、289、297 和 300。
② 1792 年 11 月 11 日给雅可比的信,Düntzer,《赫尔德遗稿选》,出处同上,Bd. II,页 298-301。一天后,赫尔德在给格莱姆(Gleim)的信中说:"我们难道不正生活在一段非常时期,并且差不多必须相信天启了吗?"Düntzer,《赫尔德往来书信集》,出处同上,Bd. I,页 152。

以来只是空洞无物的言辞，是宪法的幻影。"我们的牧羊人，带着他们的小金库和牧羊女逃掉了"（XXX, 228），赫尔德如是说。

再次是新的作战技术：

> 什么时候人们已有了更多的权力和更多的机器，只需要一个按压，只需要一个手指的移动，就可以撼动整个国家了？（V, 546）

接下来是重要的经济变革：分工，交通业和邮传业的完善，贸易的扩张，特别是工业领域在谋求更大规模。赫尔德把这一切都写进他的著作。世界越来越聚合收缩，与此同时，有用的社会协作之可能性的范围也在不断地扩大和膨胀。

> 一切事物都逐渐在更大程度上失掉自身；这是拜没有热情的人，甚至常常仅是拜机械主义手段所赐，一切因此必须愈加服从更为冷酷的理性的统治。①

赫尔德相信，贸易的扩张将创造出一个挣脱国家疆界的利益共同体（XIV, 487）。尽管他清楚，贸易并不发端于最高贵的人类动机，但他仍把贸易看作最强有力的有机力量，因为贸易联合了两项人类基本的天性，就是自我保存的欲望和人文知觉（XVIII, 272）。因此，当他主张将伙伴关系原理作为国际关系的基础时，他想到的也许是 [131] 人类行为的经济特质和伦理特质的混合，

---

① XVI, 49；亦见 XXIII, 158。赫尔德十分清楚，在经济和政治上追求更大的单元恰好表明了它们的危险。

这种混合能够促成一种建立在伦理基础之上的国家间商业关系。

虽则统一性思想在赫尔德的后期著作中，特别是在《书信》中，扮演着愈来愈重要的角色，但他从未完全放弃差异性原理（例如XVIII, 248）。民族观念不是人性的牺牲品，这两个概念仍一如既往，在同一个进程中充当互为补充的成分。赫尔德意义上的国际统一性，基本上取决于对不同国家之间共同利益、需求和目标的认识，而就其中每个国家而言，又都各自拥有特别地、独立存在的自然权利。①正如赫尔德所强调的，统一性的发展产生于并内在于差异性。人性必须是一股活跃的力量，必须贯穿于一切社会和国际行动与组织之中。

> 那些我们应当成为的，无外乎是我们通过自己和通过从他人那里所得以及影响他人所能成为的。所以，我们的人性和他人的人性相统一很有必要，我们的全部生命也是他人全部生命的学校和操场，反之亦然。人类的一切安排、全部科学和艺术，只要方式得当，除了令我们人文化以外，没有别的目标。（XVIII, 153）

对一切以形式上更为牢固的联合为鹄的的尝试，比如政治联盟的创建、外交上的连横或者国际组织，赫尔德都抱以极大的不

---

① 赫尔德在这个语境中使用"意向"概念（Gesinnung）。在一封信里（XVIII, 119），赫尔德总结统共七种意向，相信这些意向将给予以国族为单元的国际思想方式以更高的品质，并捍卫它：1.憎恶战争；2.给战争英雄以较低评价；3.更加反感外交上不光彩的手段；4.净化爱国主义的形式；5.通过移情产生同感，使每个国族对于其他国族遭受的伤害都如亲身经历一样感同身受；6.有兴趣进行国际贸易；7.愿意拓展国际联系。XVIII, 268-273。

信任。同样，他也拒斥一切建立世界政府的方案，这不只是因为世界政府并无可能，也是由于他认为世界政府不值得期待。他坚信，创制一个超国家政府只会激化国家间的对抗。

[132]……这就是把人们拚结在一起的工具，可为了保卫这侥幸得来的东西，人类又分裂了。（XVII，125）

赫尔德把所有此类计划统统称作乌托邦的幽灵。他指出，这样的幽灵欺骗了很多寄望于此的轻信之人。它们劝诱人同意这样的观点：真正的自由、启蒙和惬意的幸运，这一切将唾手可得，万事俱备，只剩解决政治组织的问题了（XVIII，283）。某些毫无意义的话，比如"民族亲善"之类，在使用时也要倍加小心。通常情况下，这些话只是些表面功夫，不值得当真。多数时候，使用这些表达是多害而少益（XVIII，346）。

自洛克发表《政府论》（*Treatises on Civil Government*，1690）以来，各色联盟方案在欧洲为人热议，但也很少得到赫尔德的青睐。根据他提及爱尔维修的频繁程度，我们可以推知，他对后者的作品非常了解。① 毫无疑问，赫尔德知道爱尔维修的建立联邦的提议。在爱尔维修的联邦中，各成员国将保留自身的民族气质，但会在共同利益的范畴内进行有限程度的协作。赫尔德接着也提出一项建议，或者说表达了一种希望。联邦意味着有可能润物细无声般地出现一个"全部已开化民族的同盟"，它是人性意识增长的结果，如有必要，它将采用合一的力量来对付"单边的专横权力"（XVIII，271）。

---

① 以下各处提及了爱尔维修：I，24、88；II，276；V，285、452、457、482；VII，74；VIII，218、222、256、310；X，309、352；XIII，137；XVIII，209；XXII，96、203。

赫尔德无疑非常明白，自己的表达是模棱两可的。这至少符合他的一个态度，即他对确定国际协作的制度性框架搭建蓝图的做法不感兴趣；不过，这同时也暴露了政治现实主义的缺位。另一方面，人们还可读到这里传递出一个讯号，它透露出，赫尔德相信国际关系是非常错综复杂的问题，绝非通过单纯"外交"手段就能解决。

[133]在某种程度上，赫尔德关于国际领域协力的思想，与他论述多民族国家内部协力的问题时所讲一样。① 他建议，在以共同利益为基础而联手的自主国家之间，建立一个松散的联合。具体来说，要坚持平等对待的伙伴关系准则，国家的大小乃至经济等更多其他差别都不在话下。他也不予考虑共同的政治中央政府或正式的义务协定。在赫尔德眼中，国际友好协同的根本前提是扩大共同利益和共同目标，他相信这将起到缓和纯粹民族主义倾向的作用。人性一旦成了爱国主义的牢固组成部分，就将构成一道防范大国沙文主义过剩的防护墙。

赫尔德相信，国家与个人之间在某种意义上存在可比性。恰如个人的自我实现表现为一种协同作用的过程，无法想象它在孤立的情况下完成，赫尔德认为，国族的自我实现也只有在国际协同的条件下才可能。上述两种情形下，关于相互依赖性的知识都能够稀释利己主义或者大国沙文主义。② 由此，人类被公道的原

---

① 瑞士令赫尔德赞赏，这也许影响了他对诸共同体自由联合的想象：彼此和谐共处，却没有失去个别的认同与自治。并且这也可能让他确立了一个观念：人们完全有能力在不成为统治机器的奴隶的前提下，自己统治自己。赫尔德与重要的瑞士历史学家缪勒（Johannes von Müller）的通信，在这个问题上能给人以很大启发。

② XIII, 346；亦见 XIV, 227；XVI, 119、551；XVII, 116；XVIII, 302、408；XXIV, 375；XXIX, 133、139。

则引向崭新和更好的社会与政治存在之路。

> 与此同时,没有任何一种对我们民族的爱应阻碍我们四处去追求美好……人类自然的倾向包罗万象……无尽的多样性,谋求统一性,存在于一切当中,又推动着一切。她就叫做……人类的才智、公道、善良和情感。①

多样性当中的统一性,而不是唯一性或者"机械式"联合,是赫尔德在国际协作上的基本思想。[134]实际上,他把这种统一性建立于共同愿景之上,建立于在国际事务中因循不成文的公道规则的意志之上。

从"机械"国家到"有机"国家的政治变化借助共同语言的存在而得以发生,这是理所当然的,但国际关系方面的情况就是另一码事了。在第一种情况下,语言表现为已然存在的本能力量,为社会政治联结创造了自然前提。语言就在那里,不需要首先创造一门语言。与之相反,国际领域当中政治转变的自然基础则不是"现成的",它必须先被发展出来。人文化的至高任务,以及国家政治成熟与尊严的最为稳妥的标准,都在于此。

> 国家越好,人性在这个国家内就越能受到热切和幸运的照顾。(XVII,121)

人性概念的政治侧面展现了一种理想主义与现实主义的罕见的,确切地说是矛盾的混合,在赫尔德身上则是怀疑和信赖的典

---

① XVIII,137 和 300;亦见 XVIII,271。

型混合。同样矛盾的结合也存在于他的政治判断中：一方面是洞察力和近乎先知般的远见，另一方面是对政治现实缺乏理解。对政治领域变革的渴望有时把他引向了天真的歧途。

> 内阁官员喜欢彼此欺骗；政治机器喜欢彼此倾轧，直到一个把另一个击溃。国族与国族可不是这样互相挤轧的。
> （XVII，319）

诸如此类的句子也说明，赫尔德表面上是用经过省察的公理进行推论，但在此表层之下，则藏着他个人不满的情绪化潜流。这些不满一部分出于得不到实现的政治抱负，一部分则要归因于社会和政治的主流形势。此外，赫尔德对人的社会和政治规定性、[135]对人以自然方式安排政治生活的能力，都抱有执着的想象，从中我们也能找到他仇恨政治机器的根源。

赫尔德给自己定下的最优先、最重要的任务，是赋予"人性"这一时代的主要概念以新生。人性必须同时是人已然成就的和人有能力继续成就的。概念上的逻辑弱点及其作为社会理想的长处，一并都在这里了。这个概念可能产生的振奋人心的力量，就扎根在过去、现在和未来的融合中，扎根在现实性与可能性的融合中。

第六章　历史连续性和社会发展

[136]我们业已指出,赫尔德成功打开了人性观念的新篇章。他所谓的人性不只与统一性,也与连续性关系紧密。人性从一个固定的标准变成了一个动态的准则,是几个世纪以来人类奋斗的多重表现。在任何特定的时间和地点,人性都应该反映出人类努力实现符合其本性的社会生活态度的特定方式。按照赫尔德的观点,社会学家和历史学家的任务,归根到底就是去发掘体现这种努力的诸多道路。

> 去探究这种人性,是真正的人类哲学……它是在交往中,比如在政治、科学和一切艺术当中揭示出来的。……当谈论起科学时,没错,历史学就是研究人性的科学。(XIII, 161; XVII, 259)

像这样的意图仍旧要以两种不同的考量为前提。首先,人类的努力必然指向某种目标,因此必须理解为一个目标导向的过程;其次,这个过程必须合乎道德。前者意味着,人类的社会行为受自我选择的目标所驱动,这可能需要被认可为经验性的假设。然而,这话并不适用于人类的道德追求。赫尔德的历史哲学并没有清晰分别上述两类事物,这是它的一个主要缺陷。

赫尔德在经验、道德和形而上学领域之间缺乏区分，部分原因是其宇宙秩序论本质上的宗教性。在他所描述的宇宙秩序当中，上帝意图的实现即被视为历史（V，513）。另一方面，这种缺乏也来自当时广为流行的信念，即历史会带来实用和有教益的用途。比如赫尔德评论说，[137]如果人们只传颂国王和将军们的事迹，青年人就没有用武之地了。赫尔德的这些见解就属于上述历史理解的典型（XVI，587）。为了给研究提供丰富的对象，历史必须对人类行为的道德定向做出说明；它必须迎合道德，要指明正义终究总会胜利，而虚伪总会自食其果。①

不过，赫尔德虽然在看待历史时分享了时人的这种教益性、道德导向性的态度，但他拒斥许多同代人所醉心的那种把对往昔的研究变成天启的方式。他的论战文章《又一种关于人类教育的历史哲学》直接抨击的对象，就是那些只从历史中看到今日之序曲的人，那些用自己时代的尺度或用超历史和绝对的标准为眼，来扫视历史疏失和成就的人。②与之相反，赫尔德要求，对任何单一事件都不应给予简单的工具化评价，除了探究事件要实现的

---

① 为了应对这种挑战，赫尔德引入了报应（Nemesis）概念，XVIII，283 和 XXIV，326。亦可参看 XVIII，321："如果缺少了这个（道德意涵），或者它是不端正或腐朽的，那么历史本身就将是败坏的。"类似的表达见 XIII，256。另一方面，赫尔德在早期作品《断章》中严厉批评了温克尔曼（Winckelmann），因为温克尔曼视历史为教学大楼，II，123。

② V，524、525。赫尔德似乎没有参考维柯（Vico）的类似看法。在 1797 年以前，赫尔德从未提起过维柯。人们也有一种印象，赫尔德虽然高度评价维柯，但对他的了解不过尔尔，自己也不觉得跟他有多少共同点。XVIII，246。维柯在当时的德意志知名度不高。有人主张，其部分思想是通过孟德斯鸠的写作得以传播的，比如 Paul Hazard 的《18 世纪欧洲思想》（*European Thought in the Eighteenth Century*），J. Lewis May 译，London，1954，页 246。但我认为其论证并不充分。

某种目的,还必须探究事件的内在价值,因为其有效性和合理性都蕴含在其自身之中(V,527)。为了认识整个内在意义,历史学者必须仿效过去,必须重建他的思想和感觉,这都是为了领会他所研究的时代精神。

> 历史书写者(必须)……总是时代精神的住客和管家。①

[138]赫尔德强调历史的内生性,所以,他把洞见人类行为的动机看作解释历史的根本前提。② 基于这个理由,他在史学方法论的发展与科学心理学的进步之间建立了紧密联系(II,257)。根据他的意见,心理学所能够探究并解释每一个经验细节的范围,将决定历史理解的范围和历史学家的移情能力(V,503)。

尽管赫尔德相信有可能借助历史设立某种一般性假说,以便从中得到实际教益,但他着重指明,在拿出任何一把普遍化的钥匙之前,都必须准确注意事实在经验上能否说通:

> 用两个意外事件去衡量一切、解决一切!超越不过是个人化的事实陈述,遵照光明的、卓越的普遍意见!(V,536)

与此同时,赫尔德十分清楚,历史理解绝非单纯地累积事实。

---

① III,470;亦见IV,202、203。相似的说法见I,137。
② IV,364;亦见写于1766年的片段:"政治、历史……是心理学的核心",XXXII,58。

他在其早期著作中警告过，不要把事实描述与解释混淆起来，①可他也愈加明白，要区分两者有多么困难。他评论说，把史学理解为客观地收集事实，与相信事实能够根据历史学家的评估而有序地纳入一个先天给定的框架，两者都站不住脚。必不可少的，莫如说是充分综合事实与解释的理据，以及把"客观"材料与"主观"秩序恒常地、和谐地结合起来，如此方能得到一个可理解的总体。职是之故，历史解释当中不可能剔除主观因素。历史学家只会看到他有能力看到的东西。关于这一点，赫尔德表达了他自己在写作时的态度：

> [139]历史是怎么向我显现的，我对它又知道多少，我就怎么去书写它。（VIII, 466）

赫尔德虽然承认主观要素会进入历史解释当中，但并不质疑对历史事件进行客观解释的可能性。或者不如说，他持有这样的观点：历史学家对左右其判断的主观因素知道得越多，就越有助于减轻或干脆排除它们的影响。②尽管如此，承认主观性——赫尔德对历史书写问题的主要贡献就在这里——仍意味着，历史解释能够达到的唯一的客观性其实也是相对的客观性。历史学家就算成功地摆脱了个人成见，最终也不能逃离他本人的解释方式。

---

① III, 469："英格兰的这段历史是就这么发生了，还是如休谟所说，它只是有可能会发生。"
② 见 V, 435 和 XVIII, 137。尽管赫尔德在某些方面背离了伏尔泰的历史观念，但他和许多同辈一样，在思想上深深受惠于伏尔泰，尤其受惠于伏尔泰划时代的《风俗论》(*Essai sur les moeurs*)。伏尔泰对赫尔德的影响特别体现在：赫尔德强调心理学乃是理解历史的钥匙，并糅合处理了社会史、风俗习惯和观念史，而且他还轻视军事荣誉和"英雄"。

比客观性问题更有意义的是"理解"本身。已经过去的事在何种意义上能够被理解？从历史运行的解释当中，能够如赫尔德相信的那样，萃取出有益的教训吗？还是说不能？对这些问题，他仍然态度含混。

一般而言，任何对该问题的回答，都建立在若干对普世秩序之本性的假设，特别是建立在对人类本质的假设之上。现在，经验能否证明这项假设，或者从形而上学的见解当中能否派生出这项假设，对历史学家的解释方式来说具有根本意义。这决定着他们对于如下问题的看法：历史进程是否能够被理解，以及如何被理解。

在处理这个问题时，作为赫尔德历史理论基础的概念框架，以及赫尔德在人类行为之本质上的经验假设，引起了人们的注意。[140]历史被视为对自然的模仿。① 自然的上帝亦是历史的上帝。② 如果能够在自然中观察到统一性和连续性，为什么在人类行为的领域当中不能呢？我们即便不能评判神意的最终目的，也还是能够在明显的目的性中探求意义和目标（XIII，7、8）。不宁唯是，人在思想和行动上都是有目标追求的，这难道不是事实吗？因此，

---

① 为人在自然中的地位来辩护，这无疑是赫尔德想要达到的解释目的。然而"自然"一词的所指仍不太清楚。赫尔德自己非常明白，人们对自然有很多不同的理解，"在人类语言中，再没有一个词比'自然'还要更多义"。IV，181。但在他自己使用的时候，这个概念依然完全是多义的：自然就是所谓人们能够观察到的东西，但更多是人们想要观察到的东西；自然是好的（XVI，570）、理性的（XXIV，333）、有序的（XXX，283）、丰富又简单（XVI，463），以及从不任性（XVI，546）。自然是藏身于自己作品中的上帝（XIII，10）。在这种情况下，"自然"是被简单当作对价值判断的认可，或者被当作掩盖价值判断的辩证谋略来使用的。

② XIII，7-9；亦见 II，127；IV，200 和 XXIV，334。

我们固然无法确保能够通过历史研究来获知神意的目标及行为，但至少，我们可以在最多样的时空条件下深入了解人类动机和意愿的作用（V, 589）。

以人为中心的史观致力于认识影响历史变化的作用力，类似自然科学努力察知支配自然现象的种种因素；而以天意概念为机理的观念则把历史事件看作朝向超验目标的不可阻挡的进展。两者合流，引出了赫尔德历史哲学当中最令人疑虑的问题之一。也就是说，他的"自然论"历史观念建立在对因果关系的接纳之上，因此无论怎么看都具有决断论属性；但与此同时，他的历史宿命论却为强调天意的理论准备了前提。①

[141] 在《人类历史哲学的观念》中，他并没有以神学家的姿态沿着波舒哀（Bossuet）的足迹漫步，而是站在科学立场上观察社会问题（XIV, 569），赫尔德希望历史地解释跟人类有关的概念，认为这样就能赋予历史进程以一个清晰和贯通的图景。假如我们现在相信赫尔德的承诺，那么就必须问，赫尔德是如何完成这种历史解释的。

《观念》写得非常清楚，赫尔德不仅致力于，或不主要致力于发现重大事件的肇因。他认为更重要的是看到其价值或意义。因此，赫尔德对历史中的可理解性和连续性特征的寻求，就是一种复合的、在某种意义上带有两重维度的事业。他的目的是，带着已经发生的事情的眼光来解释某个事件，同时也为了评估这个事件的价值而探讨它的准则和方向问题。

任何一个像上述这样在历史解释中相互关联的过程，都试图

---

① 此处我要向 G. A. Wells 致以谢忱，他的论文《赫尔德的决定论》（"Herder's Determinism"）对我助益颇多。文章载 *Journal of the History of Ideas*, Vol. XIX, Jan., 1958。

揭露某种内在联系，但它们大体可根据各自有别的主要角度而互相有所区分。具体来说，说明性研究的目光投向过去，而评价性研究却是着眼于未来。前者的注意力集中在起源之上，后者则专注其发展。但是，"评价"（Wertung）一词对于赫尔德来说，还意味着对事件进行道德层面的审视，这令情况变得更加复杂。因为道德准则并非超历史的规范，把它应用于历史自会引发困难，除此以外，这种意图还把发展的思想与道德进步的观念相混同。另一方面，这个困难也让人们更能够理解赫尔德的抱负，即把每个事件都独立开来评价。如果说，导致事情发生的人的动机对评价最为重要，并因此被单列出来——就如同赫尔德经常做的那样，那么，谈论一个事件的内在价值，确切地说就是把它放在适当的道德标准之下来谈论，就是有意义的。然而，仍不明朗的是，认为历史事件的含义是内在和自足的这一思想如何与不断发展的思想相协调。

[142]基于这种情况，详细展开第二章简要处理过的一些要点，就大有裨益。我具体指的是赫尔德的因果理论，还有他把发展解释为有机生长的尝试。

我们已经看到，赫尔德的因果性形式，是一种为内在的强劲力量所激发的有机主义的形式。因此，首先不能以追溯过往的方式去察知原因，而更应该把注意力放在目标及结果之上，也就是放在事物的运动方向上。顺着这个方向，就能认清已经发生的事件的等级和秩序。根据这个观点，当我们解释一件事情时，也就是想让它变得可以被人理解时，首先不要回看它的起因，而要看它应当达到的目标。赫尔德把主要注意力集中在目的和目标的原因性作用力上，这是他的发展理论的逻辑结果。我们早前已指出，他的发展理论认为，事物的目标内在地包含于渐次展开的进程中，也就是说，目标蕴含在已然隐藏起来的潜能的实现过程中。①

如果我们把赫尔德的目的论因果原理应用于人的事务，并且牢记目标决定人类行为这条公设，那么，目的就好比是推动性和刺激性的力量。如果我们进一步假设，我们处理的历史事件主要是有意的行动，而不是纯粹的巧合，那么目标和目的就构成了这些事件发生的缘由。显而易见，表现某种决策之基础的心理和环境因素，对考虑因果性的通盘解释来说当然有一定位置，然而其相关程度由缘由本身的特质所决定。即使先前的情势可能决定事情发生的缘由，事情也不会完全受情势控制，从而表现得像个漫无目的的进程。所以，缘由和意图不可能仅仅决定于先前的起因。这个[143]定律并不容易被颠覆。当人们在计划一个行动时，也会选取最适宜实现有关目标的方式。一个行为之前的一系列事件，决定于它们跟预期目标的相关性。这些事件当中的任何一个对于引发事变的缘由来说，可能都没有哪怕最微小的作用，反过来说，唯有依据那个缘由，才可能发生这些事件。目标先行，后有手段。因此，我们之前所说的说明性研究不是孤立的，它同时也是评价性研究，因为后者确定了对前者来说具有根本意义的因果性角度。

因此我认为，在处理人类问题时，区分以时间上的在先为缘由还是以目标导向运动为缘由，是非常重要的。借助这项区别，人们得以避免陷入宿命论的窠臼，并建立起因果决定论的原理。

---

① 通过继受亚里士多德的因果律形式，赫尔德无疑站在了前笛卡尔，或者不如说反笛卡尔的姿态上。这种姿态不会引起当时以自然科学方式组织起来的头脑的注意，在后世也引不起多少关注。但是我们主张，它在人事领域的运用值得社会学家关注。

换句话说，在解释人类活动时，可以给它附上时序上的因果意义，而又不必得出任何特定行为都是无可避免的这种观点。甚至可以进一步宣称，在研究了那些已经发生的带有因果效应的事件后，所得到的知识与其说有利于支持不可避免性的论证，反倒不如说把它排除掉了。当赫尔德谈到我们可以从过去的错误中学到些什么，以及我们能够通过获得的历史洞察力来推知答案时，在他眼前可能同时浮现了描述和规定。当然，这个看法的潜台词是，过去发生的事件在某种意义上是可以避免的。进一步说，这预设了人类认识目标的能力，也预设了他有掌控或回避目标的自由。

甫一看来，赫尔德对因果性的目的论处理似乎既在因果解释力的意义上，又在无可回避的必然性意义上包含着决定论。因为如果人们主张事物的内在力量，或者按赫尔德的说法，事物的遗传力量，被赋予支配发展的权力，而环境对发展的影响很有限，那么，发展的目标在一开始就确定下来了。这样一种发展理论没有给人的自由决断留下施展余地。只有把人类发展同有机生长的其他形式明确[144]界分，并且给人类武装上有意识地认识和选择自己的目的的能力时，谈论不只是单纯给定的也是被努力争取的目标才有意义。

如前所述，赫尔德之所以使用"悟性"和"沉思"概念，就是为了满足这项要求。借助悟性和沉思，人类得以有能力认识自己的目标，并在自己所选择的方向上行进。他能够反思过往，还可以从是什么、怎么样和为什么当中获得指南。但是，因为这样的知识能够而且很可能影响未来的状况，所以，在人类事件的因果关系中总会有一个难以预测的因素，从而阻碍了不可避免的因果关系的出现。这就使得赫尔德的目的论因果性原理在应用于人类行为时，是反对而不是支持决断论方式——事件无可避免，或者说事先可以预见。①

对这个议题的讨论也可以在内含于赫尔德的要求中的另一个问题上给人启发。赫尔德要求在考察一个事件时，不单把它作为历史时序的一个手段，而要看到其本身也是目的。因为由此可见，在反思过往时，如果考虑到预期目标，可以区分事件的单纯时间顺序和时间的连续性，只要时间顺序和后者不一致。当然并不是所有人类行为的后果都是有意为之的结果，根据预期目标而行动的连续性当中也会有不连贯的地方。基于同样的理由，人们也可以谈论一个事件在时间上独立于后续事件这一事实的内在意义。假如我们能把事件自身所蕴含的（即预期目标）和外在的东西隔离开来，并能以预期目标这一主导因素为基础，对事件的意义进行解释性评价，那么赫尔德的要求——事件应被视为目标本身——[145]似乎就得到了充分辩护，人们也就不必转而寻求对动机进行道德审查了。

赫尔德历史哲学中的"发展"概念指成长或生成的连续过程，它更多应用于群体而非个人。而且这个意义上的群体就是指民族，他视之为最自然的社会政治统一体，而且是拥有特殊文化传统意识的共同体，这一点我们已经了解。对赫尔德来说，民族的决定性特征就在于说着共同的语言，这类语言共同体的产生和成长就

---

① 如果这里讨论的是目的论的因果律，那么人们必须当心不要混淆历史中的目的论和历史目的论。后者无疑不再是信仰的某种形式，"不能用任何类型的经验来证实或否定它，证据、证明、概率等的概念，统统不适用"。Isaiah Berlin,《历史的不可避免性》(*Historical Inevitability*), London, 1954, 页 16。在我看来，前者并没有否定启发性或调节性原则的重要性的意思。

是他的主要兴趣所在。① 尽管赫尔德一再使用生物学概念,② 但这种语言共同体更多关乎民族的文化特质而非物理特质,因为赫尔德首先在意的是其礼俗、习惯和文学传统,这点没有什么疑问。赫尔德认为,文化特质再怎么隐蔽、再怎么难以体察,都是民族不断变化着的状态中的那个恒定要素,民族可以依托它来维护自己作为特殊社会群体的身份认同。

> 那不可见的、隐藏的媒介啊,精神通过思想,心灵通过偏好和欲望,感觉通过印象和形状,市民共同体通过法律和机关,世代通过示范、生活方式和教育……联系在一起,这些媒介捆绑着我们、他们和子孙后代,所以我们必须继续使用它们,我们将继续为其所用。③

相应地,一位历史哲学家的任务就是去发掘这些联结过去、当下和未来的"不可见的媒介"。换句话说,他必须[146]研习国族传统流转和传承的方式方法(XIII,352)。

传承国族传统的任务落到了教育身上。虽然某个世代不仅继

---

① 诸民族各不相同的集体意识被赫尔德称为国族性格或国族精神,对其发展的兴趣构成了《观念》的核心主题。这种兴趣还可回溯到其最早的作品上去,例如:I,23、147、261、276;II,8、13、19、28、32、79、160;III,30、62、398、414、425;IV,168、213、253、371;V,134、506、539。

② 以民族的艺术和学术为例,赫尔德说,它们培育花蕾,然后盛放,最终枯萎。I,151。《观念》则把人类的历史描绘为国族有机体的序列。XIV,67、84。亦见 IV,212 和 XX,136。

③ XVI,35。在论及如何使用"历史哲学"这一概念时,赫尔德的说明如下:"(这就是)历史哲学……,它追逐着传统的线索。"XIII,352。

受习传的传统，也批判传统，但教育必然会辩证地发挥其作用。教育的内容丰富，不仅包括传递民族文化遗产，也包括对其进行重估（XIV，234）。鉴于这一事实，赫尔德称教育为不断创世，并给这一过程打上"遗传的""有机的"标记。

> 因此，我们人类的教育将有两重意义：遗传的和有机的。通过交流传播而遗传，通过接收和运用传播内容而有机联系。①

教育是社会发展链条上最重要的环节，它串联着活着的和死去的、在世的和即将降世的；与此同时，教育者就是传统的守卫和进步的先驱（XIV，89）。

在社会协作的教育进程中，发挥传承作用的主要中介是语言。如我们刚刚提到的，赫尔德视语言为民族文化遗产中最重要的要素。共同体作为特殊存在的意义亦可通过语言来唤醒并保存。综上，语言和教育在塑造一个民族社会意识上扮演着最具决定性的角色，民族由此意识到自己的存在，同时认识到它何以区别于同类。

一个民族在其发展的任一阶段设想集体意识的方式，被赫尔德称为社会文化。这种对文化的新理解跟启蒙主义的见解有天壤之别。启蒙主义喜欢把文化（Kultur）定义为文明（Zivilisation）或卓越，由此将其与自然原初的天真质朴对立起来。赫尔德反其道而行，他把这个概念用在不可胜数［147］的人类活动上，以此强调必须认识到个别情况的相对重要性。

---

① XIII，348；亦见 XIII，346 和 XIV，84。

再没有什么词汇比它更含混了,也再没有什么比把它用于所有民族和时代更具有迷惑性了。(XIII,4;XIII,348)

必须把这种意义上的文化置于某个时段以及社会的某个团体的关系中(XIV,35)。唯有如此,人们方能谈论不同的文化,比方说政治文化、知识分子文化和与之不同的市民文化(XIV,34、35)。还可以进一步区分彼此接近却又各自发展的文化的不同类型,它们中有些较早抵达顶峰,有些较晚。[①]从政治角度来看,决定性的因素不在文化亮点的数量,也不在任意文化领域的完成度,而更多在不同民众阶层间的文化均衡。赫尔德的说法颇值得注意:

国家的健康与寿命并不取决于它的文化高峰,而是决定于其有生作用力之间智慧或幸运的平衡。它越是把重心放在这种富有活力的努力上,就越是坚固和长久。[②]

我们先前已经证明,赫尔德的社会发展理论对待文化传承的方式是辩证的。我们假设文化的代际传承不是被动行为,而是一个习得和崭新体验的创造性过程,那么我们必须追问,这个过程——表现为可以让人们认识到目标导向的连续性的统一体,而不仅是事件依据时序的单纯堆积——是如何实现的?虽然赫尔德没有给出系统性的回答,但在《观念》和《书信》当中,他提到

---

① 赫尔德提出了希腊人和希伯来人的例子。见 XIV,67 和 XIV,227。
② XIV,149。赫尔德应当属于最早一批开始文化社会学探索的人。

了一些重要因素，由此入手，就有可能[148]在一个民族的历史发展中辨识那些决定性关联。而他如何设想这些决定因素之间的结合与关联，则在更早的作品中展现得很充分。在《断章》（1767）中，赫尔德秉持的理念是，历史决定要素之间的连续性体现为一种二维方式：横向来看，一批因素在任何特定时间互相施加着影响；纵向来看，这些因素通过自身的前后相继，在特定的方向上影响着事件的进程。

> 原因以序列的方式共同起作用，对彼此起作用，依次起作用：轮子碰轮子，发条带发条。（II, 65）

根据赫尔德，历史上那些恒力与环境要素之间的关系切合水平维度，他用"遗传的"来描述那些恒力，而称环境要素为"气候"（赫尔德所谓的对立作用和协同作用）。历史性发条的作用力切合垂直维度（赫尔德的相继作用）。某种意义上，水平结合与垂直结合之间的区分是随意的，但我相信，区分这两者，有助于更清晰地区分赫尔德对于原因和发条式的作用力之间的区分。除此以外，也有助于形成一种能筛选出赫尔德心目中最为重要的历史决定要素的研究方法。

我们现在将简要考察赫尔德历史连续性之二维理解中的主要决定要素。

1 遗传性力量

18世纪的大多数社会和政治理论家都不假思索地接受洛

克关于白板（tabula rasa）的认识论预设，因而对天生和遗传要素视而不见。取而代之的是，人们开始无限信任环境具有革新人类及社会的威力。赫尔德绝不低估环境的影响，但他仅视其为第二位的因素。首要因素［149］是遗传性力量，它是个人乃至民族得以区别于他者的内在特征，质言之，它独立于外在情势。

> 遗传性力量是地上万物之母，气候不过对大地有或好或坏的影响罢了……它的能力是天生的、有机的、遗传的……看起来好像气候在起作用似的；每个人、每只动物、每株植物都有自己的气候，因为它们都以自己的方式吸收外来冲击，并加以有机的消化处理。①

赫尔德坦然承认，他既无法认识这种遗传性力量的起源，也没有能力描述其内在本质。但他确信其存在（XIII, 274）。他赋予其创造性的实力，个体利用它而习得教育所传达给他的东西，并以自己独特的方式来运用之。如果再考虑到人身上物理的或外在可见的性状，那它们与上述天生力量是否相关或一致，现在还不清楚。②当赫尔德把遗传性力量这一概念应用在民族共同体的起源和发展上时，人们就可以看到，赫尔德考虑的主要是心理和社会特征。因为他用以区分不同国族的要素，就在于各自独特的心性和思维方式（见 XIV, 84）。他认为，不同民族在心性上互相偏离的幅度，比同一民族中不同个人之

---

① XIII, 273 和 276、277。
② 当赫尔德在某处（XIV, 39）研究物理特征时，可以看出，他似乎不认为它们是与生俱来或遗传得来的。

间的要大。相应地，国族有其思维方式，个人也有自己的思维方式，这意味着，某种心性不光来自个体天赋，也来自氛围的孕育。

行文至此，赫尔德的遗传性力量理论开始陷入循环论证。人们无法分辨到底谁是真正的支配因素：是个体带着某种国族心性出生这一事实呢，还是个体为某种国族背景所包围这一情况呢？[150]此外，既然赫尔德已经否定了先天认识的可能性，那么，这种观点如何与天赋心性的思想相协调，也十分令人费解。而让整个问题更加复杂化的是赫尔德的一项断言：鉴于天生特性和环境因素的共同作用，天生特性可能会遭受改变，以至于天生和后天两种特质将混合在一起（XIII, 280-284）。赫尔德清楚这些困难，但他依然主张，尽管发生了混合，但稳固的核心仍然存在，在面临环境因素的影响时，它是免疫的（XIII, 273）。

赫尔德在这里进退两难。坚持主张遗传性力量不会变化，就等于否定了历史变迁的动力学。而若假设这些力量完全可变，则令国族性格具有稳固特征的思想几乎不可能成立。

2 环境因素

赫尔德环境理论的主要弱点，是他赋予了"气候"概念过于丰富的内容。他从不限于在气象学现象上使用该概念。他也不愿像孟德斯鸠那样，只把气候用于能够追溯至地理学、地质学、生物学原因的物理性影响。他把气候简单比作人出生时的周边环境。这就涵盖了诸多差别极大的因素：教育体制、天然产物、生活标准、政治制度、着装、体态、消遣、艺术。他甚至鼓吹一种人类思想和情感的"气候学"（Klimatologie）（XIII, 269）。有时人们几乎难以分辨，他到底还是不是在思考环境因素，比如当他谈及作为共同协作的全球领域的气候时，某种程度上可以说是指人的"遗传"力量及周边环境协力的结果。

> 气候是各种力量和影响的一个缩影，植物和动物都对它有所贡献，一切处在互惠关系中的活物都从中受益。（XIII, 272）

[151]从这个角度看，人塑造了环境的力量，同时也为环境所塑造。气候改变了人，但人也改变了气候。

无论如何，赫尔德的气候概念与研究社会政治发展息息相关，因为他强调彼此大相径庭的视角之间的关联以及多样性，而这些视角与社会政治生活有关。这就有必要多加注意，在处理历史因果性问题时务必百倍小心。此外，赫尔德将社会发展的内外视角有机地联系起来，由此超越了孟德斯鸠的环境因果理论。赫尔德实际上力求突出外在环境与人为环境的反差，以揭示出他所谓人类社会历史发展中的本质要素：纯粹客观要素和纯粹主观要素的融合过程，一个连续统一体在人与环境的交互中不断成长。

3 历史驱动力

虽然赫尔德承认政治、经济和科技等有关因素作为人类历史上决定性因素的重要性，但他把最重要的殊荣颁给了历史驱动力，[1] 即他口中所说的"观念的驱策"（Drang der Ideen）（XIII，186）。"观念"[152]在赫尔德那里主要对应康德用"思维方式"指称的事物，但赫尔德的形式化更弱、动态性更强。对他来说，"观念"这种概念范畴意味着人通过努力而发展其精神，以认识和拓展人的可能性范围。"观念"既是用以感知外在世界的媒介，也是人借以表达他与这个世界之关系的概念工具。它一方面让人感受到可欲性的界线，另一方面也策动人不断逾越这条界线。在这场互异趋势的共舞中，赫尔德看到了人类发展的有生驱动力。

> 唯有在这种精神力量的共同作用和相互作用下，才活着一个人类社会。（XX，90）

同样由于这种内在的精神力量，赫尔德视历史发展潮流为一种目标导向的运动。

因为确信精神在人类发展过程中享有优位，也因为相信精神在改造社会政治安排上的有效性，赫尔德不可避免地否定作为政治变革工具的革命，它不利于舒缓、和平的改革。[2] 这一信念即

---

[1] 为了避免重复论述，这里对政治因素就不再多谈了。下面的引文非常精彩地总结了赫尔德如何看待政治在社会发展中所扮演的角色："气候让土壤适宜学术种子的生长，它在那里处处都会繁荣茂盛。国族性格进一步确定种子的种类。一个民族的政治宪法在最广泛的意义上，……无疑是亲身耕作并撒播种子，同时在词语的最广泛的意义上，也是天候（Himmelswitterung），没有它就没有萌芽，也没有绽放。"IX，311。

赫尔德十分清楚经济条件与社会政治变革之间的紧密关系，例见 XIII，295；XIV，69 或 XVIII，289。至于技术发明和科学发现，赫尔德对尚未现实化的电力印象格外深刻，认为它是具有伟大历史意义的发条。

[2] 赫尔德直截了当地把一切人类组织都看成精神力量的体系。XIII，181。

便不是以如下思想为基础,也与之紧密攸关:仅凭时间就将导致预期方向的变化。

赫尔德对时间概念的处理或许是历史因果论里最令人感兴趣也最令人惊讶的方面了。时间绝不是供事件发生的空的空间,而更应理解为一种不证自明的历史推动力。相应地,它有自成一格的有效存在,赫尔德将之界定为一种累进前驱的势头,依其本性体现为人类的进步。

> 时间前行,人类亦前进。(XIV,236)

[153]我们将在下一章看到,对于时间的单纯前进是否已经包含了社会改良和人类完满化的问题,赫尔德的确回避了。但历史进程中内在累进力量的预设,令人忧虑地把他推向了宿命论式的历史解释。以下引文完全可以说明,他几乎引入了"客观必然性"概念:

> 某件有可能发生的事情发生了……每样事物都在自己的位置上尽自己的一份力,以便成为它在事件的序列中能够成为的东西;因为这就是它本应成为的东西,舍此没有别的可能。(XIV,248和149)

赫尔德是第一个以德文形式使用时代精神(Zeitgeist)概念的人,① 但当他以一种几乎神秘的腔调谈论时代精神时,就近于敲响了宿命论的钟声。他把时代精神等同于"人性的天资""有力的天赋"乃至更不吉利的"强大的邪灵"(XVII,77–79)。不

---

① 引用自苏凡的说法。见XVIII,609。

过面对这种历史观察得出的结果，他还是退缩了。他的巧妙发问"精神必须统治时间，还是必须为其服务？"（XVII，78），暴露了他在这一问题上的困顿。而他的回答，即时代精神应该既统治又受制（同上），则说明他并未触及问题的本质核心。当他从另一方面说时代精神是"思想、态度、追求、驱动力和有生力量的集合，在事物的某种不断前进中表现为给定的原因和影响"时，① 似乎努力想把该概念收缩至可以理解的规模上。遗憾的是，这会让整个问题变得更加复杂。赫尔德是否把"时代精神"概念与本质上对某个时期社会潮流的经验性思考联系在一起，抑或该概念对他来说不过是一个纯粹形而上学的方案，这一点并未得到根本澄清。

赫尔德对历史中的个人的处理也无助于解决上述问题。有时候他似乎相信，[154]个人的想法如果与社会主流趋势相左的话，那就绝没有成功的指望（XIV，408）。而路德的改革之所以能够成功，只因时机已然成熟（V，532）。奥地利的约瑟夫二世失败，就是因为他逆时代精神而动（XVII，56）。但有时候赫尔德又相信，个人应引领一时之精神（XVII，79）。如此看来，赫尔德再一次遭遇了两难困境。他虽然着力确认个人的功绩和成就，却又不愿意承认历史是个人写就的。② 有鉴于这些矛盾，人们必会得出如

---

① XVII，80；亦见 XVII，95。

② 赫尔德不可能把历史视作个人的作品，这一定程度上是其个人喜好所致。跟伏尔泰一样，他对诸如"英雄""荣誉"等概念兴味索然。他对"戏剧性"历史——个人尤其是伟大人物造就了历史转折——的否定，一定程度上源于他有意要创造可与自然科学经验方法相比照的因果决定论的历史方法。但是他经常陷入自然科学式的努力跟"人道主义"的矛盾分歧当中。人道主义不能容忍历史上的个人只是时代之产物的观点。因此，他无可避免地把路德称为德意志国族的伟大导师（XVII，87），把约瑟夫二世描绘为比任何时代的任何统治者都更了解国家之需要的王者（XVII，57）。

下结论：赫尔德没有完全处理好一个根本问题，即时间，包括历史本身，是否如创造性力量一般自成一格地起作用。

赫尔德对"偶然"（Zufall）和"命运"（Schicksal）这两个概念的多义论述导致了类似的困难。"偶然"有时候显得像是历史更替的真正推动力，①有时在其他地方，偶然的可能性却遭到断然否定（例见 XVI，488）。人们确实可以主张，赫尔德就第一种情况所谈的偶然，是指不由人的意志决定的东西，但不排除其中有因果关系。然而这种论证并不具备足够的[155]说服力，因为赫尔德也曾试图把"偶然"界定为"命运"。②

尽管存在这些问题，特别是它们导致了对赫尔德历史因果理论的持续争论，但是毫无疑问，人们还是可以断言，赫尔德通常对于那些纯粹偶然的历史因素兴趣不大。他的主要兴趣在那些可以在历史中普遍适用的因素。当他强调历史事件的不可重复性时，他也依然确信不同情势下存在着某些共同的基本特征，历史上那些重大关系和背景也可借此得到说明。

赫尔德坚持自然王国与人类王国的统一性，也意识到历史作为一门科学的特殊处境，因为人在里面既是观察者，也是被观察

---

① 例见 II，64、65；V，531 和 XIV，69。
② 例如，偶然、命运和天意的概念，在《又一种哲学》中是可以互换的（V，531）。另一方面，赫尔德对"命运"的处理也没有总是稳定不变。在有些地方，他把命运和天意区分得很清楚。"神性……把你们人的命运交到人的手中"（XIV，213）；在这里，决定命运的是人类自己。而命运事实上意味着他自己行为的自然结果（XVIII，405、410）。然而，命运有时也被看成一种敌对性的强力，历史因此就是人类与命运斗争的历史（XXIV，326）。最后，历史也还表现为客观必然性（XIV，85、86）。

的对象。在自然科学中，因果性的假设唯有在观察外部关系的基础上才能成立，而在作为科学的历史中则有可能深入了解赫尔德所谓的真实和因果的力量，即事件之间的内部关系。根据他的看法，在这种内部关系的目标导向运动中，蕴含着一贯性，而这种一贯性的程度指明了"关系的统一性"以及在这个意义上的历史进程的连续性。

根据赫尔德自己的理解，这个相互关系中的一切方面都必须被研究到，但如前所述，这实际上触及了他无法独力解决的难题。他有意建立涵盖诸多和而不同的要素的因果体系，却没有始终注意到区分政治与生物学、形而上学［156］与经验世界、伦理与心理、史学与自然科学的界线。此外，他在评价导致历史变化的主要因素时喜爱摇摆不定，因此很难讲明，赫尔德的历史思想究竟首先是决定论的，还是干脆宿命论的。换句话说，赫尔德是仅仅相信历史事件之间有因果联系呢，还是认为它们属于不可避免的事，因此独立于人的意志？必须承认，我们无法轻松打发掉第二种可能性。如果自由选择是受限制的，就如赫尔德历史因果性体系当中偶尔出现的那种情况，那么自由选择究竟如何可能，也就难以理解。因为，如果人只能成为时空既定条件下必须成为的那样，那么，他的行为自由也就只不过是为了满足客观必然性的要求而存在的。

但与此同时，赫尔德赋予因果驱动力以决定性的原因效力，并把它与因果关系中的前情区别开来，此外他还强调，人有凭借其反思能力朝向自我选择的目标奋斗的能力。据此，很难像有些断言那样得出结论说，赫尔德想压制"人的聪明意志的自由表达"。[①] 我想，如下说法才会更接近真相：说赫尔德跟其他痴迷

---

① J. B. Bury,《进步的观念》(*The Idea of Progress*) London, 1920, 页 241。

于改革事业的人一样,把他认为值得向往的东西称为"客观必然性",以求在心理上获得更大的说服力。如果人们能接受下面的说法,即他的目标和理想不是乌托邦式的迷梦,而是主观上认识客观必然性的结果,那么,他所谓的进步就是没有限度的。①

　　赫尔德应该是相信,人在行为上至少仿佛是自由的,人还意识到自己能够选择目标并向它靠拢。否则,赫尔德就不大会把历史视为人不断追求他力所能及的人性的一种表达。

---

① 这和迈内克(Meinecke)的"内在必然性"概念如出一辙。见 Friedrich Meinecke,《历史主义的兴起》(*Die Entstehung des Historismus*), München und Berlin, 1936, Bd. 2, 页 403。

第七章　进步与人的完满

[157]赫尔德相信，人们能够认识人类历史中可与自然界的某种驱动力相提并论的根本要素。他的坚信体现了一个时代的典型特征，在这个时代中，不论道德和形而上学怎么发展，自然科学的经验方法仍深受信任。与这种信念相结合的——如果不是完全跟它画等号的话——是这么一种确信：正确理解人类过去的行为，将能够实现更大范围地使用物理学家解释自然那样的方式洞察社会现象。赫尔德及其他一些人就认为，如果牛顿能用自然律的发现来拓展人类对自然的统治，那为什么在伦理和政治领域就不能存在类似的东西呢？① 这就是那个世纪的中心疑问和难题。

按照赫尔德的观点，把人类历史的已知事实置于准确的检验之下，不啻一种解答的尝试。这种探究或许能摆出一些事实，心理学从这些事实中不仅能得出关于人类世界那些旧事的基本结论，更能得出关于人类本质的基本结论。心理学将为人揭去人类天性的运行法则的面纱。如果人们某天认识到了这一点，就能比现在更为轻松地对道德和政治施加影响。② 因此，心理学必须被

---

① VII，270；亦见 II，257；IV，445；V，503 以及 XXXII，37、38、52、61。

② II，257；IV，445 和 XXXII，37、38。

视为社会科学诸领域的中心,这一点赫尔德在1776年就谈到了。①在《日志》中,赫尔德甚至更进一步,[158]把研究人类心灵视为史学的真正目标。

一个流布很广的观点认为,经验性地发掘人类本质对解决社会和政治问题来说有巨大助益。②然而,该观念是以一组无法得到证明的前提为基础的。

特别是自17世纪开始流行的假设认为,已经在物理学领域发生的,也能够被社会科学所模仿。即便这种假设能够证成,也不能从中得出结论说,所获得的知识将赋予人以塑造自身道德和政治生活的能力,或者赋予人控制同类的能力。这个成问题的见解依赖于另外两项前提。其一关乎一种主张,即关于人类努力和人类目标的知识与对道德权利的承认之间,存在着紧密联系。该主张的谬误在于认为这种联系可以合乎逻辑地推导出来:道德的知识应从对人类本质的经验性理解当中推知。另一项前提的立足点是如下思想:汲取关于人类本性的知识这件事,也会赋予人类本性以权力。这就复又将对人类本质内在稳固性及其外在可塑性的信念当作了前提。

赫尔德在质疑人类本质稳固性的同时,也分享着改革家对人类行为可塑性的信念。他也吸纳了培根的思想,认为知识即权力,

---

① XXXII, 58:"政治、历史……,核心是心理学……,哲学人类学的教育。"IV, 445:"从心理学中产生一切科学。"

② 当时在英国把这种观点传播出去的最重要的作家是哈特利(Hartley)和普利斯特里。见哈特利,《对人的观察——他的体格、责任和期望》(*Observation on Man, His Frame, His Duty and His Expectations*), 2 Bde., London 1749, 1801, 4. Aufl., Bd. 1, 页512。以及普利斯特里,《论政府的首要原则》(*An Essay on the First Principles of Government*), London, 1771, 2. Aufl., 页4。

因此，人类进步的方向和形式，就在关于人类本性的知识的拓展当中。

我们现在要展开讨论进步论思想。赫尔德在这个问题上的兴趣，其根子在两个不同的源头上。[159]其一是他的发展理论，该理论提出了这样的问题：在某段关系当中的变化是否等于向前的运动，如果是的话，那么该运动是以何种方式进行的。第二个根源虽然是负面的，即赫尔德坚定地与他那个时代的骄矜自满作斗争，但其重要性并不因此降低。《又一种关于人类教育的历史哲学》首先否定了把以前的全部世代都理解为黑暗时代的进步信仰。令赫尔德怒火中烧的论点，乃是把所谓"黑暗"看成当前光明时代不可或缺的序曲，该论点认为，如果不存在任何对比反差，人们大概没什么机会认识进步的意义和自己所处时代的精妙了。幸运的是，一切都如愿以偿了。赫尔德不无嘲讽地惊呼：

伏尔泰的光明差不多已经朗照了整个地球罢！

他还补充说道：

我们的粗野将处处得到驯服！就快了，有如神助！所有的人都像我们一样！良善的、强健的、幸运的人们！（V，546）

赫尔德总体上质疑不可避免的、线性的人类进步信仰（IX，540）。他的说法是，历史并没有给如此这般乐观的理解抛出什么证据。人类进步顶多被拿来跟人类的走向相比较，因为它们都在忽左忽右地不断变化（XIV，234）。最重要的是，人不能操之过急。

比如说约瑟夫二世，他在自己的政治改革探索中太想毕其功于一役，结果失败了（XVII，51）。进步若想拥有长效作用，就必须伴随着社会的成长而成长，换句话说，进步必须产生于某个给定的社会传统。没有这个传统，所谓进步就是无根之木（XIII，347）。

尽管赫尔德视进步为根植于民族历史传统的演进过程，但他同时也强调，没有新目标的传统想要有生命力，是不可想象的。如果说[160]离开了传统的进步对他来说如无根之木，那么，没有进步的传统就好比缺水的植物。① 赫尔德的确想得比较深入，他始终在一个较高的层面上，把历史上的每个进步运动等同于新和旧的平衡，从而预设了进步与传统之间的辩证关系。

> ……那么这就是人类和所有民族的文化进步。我们经常仅仅尝试两个极端，就如同甩向两边的钟摆一样，直到我们抵达平静的中点。就在这变动不居当中，物种活跃了起来，而且不管什么传统的线性规定，子孙后代都会以自己的方式延续下去。有意让亚里士多德跟柏拉图保持距离，有意把伊壁鸠鲁（Epikur）跟芝诺（Zeno）区分开来，直到更加从容不迫的后人最终能不偏不倚地运用这两端。这就如同我们身体的机能一样，通过不可或缺的对抗作用，时代的杰作被推向前去。（XIV，234）

综合优先于两个原初的对立，同时也包含并拓展了两者。

---

① 赫尔德所谓无进步的传统，意味着思想上"真正的鸦片"，也意味着整个国家和个人的灭亡。XIV，89。

对峙者彼此帮助、相互促进。因为只有通过两者的统一，才会产生一个世界……只有通过双方与多方的对立，才能形成一个结构。（XVI，571 和 XXIII，9）

在这段辩证的过程中，进步和教养（或者深造）是等量齐观的。社会进步与政治进步寓于一个民族的持续深造。[①] 不过，令赫尔德犹疑的是，如何更进一步去阐明，深造是否意味着越变越好。世界会因为这种教养和发展而变得更好吗？在世界上或者在人类生活中，有没有某种向更高级的完善性不断飞跃的征兆？赫尔德并没有对自然史和人类史中崩圮和退步的过程视而不见。他也拒绝把发展的不同阶段视为后来者优于先到者的状态，因为他认为，任何时代都有其自身[161]关于完满和改善的标准（V，509、559）。在超历史的、拥有终极效力的目标或者缘由的透视之下去审视进步，一切此类尝试对他来说都极为可疑。在其《观念》中赫尔德写道：如是尝试迄今为止收效甚微。它们只能取悦那些沉湎在幻觉中的人，使其借此忘却事实，但根据情势、时间和地点的不同，人们可是有成千上万的目标啊。[②]

按照赫尔德的见解，社会学无需追问世界是否持续行进在道德完善的轨道上。社会学必须致力探究的是，变化着的影响及条件对人类行为举止的形式和发展起了什么作用，其目的是弄清这种作用是否在其倾向的方向上显出了一定程度的连续性（V，589）。

[①] V，539；亦见 XXIII，517："创造当中的一切都是教养，永恒的教养。"
[②] XIV，202。赫尔德自己频繁地放松他的历史相对主义原则，对此应该没什么争议。但他在看待"先进"欧洲对"落后"民族发展的作用时，始终坚持对进步的相对主义理解，这是很有意思的一个观察。例见 VIII，210、303；XIII，455、333；XVII，237；XVIII，290 和 XXIII，505。

这一见解是基于一个假设：道德价值以人类意愿为依据，或者可以由其派生出来。这对赫尔德的相对主义伦理学有决定意义（V，589）。他甚至还认为，从道德的价值想象中能直接推导出政治组织，如此一来，通往社会和政治进步之路就得一直研究关乎人类倾向的心理学。不过赫尔德也果断指出，这种研究要求准确把握细节。仅有好的愿望是不够的，之前的见解对此的帮助也很有限。

"按照本世纪的幻想来启蒙和改良人类的人"迅速遍地开花，这对探询社会政治进步来说毫无意义（V，593）。研究并不受它决定，而是取决于对人类心灵的经验观察，[162]即要顾及人们面临不同的影响、时间、紧迫性、习惯和政治组织时那种变动不居的状况。舍此以外，其他一切做法不过是幻想而已（V，589-593）。

大体上，这就是赫尔德对进步思想的全部态度。人类的进步将在其自我决定（其行为自由是真实的抑或虚幻的，赫尔德并未确定①）的范围内，受一系列在确定的时间段内有效的道德价值所引导。这些价值也以人的倾向和愿望为前提条件。由于心理学是研究人类倾向的真正科学，教育家和政治家（赫尔德的贵族民主主义者兼为两者）以之为抓手，可以更深刻地知悉人类本质和人类意愿，从而能够更好地推动民族的社会政治进步。

伦理和政治与经验心理学的结合在赫尔德的时代十分常见。

---

① 赫尔德主张，国族的进步绝不仅仅取决于个体有意识的行为，因为还有数不胜数的影响因素和情况，包括"意外"跟"命运"，都对进步做出了贡献（V，539）。但是，当个体积极主动的可能性亦受限制时，人也不应感到绝望。他必须秉持信念，相信自己并非莫测天意之手的简单工具，并以大无畏的精神继续斗争下去。

不过在18世纪思想家当中，赫尔德属于首批对人类本质相似性的信念提出诘难的先驱之一。甚至像爱尔维修和孟德斯鸠等相对主义哲人，也都从未质疑伏尔泰关于人永远保持不变的主张。①休谟写道：不管在任何时间，也不管在什么地方，人类都是相同的，所以，历史学家的主要任务是去发现人类本性的永恒和普遍有效法则。当他写下这样的话时，不过表达了一些对每个人来说不言而喻的东西。②

[163]赫尔德在这一点上从来不把话说那么死。在他的书写中，人类本性中个体的多样性一直被反复强调。1769年他就已经表述过相对主义心理学的基本原则：

> 你能感受到的天光之下的人的本性，并不完全相同。（IV，38）

后来，他在论文《又一种哲学》里又进一步细化了该原则。

> 人类本性……，不是如哲学家定义的那种绝对、独立、不可变的幸福的容器。它处处都尽可能打扮得足够幸福：顺时施宜的腔调，依照最为不同的形势、最为不同的需求和最为不同的压力，把自己塑造成不同的样子。（V，509）

---

① Voltaire，《作品集》(*Oeuvres*)，Lequieu 编辑出版，Paris，1820，Bd. XI，页19。
② 转引自 Carl L. Becker，《十八世纪哲学家的天城》(*The Heavenly City of the Eighteenth Century Philosophers*)，Yale，1932，页95；亦见普利斯特里在其《历史讲座》(*Lectures on History*) 中对博林布鲁克的引用，London，1826，页31、32。

说人本性中具有柔韧性、灵活性，跟说它根本上是复数性的还略有不同。前者并不是赫尔德本人的观点。该观点之所以广为人知，部分要归功于洛克作品的影响。① 然而，人们在其中也能看到普遍呼唤社会政治变革的表达，以及无限信任教育作为社会政治改良之有效工具的结果。尽管对线性进步的信念持怀疑态度，赫尔德仍然与同时代人一样相信，通过教育可以达至人类本质的完善。他写道：

> 人在他的每一项效用中，都是一个流动的尺度。他的教育法则就以此为基础；他的养成与歧路、幸运与不幸、收益与遗憾，这些是他造成的，因而也是变动的。（XVI, 44）

另一方面，在赫尔德的用法中，灵活性思想和完满化思想的含义都相对比较狭窄。根据他的看法，人只能根据时空条件，[164]发展已经包含在其本性内核中的东西（XVII, 115; 亦见 V, 505）。

赫尔德的完满化理论在他的《人性升华书信》（1793）第二卷中描述得最为连贯（Nr. 24–26）。问题以发生在两个虚构人物之间的对话为形式展开。其中一个摆出怀疑姿态，认为是否必须将关于人类不断增长的完满性的全部想象视为一个纯粹的梦。他问道路是怎么开辟出来的，以及它将通往何处：

> 那么完满性的目标是什么呢？它的轨迹是条渐进线还是

---

① 爱尔维修写道："没读过他作品的、跟他没半点关系的、对他不感到敬佩的，用手指头都能数得过来。"转引自 Hazard,《十八世纪欧洲思想》（*European Thought in the Eighteenth Century*），出处同上，页 41。

椭圆形状？抑或是一条摆线？或者别的什么曲线？（XVII，113）

赫尔德的回答是，完满性只能在一定条件下理解，不应该把它推导到超人或非人上去（XVII，115）。否则，就不存在任何回答完满性问题的必要了，哪怕只是写上一行字。这便是赫尔德的意见（XVII，115）。完满性其实是一段过程，事物在这段过程中将成为其所应是和其所能是的样子。

> 完满性这件事说的是一样东西是其应是和是其能是，而不会指别的什么。所以，某个人的完满性是指，在他的存续期间是他自己和成为他自己。自然赐给他当作传家宝一样的力量，正是他所需要的。（XVII，115）

人可以通过积极使用自己的天赋能力，自行达到完满状态，也可以在与他人的协作中达到。赫尔德认为，人在自我实现的过程中，其成就大小决定了自我的同一性和连续性。人之所以可以实现自我的发展，是因为他天生就可塑（XIII，147）。但是，推动力必须来自外部，颇值得注意的是，对这一点赫尔德也极为重视（XXI，152）。人即使生而拥有目标导向的力量和自我引导的力量，仍必须向其他人学习如何使用这些力量。因此，完满性不仅是属于个体的过程，也是一个社会过程。[165]任何社会或政治实体，只要忽略了其成员的发展，或将其引向错误方向，在赫尔德看来就失去了存在的权利，成为自己的掘墓人。[1]

---

[1] XIV，209；亦见 VI，104；XVII，116；XXIV，109。

关于技术进步是否包含人类完善化和社会改良的问题，赫尔德给出了有条件的回答：技术本身只关乎人所用工具数目的增加或性能的改进，而它被使用的方式完全取决于一个社会在某个特定时间所朝向的目标（XVII, 113）。

所以在赫尔德看来，完满性跟进步一样，都是朝着在特定时间内社会可欲又可求之目标的有意识的发展。绝对完满只能被看成信仰的一种客体，看成人们只能不断接近的基督教预设，而相对完满则是社会和政治进步的必要组成部分。① 如果人还活在某时某地，却不再去追逐可以实现的、能够促进他继续发展的事物，那么他必会堕落。人类完满的反面参照即人的堕落（XVIII, 61）。为了逃离这种状态，他必须向着完满努力奋斗。

> 为了不至于变得更糟糕，我们必须努力变得更好。（XVIII, 370）

赫尔德也强调，人不可以费力追逐超人的目标，也不应为了后代的利益而牺牲自己这一代人。② 在这一点上，赫尔德站在反对康德的位置，后者的观点以《世界公民视角下的普遍历史观念》为代表，认为个体存在是为了满足物种的利益。赫尔德的看法是，向着完美的努力必须被看成一种过程，在这个过程中，**终极目的**（Telos）并不是存在于民族的社会发展之外，而更应该是存在于其中。每一代人都必须在"内外环境"的映衬下[166]审视自己在某段时间内的主要目标。③ 这就意味着，每一

---

① XVII, 122 和 XVIII, 328；亦见 XIII, 345 和 XV, 326。
② XIII, 283；亦见 XVII, 120、121。
③ XVII, 138 和 XXVI, 365。

代人都会重新面临审视自我展开的问题，所以，完满化不是一劳永逸就能达成的，而必须在既定的历史条件下不断去反复争取（XIII，196）。

人类和社会的发展并不会一帆风顺地驶向绝对和不变的最终目标，相反，它更应被理解为围绕着总是不断新生成的目标的斗争，这种思想展现了赫尔德进步理论和人类完满理论的根本要素。

赫尔德认为，这种发展斗争的根源在于人类本性当中的对立冲突。他使用"双生造物"（Doppelgeschöpf）的表达，来说明人类本质上的对立。根据他的看法，人体现了两个彼此对立的世界。

> 然而人处在与自己的争执当中，也处在与大地的争执当中……所以在他身上同时表现出两个世界，这就使得他的本质表现出一种表面上的双重性。①

这种"与自己的争执"一方面是人内在斗争的诱因，另一方面也迫使人更为清楚地认识彼此冲突的诸力量的本质，以便减轻或干脆消除它们不协调的状况。由于对立要素之间的距离如此之近——"在我们极其有限的本性中，那些极端彼此靠得太近、太密"（XVII，27），所以，要将其分开便会遭遇显著的困难。随之而来的是紧张与不安的感觉。赫尔德认为，这种状态中就蕴藏着一种最为强劲的驱动力，他在里面看到了人类朝向进步和完满之努力的"内在必要性"。②

---

① XIII，195、196；亦见 V，558 和 IX，536："人自己身上和人类社会当中都有非常强烈的对抗。"
② V，98；亦见 VIII，230；XIV，205；XV，263；XVI，567；XVII，27 和 XVIII，298。

赫尔德也相信，通过事物在所有这些斗争与冲突中的单纯本性，会产生一种急迫寻求和谐的倾向。

[167]在失控的混乱中，这些（对立的力量）彼此冲撞，持续了好长时间，直到绝无谬误的自然法则对相互逆反的格局施加限制，以及建立起某种运动的均衡与和谐。（XIV，227）

这么一来，人的任务就是支持自然，去创造可能条件，以使社会上那些破坏性因素得到真正控制，并改造之，使之能够服务于建设性的理想（XVII, 119）。鉴于把消极因素简单抹去的做法不仅毫无效果，也很危险，赫尔德对此不予考虑。毫无效果，是因为从长远来看不会成功；危险，在于它可能造成盲目暴力和非理性的故态复萌，继而只会扩大冲突的范围。[①] 赫尔德主张，以此之故，必须接受紧张、对立和冲突，把这些当成人类和社会发展的有生和必要力量。它们的存在，还有完全承认它们的存在而不是否认它们，才可能令人们在社会上有意识地组织自己的生活。正如自然中不存在什么不好的东西一样，社会王国也不存在那种无法转变成福分的邪恶。

一切可能的反感都已经在那儿，在人的本性中了，不仅任何一种解药都是从毒药中生长出来的，甚至起支配作用的有生力量的永恒趋势也是如此，从最有害的毒药中制备最有

---

① XVII, 119。当代的读者看到这些句子时会想起弗洛伊德（Freud）。在我看来，弗洛伊德和赫尔德的比较研究将会得出引人瞩目的成果。

效的治疗剂……人类遭遇到的任何邪恶对自己来说不是什么别的，它都可以也应该是有益的……这是我的信条。（XVII, 27、122）

赫尔德在此问题上的乐观立场全然来自莱布尼茨传统。认为破坏性力量最终必将为建设性和维护性要素所用，这样的观点是从当时的乐观主义那里汲取了养分。冲突非但不可避免，而且是必要的，甚至构成了社会进步和人类完满的根本前提。跟其他的邪恶[168]和困难一样，冲突最后也会带来好的东西，会在人和社会的发展中发挥积极作用，因为它造成了建设性的能量。当然，这份乐观的理解与赫尔德早期的书写形成了对立，早期赫尔德曾反对莱布尼茨的和谐预定论思想。[①]1778年，赫尔德在其论文《论认知与感觉》（"Vom Erkennen und Empfinden"）中还曾提出如下问题，不过他自己没有回答：

在人身上、在他心灵和头脑里的矛盾——是什么产生了分歧，又是什么加剧了它们？是自然之手还是人为和毁坏的杰作？（VIII, 268）

可是在他写作《观念》的时候，改革的激情已经完完全全穿透了他，清晰地指明道路于他而言也很重要。如果冲突的确在人和社会当中存在，那就须得找到一种方法，使得人类的努力与预期的目标和谐一致。赫尔德强调，自然中产生不出任何邪恶，表

---

① XXXII, 225；还可参看赫尔德给哈恩（Hahn）的书信，引自 Haym, 出处同上，Bd. I, 页 665。

面上搞破坏的，事实上服务于正面力量。他试图借此增强人们对自我革新和所处社会之革新的信心。

表面上看，赫尔德的思路发生了剧烈转向，但正如有人业已指出的，[①]这不一定归因于赫尔德在相对主义上所持的乐观态度。换句话说，尽管赫尔德在晚期作品中倾向于一种乐观主义，但不论是在《观念》中，还是在《书信》中，都能看到对进步和人类完满能力的严肃的相对主义阐述。因此，我们的设想很有可能是正确的，即赫尔德在深入研究冲突问题时根本没有从相对主义转向乐观主义。那么，他着力更多的就是把当时太过志得意满的乐观主义改造成更加积极向上的信条。对他来说，居于这些信条首位的是：人只要洞察到人类偏好的作用，就能够积极主动地确定人类重大事件的流程。第二个信条实际上已经包含在第一个之中了，该信条指出，上述知识是实用的知识，换句话说，人能够直接驾驭和控制[169]这种人类和社会发展的知识。对赫尔德以及之后的许多其他改革家来说，获得这种知识的意愿和决心，加上对其实际适用性的信念，似乎以自然科学取得的成果为坚实基础。和许多更年轻的同代人一样，赫尔德越来越相信，把经验主义的观察方法用在社会研究上，将逐步带来与自然科学相似的结果，因为社会问题得到了更清楚的认识。赫尔德假设，关于个别人的知识同关于社会性目标和价值的知识一样，直接来源于对人类倾向性的勘察，所以，他希望能借助经验心理学的帮助迫近这一目标。

赫尔德信任心理学，也相信有可能通过研究过去的经验而确定人在未来的行为。这种信任是如此坚定，以至于他偶尔也会被

[①] Rudolf Stadelmann，出处同上，页65。

蒙蔽而看不见其中的谬误,看不见他自己的目的论因果律理论中的矛盾。赫尔德并没有认识到,他的准经验主义论证所据以奠基的前提,几乎与宗教信条无从区分。所以,不管是心理学还是其他任何学科,都无法向人解释他要做的事情。

虽然人们由此出发质疑赫尔德进步与完满理论的经验与逻辑基础,但人们无从否定该理论的历史意义,也无从否定该理论作为一种政治原则的重要性。赫尔德认为,进步观念和人类完满观念等同于特定社会历史局势下起作用的理想,且与致力于远景目标的理想不同。这就在他的社会发展哲学中,开出了一条有别于当时乌托邦式进步信仰的新路。赫尔德也因此成了一个更有节制,但因而也更富侵略性——听起来如此矛盾——的政治乐观主义时代的先驱。这种实用乐观主义的说服力,还要通过对道德追求和自然发展两种观念罕见又天才的勾连而得到增强。

自然及其法则与有序的、合乎伦理的、理性的东西相协调,这是长期以来不可撼动的原则,直到生物学和心理学[170]对这种温和原则发难,这个传统才告中断。尽管如此,赫尔德进步理论中的自然生长思想仍支持了如下观念:在一个社会的历史发展中,预期方向上的飞跃可以在没有突然和强烈断裂的情况下实现。因此,改革精神认为自己的努力应该更加完完全全地奉献给适于生长一个革新社会的土壤。社会组织从机械到赫尔德所主张的有机形式的重塑,必须会同演化进步论来考虑。如我们所见,因为赫尔德相信一种能够习得的社会性智慧,所以在其演化进化论中,具有决定性意义的就是教育。但如果说柏拉图意义上的教育仅限于对少数人,那么赫尔德眼中的教育则是全部国家成员与生俱来的权利,否则个体公民也好,整个共同体也罢,都没有可能完全发展。在这里,赫尔德为一种社会发展观念做出了贡献,在这种观念中，政治变迁显然是以民主和渐进的方式出现的。

与此同时，赫尔德也为一种完全不同的政治思考方式提供了助力。人们无疑可以声称，赫尔德把发展斗争作为社会进步的本质要素来看，此时的他，言论像是一个道德论者而非政治作家。但是，这些观念在法国大革命的时刻确实极大影响了政治思想的调子，具体来说，不仅为革命变局提供了意识形态辩护，甚至似乎也认为那种变局是政治发展的根本前提。

所以，关于政治变革与发展的两个对立的理解，都从赫尔德的进步学说那里收获了动机。从此以后，在赫尔德社会哲学和民族主义思想的阐释与散播过程中，二者开始分别扮演自己的角色。

第八章 意义：总结与评价

[171]由于赫尔德自己的政治理论未成体系，所以在前面的章节中，我们只能着手对实际上没有被系统钻研过的观念进行编排和分析。从这些观念的全部构造中所能得出的，也不是任何能用最具代表性的"古典"法学或哲学学派来衡量的国家理论。尽管如此，出于两方面的理由，它们还是很有意义。首先，这些观念展现了一种努力，在论证国家制度的基本原理和正当性时，它们做出了有别于通常传统做法的探索；其次，在18世纪的思想世界中，它们展示了一种关于政治和历史思考的新颖路径。

赫尔德准备在这两个领域开展工作的主要推动力，是对时代社会政治状况的深深不满。而他无法忍受自己创造性的才华不能投入政治领域的事实，也为此添了一把助力。除了在教会和大学里以外，赫尔德这种出身寒微的人实际上并没有什么机会通过担任公职去谋求影响。18世纪的德意志不存在任何政党，也没有真正的议会生活和政治联盟以及团体。德意志不过是个地理名称而非政治统一体。如果不考虑一些明显例外的话，德意志就是诸多绝对主义或半封建主义的国家的积聚。赫尔德把它称为"驯顺之域"（terra obedientiae），是一点都不错。属民心态无疑是最为常见的社会政治特征。

赫尔德认为自己无法对现状（status quo）保持缄默。他用坚忍不拔和道德热情对之发起进攻,在这种热情中,人偶尔会失去对政治的现实洞察。① 他的批评[172]间或会不负责任,或格外情绪化,但同时也展示出,这种程度的激进思想在当时德意志的政治书写中是多么不同寻常。

赫尔德的愤怒首先针对世袭统治制度,针对贵族、农奴制、专制暴政、政治审查和政治生活中一切形式的恣意。在国际关系领域,按照他的观点,谋求政治和经济霸权是引发战争的罪魁祸首。欧洲人追求文化优先地位,并自认为有权利征服和剥削非欧洲民族的做法,格外令他不满。在他眼中,奴隶制和殖民主义是历史的最大污点。

但是,赫尔德并不仅仅基于人性的理由抵制战争和当时的政治统治手段,也不只因它们与"理性"和"自然"相冲突才与之作斗争。最令他恐惧的,是它们的存在所引发的后果。他之所以否定战争,是因为战争中有农奴制度和世袭统治的起因。出于类似的理由,他也谴责政治审查,因为他相信,这将导致单调乏味、伪善、恐惧和愤慨,还将因此损害国家的政治利益。他敌视专制,站在其反面,因为在他看来,专制会造成万马齐喑、恣意妄为和无法无天的暴力,以至于公民道德必受侵蚀。赫尔德反对殖民压迫和奴隶贸易,也不光是出于对"高贵的野蛮人"的崇拜。他认为奴隶制和殖民主义威胁国族整体的存在和持续存在,这是他的主要反对理由。赫尔德坚信对一个民族的镇压不能再无节制地继续下去,他担心终有一天,被压迫者的民族意识会觉醒,对殖民者失控的复仇欲也将被激发出来。

---

① 缺少政治判断几乎是每种意识形态都固有的,因为对现实主义的强烈渴求常常矛盾地与缺少对现实的认识紧密结合在一起。

赫尔德对现实状况的不满并不止于表达情绪化的义愤和破坏性的批评。这种表达也促使他提出了建设性的原则。否定现状与肯定渐进式变革和改善的政治目标相辅相成，齐头并进。

赫尔德的政治信仰首先来自犹太—基督教传统和文艺复兴及启蒙的世俗人文主义。圣经中对早期希伯来社会的阐述［173］尤其在他的政治思想中扮演着重要的角色，这一点我们已经知道。在希伯来人身上，赫尔德看到了一个具有显著国族意识的民族的最古老的例子。他们对赫尔德来说也是一个有机的共同体，一个按照自然的方式，从其成员的社会经济功能当中产生出社会政治团体的有机体。如他所言，这是一个核心上未分化的社会，同时也是一个利益和文化的共同体，建立在同样的语言、同样的信仰和同样的风俗之上。它是一种扩大了的家族，结为一体靠的是成员共同协作，而不是强制。它建立起了同质化的总体，其权力并非集中在一点之上；恰恰相反，对这个严格的统一体也即联邦性质的组织来说，统治者与臣民无法分割，其最高权力来自以传习意义上的律法为内容的诫命。

赫尔德否定了人文主义政治传统中的某些要素，这千真万确。与休谟一样，赫尔德认为，社会契约论的假定并不能令人满意地充当政治义务论的基础或辩护。在他眼中，社会契约论属于历史上无根据、逻辑上也站不住脚的东西。出于相似的原因，他也拒绝自然法的概念。他基本上是在普芬道夫意义上来理解这个概念的。个体的绝对权利和普世原则也不能博得他的信任，这点他跟默泽尔和伯克一样。

尽管赫尔德形式上不接受这些传统思想，但却坚持它们的道德方面。合意先于暴力，法律和理性先于恣意和个人情绪，以及如亚里士多德所说，国家优先于个人而不是相反，这些原则赫尔德从未质疑过。离开了这些基本原理,健康的政治生活无从想象。

根据赫尔德的见解,这些基本原理通常是社会政治过程的理想结果。在他看来,这些原理根本没有表述那些组成社会和政治组织的本质的东西,如果人们把社会和政治组织视为有机生长物,即国族性格的话。对赫尔德来说,一个国家若没有国族性格,就是一部没有生命的政治机器,一个没有有机存在的幽灵。他认为,国家体制自然而有机的基础是一种社会建构,它既拥有国族性格,也由此拥有唯一和唯一有效的[174]社会政治联合的构成性力量。赫尔德相信,筛选和分析社会和政治生活中推动这种构成性力量发展的那些要素和过程,才是决定性的。

对赫尔德来说,语言是塑造国族性格的决定性要素。所谓自然的国家必须与民族相符合,其内涵是跟一个通过语言联系起来的共同体相符合。这种理解是全新的。现在,一个国族不只是服膺于同一个统治者的一群人;一个国家不只是一个法律和社会机构。赫尔德的国家更像是个用精神联结和文化传统拽结起来的共同体,它既是"文化国",也是"法治国"。

根据这种理论,一个"民族"产生于对人类种族自然而然的细分,是自成一格的共同体,拥有自己的语言。通过语言,它不仅将意识到自身的存在,更会认识到自己与其他人类的不同。赫尔德认为,一个民族的语言是不可卸掉的东西,因为他在语言当中看到了一个民族道成肉身的内在本质,没有了语言,民族的内在力量也就不复存在。这种内在特质归根结底是精神特质,在赫尔德看来,它是民族和国家最有生气的根基,因此也是有机的基础。统合了不同族群共同体的国家并不拥有这种精神联结,从而缺乏内在生命。这类国家不过是机械装置,所以自始就注定了政治上的衰亡。

赫尔德切入语言问题的立意也决定了其社会和政治哲学的框架，其中心观念便是有机论的民族主义。如前所述，赫尔德以自我意识思想、差异性学说和共同作用原理为出发点。同时，语言也被赫尔德视为一个人个性上的表达，更是从人特殊的社会阅历当中产生并得到强化的那种意识的原初心理形态。在一个全部秩序以差异性为主要特征的世界里，语言不得不扮演标准的角色，通过语言，一个团体可以被识别为特殊的社会统一体；语言还是产生政治承认之要求的源泉。[175]尽管赫尔德承认，语言之外的其他要素也有助于塑造民族的国族性格和政治意识，但比较起来，最具决定性的仍是语言因素。

强调社会政治交流的自然基础是语言，带来了显著的政治后果：不仅奠定了后世民族主义运动的意识形态基础，也鼓舞了与这种追求相匹配的语言学研究。自此，语言学和文学教授们开始在新生"国族"共同体的政治命运走向上发挥重要影响。不宁唯是，语言与政治的紧密联系还引出了一种观点，认为一些国家受困于内部语言共同体的复数性，若其中每一个语言共同体都得到政治独立的话，国家在社会和政治上的很多衰弱面就会被消除。

识别国家、民族共同体或者"民族"（Volk）时所提出的问题，跟需要解决的一样多，这一点尚需时日才能为人所认识。如果缺少某种形式的思想联系，那种作为某个社会总体或国家一部分的本能情感或意识是不可能产生的。然而这并不意味着，语言是思想联系能否存在的唯一可理解的条件。即使不看是否拥有自己的语言这个主要区别特征，世界也完全可以自然而然地建立在差异性上，即一个由许多国族组成的世界。

赫尔德企图用他以语言建立的民族主义理论，把注意力引向社会政治关系的内部力量。他希望由此打开一条道路，以通往一种能够摒弃赤裸暴力和放弃建立机械统治装置的政治秩序。在赫尔德那里,自我统治或者自决,似乎才是唯一能与人类精神尊严相协调的政府形式。他认为,人只有服从其内心的法则,不受外在的物理暴力所干扰,才是自由的;同样,国族也只有按照源于其历史传统的法律生活,才是自由的。当国家和民族合二为一时,立法也就不再需要任何强制了,因为法律就是一个民族社会意识的表达。这种确信［176］的源头观念是,政治只不过是整合在社会教育和社会文化里面的一个组成部分。

赫尔德所理解的教育,归根到底是价值标准和思维习惯的传承,正是它们维持了某个人类共同体的历史连续性。赫尔德把这个传承理解为一段辩证的过程,包含着一代代人的赞同或反对。通过教育,人们既能保卫传统,同时也能引导进步,这便是赫尔德所持的观点。

和教育一样,赫尔德所理解的文化也并不局限于文学和艺术领域,而是涉及很多社会活动。文化折射着一个民族历史发展或历史生成的不同形式及状态。他认为,文化可以有不同的发展阶段。于他而言,政治稳定发展的决定性要素更多的是不同文化领域之间的平衡,而不是绝对高度。

尽管赫尔德把诸如"遗传"和"有机"之类的生物学概念用在了社会文化的传承进程上,但他并未在特定的生物学意义上来理解该进程。也就是说,这些生物学概念根本无关乎一个民族的典型物理特质,而是关乎其社会态度和思维方式的起源与发展。作为历史哲人,赫尔德主要着眼于民族传统的历史"连续性"——他所谓的目标导向运动的恒久性。所以,当赫尔德使用生物学的比喻时,那并不意味着个体对社会总体的从属就等同于单个身体器官跟整个有机体的关系。他更为强调统一体之间的协作,它们尽管彼此依赖，但就其自身而言却是个别和活跃的总体。从这个内在作用力的角度出发，赫尔德的国家不是机械装置，而是有机体。

赫尔德认为，在自成一体的政治权威意义上来谈的"政府"，只在从机械性的现状——由君主制国家组成——到有机民族国家的过渡阶段才是正当的。但对过渡时期内的政府形式，他语焉不详。赫尔德不怎么信任开明君主的统治，这跟大多数同时代人不太一样。他相信，社会和政治改良必须[177]"自下而上"进行。他认为，人民领袖和所谓的贵族民主主义者的出现，有可能帮助人民去获得更为发达的社会和民族意识以及政治责任感。

"民族"（Volk）一词多被赫尔德用来指称一个礼俗共同体的总体。然而当他探讨从机械国家到有机国家的过渡时，民族（或译"人民"）就被用来标称居民当中的一个特定阶层了。在他眼中，这个阶层是国族当中最为宝贵的部分，与其说这是因为他们数目众多也最富生产能力，不如说这是因为他们身上最为明确地凸显了构成国族性格的本质特点。赫尔德使用"市民"（Bürger）一词，将居民中的这部分人跟其余部分也就是贵族阶层、知识人和暴民区分开来。这个概念涵盖的职业有农民、工匠和商人等，是必会在民谣中露脸的人。在他们身上，赫尔德看到了地上的"国族之盐"（das nationale Salz）。市民据称拥有共同的思维方式，尽管还不清楚赫尔德是否把他们看成不带社会经济差别特征烙印的均质群体。"暴民"一词则完全指向一小撮人，他们不是在经济上扮演卑微角色的群体，而是精神视野狭隘的阶层。另一方面，贵族虽然也是少数派，却由于其世袭的权威和财富而构成最有权势的社会及政治成分。反之，智识阶层被认为是居民中最无私的阶层，因为他们不受制于财产利益。同柏拉图笔下的护卫者一样，他们是最有远见的人，始终把共同体放在心上，所以看来格外适宜做政治领导者。根据赫尔德的看法，他们的主要任务是创造能促进国族全体成员同质化的条件，以使人民和国族合二为一。他们的终极目标自然是让自己变得可有可无，在这一点上，赫尔德和柏拉图分道扬镳。

基于此，人民必须自己积极参与从机械主义到有机主义的政治改造。赫尔德把这个过渡阶段称作"人文化"。根据他的理解，这是一个前进的、有意识的教化过程。赫尔德固然称颂法国大革命为宗教改革以来最伟大的成就，但它相对于这个教化过程来说只是蹩脚的替代物。人文化应当[178]用共同协作来取代暴力，借此消灭政治的"权力装置"。当然，一个民族尊重另一个民族的国族梦想，是其前提条件。因此赫尔德强调，培养民族的国族意识的教化过程，以及对人性的培育，是同一个也是唯一的发展进程。人民和人性是彼此依赖的概念，并不相互割离。相应地，人文化就意味着去创造那些能够促进国族自主和国际合作的条件。

就人性概念来说，赫尔德首先考虑的是在社会领域中承认互相依赖，不论是在国族层面还是在国际层面。然而，人性也有别于"世界公民"，在赫尔德看来，世界公民概念压迫并牺牲了国族性格，从而取消了它在政治上的有机格局。按照赫尔德的观点，只要爱国主义被理解为热爱自己的民族，人性就会让爱国主义绝不多余。正好相反，人性应该和爱国主义融为一体，成为其组成部分。

赫尔德对外交、联盟、国际条约和超国家机构毫无信任，对建立一个世界政府也不抱太多期望。所有这些结合形式在他看来都太机械主义了；即使它们一定程度上能创造国际统一体，从长远来看，也被宣判了失败。赫尔德不会考虑这些，他考虑的是独立国家之间的松散联盟，不同国家可以基于共同利益而协作，不必建立共同政治权威或者签署正式条约。赫尔德的目标在于统一利益和促进不同领域内的协作，而不是政治机构的正式联合。统一体对他来说并不意味着完全一致，差异性会仍然保留。因此，唯一有意义的统一体是关乎精神姿态的，它表达了共同的思想。赫尔德认为其中蕴藏着人性的真正本质。

赫尔德视国族意识的增长和人性的成长为一种自发力量的作用，是亚里士多德意义上的作成（Werden）。他认为这种作成是一种个体的和社会的进程。尽管他承认"作成"的概念只能在个体发展的意义上来使用，却依然强调，人只有在作为一个共同体的成员时才能实现其可能性。[179]他眼中最能促进人类成长的社会组织是语言共同体，它与民族是等值的。因此，赫尔德把最珍贵的价值放在国族的权利而非个人的权利上，这绝非否认个人的意义，因为赫尔德作为那个时代的产儿，只能在个人的幸福当中寻求道德和政治的至善（summum bonum）。尽管赫尔德把个人的幸福以及人性的发展与人的成员资格解绑，并与民族共同体挂上了钩，但他的立场仍介于"自由的"启蒙思想与欧洲19世纪自由主义之间。

赫尔德面对社会和政治变革时，态度在怀疑主义与乐观主义之间、彻底的宿命论与温和的因果决定论之间摇摆。不过其主要看法是乐观和非宿命论的。他眼中的人有能力在一个确定的界限内自行决定其命运，这个界限将由遗传和历史的力量以及环境条件所决定。人类的本性在他那里并非恒定不变，基于这一理由，人有可能通过有意控制自己的社会和政治行为来改善本性。人将选择自己的目标，而不是单纯去发现它。人类世界是一个彼此联结的综合体、一段变化着的过程，不是什么锁闭的东西。

赫尔德对协作问题的处理确实有些自相矛盾，有的时候是循环论证。他在历史因果性上的不确定则是另一块短板。时代精神的学说让这个问题格外凸显。不过赫尔德也成功地把注意力引向了人与环境的心理—物理关系，并揭示了环境因素作用于社会政治变革时的界限。

赫尔德希望通过将自然发展的想法与道德奋斗的想法联结起来，从而给予客观可欲之物更多的主观说服力。然而，自然成长与社会及道德斗争之间的这种联结，在赫尔德的社会政治进步理论中造成的后果就是相互对立的阐释：一种阐释宣布政治[180]变革是和平、渐进的发展，另一种阐释则以斗争为绝对必要的前提条件。

绝对圆满的实现对赫尔德来说是一个信仰问题，不过，根据他的看法，从人类有限目标的角度来看，人类臻于完善能力的思想是这一类哲学中，即承认人的意志对塑造历史起决定性作用的哲学中有用的和必不可少的元素。赫尔德热衷于这种不只满足于解释世界，也希望改变世界的哲学，全然不顾它的宿命论倾向。

人们不得不承认，相信人类有能力通过自己的力量去改变社会政治生活，这跟宿命论并不兼容，但因果决定论绝无此问题。那么为何在换成另外一种历史决定论的视角后，人的意志就不再是决定性因素了？我的看法是，赫尔德在向这种形式的决定论表示敬意；有些人笃定地认为，在他的决定论中只能看到对人类自由的完全否定，他们其实是忽视了决定论与宿命论之间的区别。

人类进步论就好似用冷静分析的光芒在为历史做辩护，赫尔德对它的信心也更为充足，主要背景有三。赫尔德是最早质疑人类本性不移论的人之一。只要人们对人类本性的多面性和可塑性多一点了解，就能明白，在多大程度上实现对人类行为的有意控制是完全无法预见的。也即是说，赫尔德同意一个普遍的看法，认为人只要更深刻地洞察到人类道德和政治的心理根由，就能轻而易举地影响它们——此为他乐观主义的第二个背景。道德和政治最终还是可以利用心理学来解释，这是那个世纪最为坚定的确信，对赫尔德来说，也是进步理论最本真的前提。

赫尔德乐观主义的第三个背景来自他的改革努力。在他看来，不再下功夫去推动人的进步和社会改善，就已然是倒退。不再支持人性的东西，[181]就必然堕入残暴。谁不再相信人类完善的能力，就打开了人类朽坏的重重大门。因此在赫尔德眼中，社会进步与人类完善的观念不是一种描绘遥远目标的理想，它更是发挥着作用的理想，在特定的时间适用于一整套特定的社会结构，而且对其健康存续也绝非可有可无。

通过对进步论和人类完满论做相对解释，赫尔德就把自己的社会发展哲学同他那个时代的乐观进步信仰分开了。

相对主义和相互关系是赫尔德方法论的基本特点，如前所述，这是赫尔德对政治思想的第二项重大贡献。要在这里给出一份公正的评价并不是那么轻松。因为赫尔德就人类知识之边界、史学、协作和相互关系的大部分书写，都已成为我们精神背景的组成部分，我们已轻易将其当作既定的东西接受下来。现在看来，赫尔德在这些领域的发言，即便在18世纪时也绝非全新，但他在概念及其社会、政治问题上的应用，堪称是从诸多迥然不同的思想进路中综合出来的独特创见。

还要指出的是，赫尔德的概念工具与其自然和社会观念结合得相当紧密，以至于凡认为方法能跟他真正的哲学相剥离的说法，都是彻头彻尾的误解。两者均出自共同的源泉，都来自同一种不满。那个时代在智性上既矫揉造作，又狂妄自大。人们用自己的价值标准来裁断过去的功绩，主张有权否定以前的时代。如果过去跟自己的价值和目标不匹配时，人们就会迅速得出负面的判断。特定时空的意义被忽视或者只受到些微考虑。当时很多轻易说出口的断言，就是建立在这种错误之上的，这就促使赫尔德首先去发展观察历史的新方法。

其实，时空之别意义重大。任何时代、任何文明、任何国族乃至任何植物都是不容混淆的。[182]不可以用先入为主的成见来审视过去。历史学家必须移情到从前发生的事上。对复杂和重要的现象，比如历史中的因果律，要格外深思熟虑。不同历史事件之间是有联系的，因此必须在一定语境中去考察。

赫尔德的论战文章《又一种关于人类教育的历史哲学》，其中心命题就在于此。这篇文章展现了对18世纪历史书写方法的猛烈抨击。

赫尔德非常清楚，绝对的客观性不可能达到，历史学家和社会学家的移情能力也不可避免地有局限性。对此，赫尔德明确表示不能完全剔除主观要素。人的价值判断必然会沾染地理、历史和个人条件的色彩。不过，诚如他所言，一旦明确发现哪些因素导致了歪曲和失真，认识的客观性程度也就有可能得到提高。

赫尔德关于相对主义和相互关系的思考并非仅限于史学领域。在认识论和对社会及政治问题的观察当中，它们也扮演着重要角色。

在认识论上，赫尔德意图驳斥在他看来过于简单的理性主义模式：强调先验，倾向抽象化，钟爱体系、教条主义，特别是传统经院式心灵范畴心理学。这几个方面息息相关、密切联系，以至于无法将它们鲁莽地分离开来。赫尔德希望拓展亚里士多德的隐得来希概念（entelechi），并把它跟自己对 vis 的有机主义理解联系起来，以便用心理物理学的思维，将那个时代的经院心理学和哲学二元论替换为以相互依存为基础的统一体。借助上述想法，赫尔德寻求实现精神与质料的综合，以及在人类与环境关系的问题上实现主客观要素的综合。

赫尔德的相对主义也表现在政治和社会发展的领域上。通常的政治原理，比如自然法理论、自然状态构想、最优政体观念和模范文化的想象[183]，他基本上都不予采纳。当时的主导思想——人文主义观念，在赫尔德那里也经受了意义改造。通过将其应用于当代政治问题，赫尔德不仅赋予人文主义观念以具体内容，也揭示了其历史相对性。尽管赫尔德的社会发展理论被证明是按照目的论组织起来的，但个别目的论要素仍应理解为纯粹相对的。终极目的（Telos）绝不外在于人的追求，它本身就在驱使着人们去唤醒自己身上沉睡的力量。同时，终极目的也是人类发展的本质和功能：目的确定了发展，另一方面也为发展所确定。由于终极目的对人志向的影响发生在一定历史和地理结构内部，因此，根据赫尔德相互依存的永恒原则，它也从时空的主导条件中获得其特定的形式。相应地，社会进程就是历史和受环境制约的力量被追求目标的人类所激活后的表达及其象化。因此，人们可以将目的论视为赫尔德内在关系理论适用于历史以及社会发展的必然结果，此外，他在认识论上所做的打通人类存在的内在方面与外在方面的探索，也有异曲同工之妙。对于赫尔德而言，这种存在是通过内部"发条"和外部"环境"确定的一种持续的作成（Werden）。

最后，在对社会政治进程的处理上，赫尔德的历史因果律理论有其显著的方法论意义。他在历史因果律中区分了时间上在先的"原因"与作为目的决定要素的"原因",经由这项区分,就有可能维持一个因果决定论体系,却不堕入宿命论。

我们已经尝试着综合展现了赫尔德的社会政治思想贡献。对现状的不满给了他最为丰硕的政治思想以主要推动力,但也偶尔模糊了他的目光,损害了他的批判性判断。他低估了自成体系的政治专门知识的作用力,也低估了仍将继续存在的政治设施的适应能力;无独有偶,另一方面他也高估了语言和国族意识的作用。他对王朝忠诚和纯政治性传统之影响的判断也是错误的,即便它们已不再[184]是通过习惯而被神圣化的神话,或者不再是富于象征性的意象。

他对当代政治方法论的非难,特别是他对不设常规政府之社会的想象,偶尔诱使他作出不得不说是幼稚的论证。比如他会宣称,国家间的和谐是完全合乎自然的,无需外交活动的辅助就将从民族的差异性中产生。又比如,他主张最高的正义将通过民族法制(Volksrecht)的创制而苏醒。我们已经看到,相信差异性是社会和谐及国际合作的必要条件(conditio sine qua non),以及上述国际法观念,这二者从逻辑和经验上讲都是成问题的。差异性可能是事物的自然秩序,它虽有倾向于结合的特征,但倾向于分离的特征同样也不少。从人民的历史传统中成长起来的法律展现着他们的集体意识,但它可以是良法,也可以是劣法。所以,不论是差异性本身还是民族法制,在反对社会弊端和政治衰弱时,都不是绝对可靠的保障。

赫尔德未能充分区分家庭的自然统一体与更广泛的国家共同体,这也是其政治现实主义的短板。他继受了亚里士多德的国家发生学，确信"政治家庭"的图景将有力支持他反对政治机械主义的论证。这里他犯了错误。由于家庭的"垂直"结构，在家庭中起主导作用的是等级原则，这跟赫尔德对社会进行"水平"划分的想象刚好背道而驰。另外，这里的另一关键问题，即如何在多元主义框架中限制权威的范围，也无从解答。

更深层次的心理洞察是进入社会和政治问题的钥匙，也是孕育了赫尔德进步论思想的理论前提。这种关于心理洞察的观念在18世纪很少受到质疑，直到今天仍然广为流布。然而这句话只讲出了一半真理。社会和政治问题不能简单化约为心理效用；即便可以，也不能无条件地得出结论说，越是精确了解社会政治问题的心理起源，就能越轻松地解决社会及政治问题。[185]但是在思考这些批评的时候，我们切不可无视赫尔德时代的德意志政治状况：审查制度、诸侯的绝对主义、政治活动机会不足，最主要的是人口中的绝大部分未受过教育，也不参与政治。此外，人们必须记得，不仅是在对国家的有机主义理解上，还是在相对主义方法论上，赫尔德都开辟了广阔的新领地。

即使赫尔德的思想没有摆脱模糊的推测，即便他对现存政治状况的分析与冷静全然无关，我们也不可以把他贬入政治空想家的行列。他在一些重大议题上的判断都惊人地可靠并富有远见，比如关于中产阶级的政治角色和民族传统的政治意义，关于法国大革命的价值等。如古奇所说：

> 魏玛圈子里再也没有第二个人，在时代大事的判断上如此头脑清楚和洞察深刻。[1]

---

[1] G. P. Gooch,《德意志与法国大革命》(*Germany and the French Revolution*), London, 1927, 页172。

赫尔德马上就察觉到，法国大革命是宗教改革以来上演的最为重要的事件，而且跟当时许多德意志人不同，他一直都未收回这个判断。

赫尔德呼吁"自下而上"的改革，强调吸收人民共同参政的必要性，发掘语言、传统、风俗习惯和社会文化等要素的重要政治价值，由此而发展出的观念，对现代政治思想和现代政治发展的意义是不容否定的。

赫尔德的政治想象是启蒙与现代民族主义之间建立联结的一环。一个时代在此攀上顶峰，同时，一段新的时间流也开始了。当时不光赫尔德一个人对"机械主义"国家形式持消极态度，但谁也不像他那样，对社会、政治和经济状况的谴责如此深入肌理。赫尔德宣布民族国家的原则并强调其有机主义前提，这使他无可非议地跻身最早的现代政治思想家行列。在法国大革命的余波中，他的思想将拥有日益广阔的用武之地。

第九章 回响：政治的浪漫派

[186]本书的重点不在描绘赫尔德对后世政治思想及行动的影响。因此，我们仅以最后一章来简要探究赫尔德的直接继受者即政治浪漫派的政治思想，想必也就够了。

约一个世纪以前，当海姆审视浪漫主义者的文稿时，不得不着重指出，他这一代人对大多数带有浪漫主义影响的政治观点缺乏理解。① 这并不令人诧异。政治是什么？如一位专家所说，若它不是全然腐化堕落的话，就和情感（Gefühl）永远脱不开干系。② 然而，政治情感主义的强度一直在变化，我们理解政治情感主义的形形色色表现形式的能力同样也在变化。人若见识过情绪放纵和政治神话的败坏效果，应该就不会比海姆那代人对于导致这种作用的观念有更多好感。然而另一方面，他们也甚少为这种观念的产生感到震撼，从而更好地去清醒认识其类型及起源。

在接下来的研究中，我们希望重点关注浪漫派的主要政治思想家，比如诺瓦利斯、施莱格尔兄弟、A. 缪勒（Adam Müller［译注：本章中出现的缪勒均为 Adam Müller，与前文中的缪勒兄弟不同，除此处外不再特别注明］）、施莱尔马赫、萨维尼

---

① R. Haym,《浪漫派》(*Die romantische Schule*), Berlin, 1870, 页 340。

② Sir Ivor Jennings,《政党政治》(*Party Politics*), Cambridge, 1962, Bd. III, 页 230。

（Savigny），以及特定意义上的费希特和黑格尔。谢林虽然当之无愧可算赫尔德和歌德之后有机主义自然观的最重要代表人物之一，但他对政治思想的贡献着实太小了，因此不必对他给以特别的观照。另一方面，根茨（Friedrich von Gentz）和戈雷斯（Joseph Görres）固然在政治实践中表现活跃，但见解上与缪勒和诺瓦利斯非常接近，因此用专门篇幅讨论这两人将只是乏味的重复。

[187]赫尔德的根本政治观念并不被人所接受，但其政治有机论和相对主义方法论对德意志政治浪漫主义的影响却相当大，乍看起来很有些矛盾。人们甚至可以说，赫尔德在政治上的"意识形态"品格在其"后继者"中反响强烈，这为促进形成激烈反对他自己观念的政治传统做出了贡献。

不过，倘若人们留意到历史情势的变更，就不会对赫尔德与后来人在政治见解上的分歧感到意外。那些追随赫尔德有机论民族主义哲学的人，非常清楚赫尔德的"自由"和"民主"倾向，但对其更为"无政府主义"的思想却不甚了了，因为直到下一个世纪，那些被审查制度删掉的文段才得以公开并为人所知。① 毫无疑问，后来人中有一部分更钟爱以自由民主之路实现民族主义目的。费希特致力于做国家引导社会主义模式的开先河者，施莱格尔兄弟宣布赞成共和政体，根茨和戈雷斯在解放战争期间支持民主。这些人感到有必要改弦易辙，背离赫尔德的原初道路，并不是因为他们不了解其政治观念或者从根本上拒绝它，而是因为他们确信，赫尔德所主张的中间阶层的领导、自下而上的改革、用合作代替臣服，以及人民参加政府等等，就他们国家当时的形

---

① 首部完整且可靠的赫尔德作品集是苏凡编定的，出版于1877年至1913年间。

势来说意义有限。

尽管与赫尔德的政治见解大相径庭,他们也并未脱离某种德意志传统。例如,政治浪漫主义的主流强调从属地位,强调绝对服从政治发展路线,即便是宗教改革也并未将其彻底摧毁。因为路德固然质疑教皇和教会权威,但他从未挑战过服从政治当局[188]这一原则。① 对大多数浪漫主义者来说皆属典型的神秘主义宗教观,以及对感觉而非理性的强调,同样都可以回溯到虔信主义乃至中世纪的天主教教义上面去。② 民族主义也脱离不了过去,它建立在帝国思想之上,跟一种被摩泽尔父子、皮特尔、施略策尔等18世纪法学家和历史学家保存下来的鲜活的政治传统关系密切。浪漫主义者推崇德意志国家时,脑海中浮现的常常是以维也纳为中心的帝国。这甚至在黑格尔写于1802年的《德意志宪制》(*Verfassung Deutschlands*)中也有所体现。最后,浪漫主义者中也有人频繁地把默泽尔的传统主义曲解为伯克的经验主义,从而尝试复兴默泽尔将近半个世纪以前阐发过的封建社会秩序观念。③

---

① 这虽不意味着路德对某些贵族的罪错视而不见,但即便路德看到那些罪错,也并不妨碍他要求完全和无条件地服从国家的政治权威。参见他的《基督教手札》(*Schriften*),Weimar,1853,Bd. II,页267。

② H. S. Reiss,《德意志浪漫主义者的政治思想》(*The Political Thought of the German Romanticists*),出处同上,页2;Reinhold Aris,《1789至1815年的德意志政治思想史》(*History of Political Thought in Germany, 1789-1815*),London,1936,页286。

③ 例如缪勒就自视为如假包换的伯克继承人。他对伯克心慕笔追,称其为"临到祛魅大地上的最后一位先知"。见Adam Müller,《论弗里德里希二世》(*Über König Friedrich II.*),Berlin,1810,页52、53;《治国技艺诸要素》(*Elemente der Staatskunst*),Berlin,1809,Bd. I,页31、32。但缪勒是否正确理解了伯克是很成问题的。

然而无从否认，即便赫尔德的思想被夸大和曲解，被表现得非常扭曲，浪漫主义者仍大大受惠于他。若不是赫尔德对中世纪不带启蒙主义者那般的偏见，中世纪也不会在浪漫主义者的书写中扮演重要角色。另外，赫尔德同时也强调社会的政治起源，他反对自然法思想，认为语言是集体政治意识最为本质的源泉，这些共同决定了浪漫主义思想的基础。

读者诸君可能会感到不可思议：浪漫主义者希望应对自身时代的问题时，竟然就是将目光转向过去的时代？然而这恰恰就是[189]紧张的现实主义追求与简直是诗意的向往——浪漫主义意识形态的表征——之间的罕见联合。① 对诺瓦利斯、F. 施莱格尔和缪勒等人来说，中世纪是过去的"黄金时代"（aetas aurea），中世纪社会是理想的社会政治秩序。他们将这个时代跟统一的德意志帝国的国族荣耀联系在一起，后者拥有统一的宗教，从共同的信仰中为其政治天命汲取能量。他们希望借助复兴帝国赖以存在的社会和经济力量，再次为这片土地建立它所迫切需要的民族统一体。

要想把中世纪的社会统一体观念与赫尔德政治的有机主义哲学联系在一起，必须对两者都加以彻底改造。浪漫主义论述当中出现的"有机主义"是阶层分明的自然秩序。根据诺瓦利斯，国家是"大写的人"（Makroanthropos），由不同的社会集团合一而成，形成一个共同体。

---

① 在一份对德语政治诗极具穿透力的分析中，维泽（Benno von Wiese）注意到了这个矛盾，而在他看来，这是所有意识形态的典型特征之一。见氏著《德意志政治诗》（*Politische Dichtung Deutschlands*），Berlin，1931，页15-64。

> 国家一直都是个大写的人：行会是四肢和个别的力量，诸等级就是各种能力。贵族是道义能力，教士是宗教能力，知识人是智慧，国王则是意志。①

只有国王才高于共同体功能性部分的集合，因为他是国家的活的形体。由于出生在至高的官署里，他自然而然习惯于统治，但他同时也因其出身而不受权力诱惑的损害。

> 谁生而如此，就不会被那种处境蒙蔽，也不会对之兴奋过度……国王是国家纯正可靠的生命原则；和行星体系中的太阳完全一样……每个国家公民都是国家公仆。他只能从这里取得收入。把国王称为国家的第一仆人是非常错误的。国王[190]不是国家公民，因此也不是国家公仆。这也即是君主制的不同，它以对出身尊贵的人的信任为基础，以对理想之人的自愿认可为基础……国王是升格到世俗天命层次的人。②

在诸如此类的政治见解中，人类不平等的思想是不可或缺的前提，要求服从与从属也就是其自然而然的结果。有些人生来就是做统治者的，而另一些人则命定做仆人；人人都必须扮演天意所分配的角色。诺瓦利斯在其文章《基督教界或欧洲》（"Die

---

① Novalis,《文集》(*Gesammelte Werke*), Carl Seelig 整理出版, Zürich, 1945, Bd. IV, 页 158。亦见 Bd. II, 页 193："国家与个体一样，都是人。" Bd. III, 页 298 也有类似的表述。

② Novalis, 出处同上, Bd. II, 页 53-55。亦见该卷页 62："国王和王后保卫君主国，声威超过二十万众。"

Christenheit oder Europa",1799）中谈及"服从的快乐"，F. 施莱格尔则在一封给诺瓦利斯的信中盛赞这种思想，对之充满了钦佩，还写到他们认为对国王的忠诚是其基础。① 缪勒也持有类似的观点，认为服从是有效统治和为政治自由奠基的最为重要的因素。

> 统治的要诀在于服从；心灵所渴求的一切升华都在其自由的服从中；所有自由都在对祖国的奉献中。②

缪勒和根茨迈出了复归封建主义的脚步，因为这在他们眼中是统治与服从之间美好平衡的现实化。不仅如此，他们还相信封建体系中有针对暴徒和知识人之强权的保险阀。③ 不同于行商坐贾以及手工业者，拥有土地的贵族是合乎自然的统治阶层。④

与赞美中世纪的社会结构紧密伴随的，是一种并非完全与之契合的思想：国家优先及国家无处不在的观念。对浪漫主义者来说，国家是无所不包的有机总体。[191]在超出国家界限的地方，人的存在完全无从想象。⑤ 缪勒称国家是一切利益之利益、所有

---

① Novalis，出处同上，Bd. V，页 32、33。亦见 Novalis 的《信札》(*Briefwechsel*)，J. M. Raich 编辑出版，Mainz，1880，页 129 及往下。

② Müller，《诸要素》，见前注，Bd. III，页 237。

③ Müller，《诸要素》，同上注，Bd. II，页 99；F. Gentz，《根茨与缪勒往来书信集》(*Briefwechsel zwischen F. Gentz und A. Müller*)，Stuttgart，1857，页 244。

④ 值得注意的是，柯勒律治（S. T. Coleridge）可能是英国浪漫主义者中为土地贵族辩护的最重要的诗人了。尤请参看氏著《论教会的和国家的宪法》(*The Constitution of Church and State*)，London，1829，页 20-32；以及他的《平信徒布道》(*Lay Sermon*)，London，1817，页 414。

⑤ Müller，《诸要素》，见前注，Bd. I，页 62："……人类的事务，还有学问，在国家之外都无从想象。"

人类事务最终之目标及总和。① 他觉得这毋庸置疑，只有把国家当成手段的人才会对国家的用处和目的发问：

> 如果现在某人问"国家的目的究竟是什么？"，我会反过来问他：所以你把国家当作工具吗？……你是不是依然主张，国家之外还存在着某种它必须服事的目的，就如同脚手架支撑建筑物和外壳包裹果核？②

人彻头彻尾属于国家，从肉到灵，再到一切俗世的财产。

> 只有当整个人希望被交给国家，而不仅仅是希望向国家交出他在世上拥有之物的时候……③

在这种极权主义的国家观念之下，一切手段都是合法的，为着国家的权力和荣耀起见，战争也是正当的。A. W. 施莱格尔、缪勒和其他一些人因此也确信战争的必要性，这只不过是极权主义理论的天然后果。④

---

① 见 Müller，《论国王弗里德里希二世》，同前注，页 270，以及《诸要素》，同上注，Bd. I，页 66–68。
② Müller，《诸要素》，同上注，Bd. I，页 67。
③ Müller，《诸要素》，同上注，Bd. II，页 85；亦见 Novalis，《作品集》，出处同上，Bd. IV，页 225 和 274。
④ 见 Oskar Walzel，《德意志浪漫主义》（*German Romanticism*），New York/London，1932，Alma Elise Lussky 译，页 136–138；以及 Wiese 的《政治诗》，出处同上，页 62–64。缪勒称战争为政治思想的导师，见《诸要素》，Bd. I，页 94："战争怎样成为政治思想的导师，就怎样振奋国族法权并活跃国族经济。"

社会的政治起源思想更进一步地巩固了国家全权的思维。根据这种理论,国家不是人类联合的结果,而是其不可避免的伴随现象。缪勒宣称,国家就如同人类自身一般古老。① 因此,国家表现的不是一种仅包括在特定 [192] 时段内属于其成员的联盟,也涵盖了那些曾经是国民或者将来会是国民的人。简而言之,国家是历史连续性的活的化身。

> 国家不仅是许多毗邻生命的联结,亦是许多生生不息的家族的联结。②

这种极权主义式的国家理解,其进一步的结果是否认自然法是人类法权的最高机关。缪勒拥护萨维尼等人的观点,他们认为,实定法,即国家所颁行的法律,才是唯一的自然法。按照这种观点,在实定法之前不存在法律,独立于实定法的法律也不存在。换句话说,没有任何法律高于政治立法。

> 所以,我们能有把握拒绝一切实定法之外、之上或之前的自然法;我们可以承认一切实定法都是自然的。③

萨维尼指出,实定法是一个国家唯一真正的基础,因为它牢固植根在人民的集体意识当中。④ 他认为立法者只是单纯地表达

---

① Müller,《诸要素》,见前注,Bd. I,页 75。
② Müller,《诸要素》,同上,Bd. I,页 84;亦见 Bd. II,页 63。
③ Müller,《诸要素》,同上,Bd. I,页 75。
④ Friedrich Carl von Savigny,《论立法与法学的当代使命》(*Vom Beruf unsrer Zeit für Gesetzgebung und Rechtswissenschaft*),Heidelberg,1814,页 11。

出了人民的意愿。因此，立法不是恣意行为，而是从某种社会环境和民族传统中有机成长起来的力量的必然结果。简单来说，实定法无非就是有机的生长，与其说它由立法者的行动所决定，不如说立法者将受其影响。① 然而，至关重要的双重问题仍未得到解答。其一是，基于何种条件，一项实定法才会合乎一个共同体（按照对 Gemeinschaft 的通常理解）的集体意志？其二是，良法、有效的法为一方，共同体的礼俗和观念为另一方，两者如何协调一致？我们所知的是，萨维尼的法权思想同赫尔德的一样，本质上行驶在中世纪的轨道上，他们把法视作共同体的民族精神（Ethos），对它的发掘和宣告必须多于创造。

[193]政治浪漫主义的另一个典型特征是倾向于高看国家，觉得它比服务于人类和社会局部利益的纯粹实用装置高得多。浪漫主义者喜欢把国家看成形而上的东西，作为"观念"，独立于经验领域之外。缪勒就称国家是"全部观念永恒运动着的王国"，② 黑格尔则将之等同于"立于世界中的精神"。③ 而在施莱尔马赫那里，君主是神圣国家观念的化身。④ 和缪勒一样，施莱尔马赫不认为从实用主义和功利主义角度来为国家辩护是有效的，他把国家描绘为能规避一切定义的东西，因为它完全超越了人类理智的理解能力。缪勒甚至还更进一步，指出不可定义性是国家最深

---

① 同上注，页 11、12、17。

② Müller，《诸要素》，见前注，Bd. I，页 63。

③ Hegel，《自然法和国家学纲要》（*Naturrecht und Staatswissenschaft im Grundrisse*, 1821），被 Eduard Gans 以《法哲学原理》（*Grundlinien der Philosophie des Rechts*）为名编辑出版，Berlin, 1833, 3. Aufl., Stuttgart, 1952, 页 334。

④ Schleiermacher，《国家讲演录》（*Vorlesungen über den Staat*），1829, H. S. Reiss 译，见前注，页 198。

刻和最独特的标志。①

贡多尔夫（Friedrich Gundolf）的结论是，浪漫主义者是更诗意地而不是从哲学视角来考察国家。② 我们对此不持异议，但是，在这层诗意的面纱下还隐藏着一些东西，具有可观的政治意义。实定法的主张，还有对国家的观念论解释，都旨在树立一些政治上不容忽视的重要原则。通过把法与历史传统紧密结合，萨维尼有意强调，法不应是统治者心情的简单表达，也不该是某种不顾习俗和国族性格而交付给人民的陌生物件——某种程度上就好比罗马法一般。浪漫主义者给国家安置上神秘主义和超验的特性，希望借此把国家描绘得完全自足、独立，凸显它不同于所有其他形式的人类联合的特殊本质。在主张实定法以及把国家理想化这两方面，赫尔德的"民族精神"概念都起着重要作用。这就把我们带到了另一个 [194] 紧密相连的特性面前，它也是典型浪漫主义的：语言。浪漫主义把语言视作民族政治生活中最为本质和起决定作用的要素。

费希特在其《对德意志民族的演讲》（Rede an die deutsche Nation, 1808）中向其同胞保证，德意志人只有认识到了自己语言的力量和意义，才可能建立统一的国家。③ 黑格尔也认为民族精神（Volksgeist）是所有国家理论的基础概念，他在其《讲演录》中宣称，语言和国族若不同一，民族精神便不可想象。④ 萨维尼

---

① Müller，《诸要素》，见前注，Bd. I，页 27。
② Friedrich Gundolf，《浪漫派》（Romantiker），Berlin, 1930，页 177。
③ Fichte，《作品集》（Werke），I. H. Fichte 编辑出版，八卷本，Leipzig, 1845/1846, Bd. VII，页 459–480。
④ Hegel，《世界史哲学讲演录》（Vorlesungen über die Philosophie der Weltgeschichte），选自《作品集》（Werke），G. Lasson 编辑出版，Leipzig, 1920/1921, Bd. I，页 219；亦见 Theodor L. Haering，《黑格尔——所愿与所著》（Hegel, Sein Wollen und sein Werk），Leipzig und Berlin, 1929，页 96。

把语言看作民族集体意识的起源，法的思想即产生自这种意识。①施莱尔马赫和F.施莱格尔视语言为认识政治现实性的特定工具。②

最后，赫尔德对浪漫主义历史书写的影响也显而易见。他不仅预见了黑格尔辩证法的到来，也明显影响了萨维尼的历史法学派。下面的引文不由得让人清楚回想起赫尔德支持历史相对主义的有关论证：

> 但是，法权与民族的本质和特征的有机关联，要在时间的持续前行中经受考验……同这（语言）一样，对法权而言，不存在任何绝对静止状态的瞬间，它和民族的所有其他发展方向一样，服从于同一个运动和发展。③

萨维尼写下的这段文字简直糅合了赫尔德的所有思想——有机主义、国族特性、不断发展论。这些思想在很大程度上已成通说，常常令人弄不清楚应该到谁那里去寻找其源头。

［195］施米特（Carl Schmitt）把浪漫主义政治思想家称作新市民阶层的代言人。④对这项主张必须进行更细致的考察，否则会把人带偏。政治浪漫派的大多数代表人物出身于中产阶级，这

---

① Savigny，《当代罗马法体系》（*System des heutigen Römischen Rechts*），Berlin，1840/1851，九卷本，Bd. I，页17；《论立法与法学的当代使命》，见前注，页11、14。

② G. Halstein，《施莱尔马赫的国家哲学》（*Die Staatsphilosophie Schleiermachers*），Bonn und Leipzig，1923，页92—94。亦见前引Gundolf书，页59—100。

③ Savigny，《论立法与法学的当代使命》，见前注，页11。

④ Carl Schmitt，《政治的浪漫派》（*Politische Romantik*），München und Leipzig，2. Aufl.，1925，页16。

倒是真的，但他们并不以此为傲。F. 施莱格尔或者缪勒这样的人甚至受自卑情结折磨，他们希望能被提升到贵族等级。① 浪漫主义者感到，他们不能指望中产阶级的襄助。他们是"反动的"，但这不是由于他们提倡绝对主义之类的东西，而是因为他们怀有如下信念：政治的积极性只能期待自上降下，并且也只有在人们神秘待之、歌之咏之的情况下，它才会发挥高效的作用。基于此，他们重申了君主因其出身而统治的信条。他们信念的这个方面是反动的——在常被误用的该词的本来意义上。不过，对于一个不同于英格兰和法国的国家——这里的中产阶级不会尊重自我，政治上没有觉醒，甚至在拿破仑战争迫近时也没有改观——上述信条本身并非毫无理据。② 除此以外，随法国大革命而来的恐怖统治，也使得人们对无政府状态的恐惧广泛蔓延，自下而上的改革是否可能或者值得期待，也越来越成问题。带着这种失望情绪，带着对能否快速实现社会理想的怀疑，一种显著的民族自卑感蔓延开来。在解放战争中充当社会和民族自由斗争先锋的中产阶级知识人，感觉自己受到了蒙蔽。无论对错与否，许多人均认为这种蒙蔽得归咎于自己，因为他们为自己的阶层主张了那些被贵族所保留的、为时间所神圣化的习惯。臆想的自欺欺人带来了自卑的感觉。人们宁可钟意于过去的偶像，也不喜欢当代堕落的神祇，这在当时的情势下简直不出所料。

[196]你完全可以说，浪漫派来自民众中的哪个阶层总体而言无关大局。真正有意义的是，他们并不锚定在社会当中的任何地方，我想要说的正是这一点。他们是一群没有社会束缚的人，

---

① R. Aris，见前注，页306。

② Franz Schnabel，见前注，Bd. I，页283和Bd. II，页8。亦见Ralph Flenley，见前注，页139-142。

但却寻求实现首先能满足自己社会和心理需求的理想与理念。不能否认，这些需求与那个时代的社会及政治病症密切相关。事实上，正是个人领域和公共领域之间的紧密联系，把那些浪漫主义者变成了政治浪漫派。但他们并不太像是某个特定阶层或某种特定情绪的发言人。他们有的那种情绪虽然非常个人化，却被广泛共享；那种情绪诞生于失望、自卑和走投无路，也诞生于挑战、崇高和热烈的向往。那是一种不愿忍受任何等待的情绪。政治浪漫派虽然生活在想象之中，但也满怀实践的紧迫感。他们努力追逐理想，希望在眼下和现有的社会结构中看到理想实现。从这个角度看，他们既是反动的，同时又是革命的。

这并没有乍看起来那般自相矛盾。革命活动的实际性质并不取决于它背后的理念有多么新颖，而在于其迫切程度，以及将其转化为现实的决心。反革命人士跟宗教改革中的大人物比起来，其革命性并不会更少。同样，浪漫派也试图重新树立起为法国大革命摧毁的价值准则，和以前的雅各宾派比起来，他们的革命性也不会更少。人们是否真的会受自己口口声声支持的观念所驱策，并不是那么重要。在那些把德意志的民族起源、中世纪的宗教、旧贵族阶层和君主制理想化的人当中，肯定有一些是机会主义者，他们利用这些观念，只是为了隐藏自己的权力政治野心。根茨显然就属于这一类型。但总盯着过分苛刻的标准也并不可取。人们惯于根据多种动机而行动，即使人们真诚地相信自己所主张的东西，这种相信也是很多原因造成的。话虽如此，大多数作者——我们已经简要处理过他们的观点——还是热衷于谋求［197］调和、兼顾他们抒情诗般的幻想与政治现实的真相，他们还致力于锻造出一种综合，以充当其革命雄心的意识形态脊梁。

为了点明这种意识形态雄心跟赫尔德思想的联系，或者它对赫尔德思想的规避,我们在之前的段落中已经试着去说明双方的共通点。但我并未主张政治浪漫派构成了坚固的意识形态阵线,我绝无此意。只有少数政治浪漫主义者首先是政治作家,而且没有谁成功搭建起一套稳定的政治教义,或许缪勒除外。政治与单纯想象以及神话的分界线,对他们中的大多数人来说都极为模糊。腔调和强调也根据作家的不同而不同。有些人的思想更为实际,比如费希特和萨维尼;相比之下,缪勒和施莱尔马赫等人即使不是更倾向于神谕般的思想,也是更超验的。但在我看来,尽管有这些个体化的差异,他们著作当中的共性却足以开启一项比较研究。

从这些共同的本质特征出发就会发现,浪漫派与赫尔德共享着一些重要的政治起点,但在许多地方上又根本地背离了他。赫尔德强调多样性和差异性,并视冲突为社会和政治生活中必不可少的要素。浪漫派针锋相对地认为,国家自始就构成一个统一、整全的有机体。有些东西对赫尔德来说不过是无数自发过程的结果,对浪漫主义者来讲却是不容讨论的前提。有机统一体在赫尔德那里产生于发展过程,在其行进途中,形形色色的利益以自由和平等的方式,尝试着为协调和合作寻找基础。对他来说,这关乎实现某种可能性,而不是粉饰某种现实性。赫尔德使用有机主义的隐喻,是为了强调社会政治行为之内在源头的自发性。但当浪漫主义者为有机主义的比喻所吸引时,联袂而至的却是为现有的政府权力做辩护。巴克尔谈到黑格尔时有一席话,可以非常贴切地用在这里,用在全部政治浪漫派身上:

> [198]不再信任过程(自由主义本质上是依赖于它的),甚或忘记它,转而投靠一个机关或捡起一套工具;用"一个

发号施令者"的人为综合体取代了有关自然综合体的争论。①

政治浪漫派毫不迟疑地接受了赫尔德的术语,却又不倾向于以他的精神来运用它。或许,政治浪漫派借此在现实上获得了比他们的"自由"先驱赫尔德更多的分量。当他们把极端主义和民主从民族主义中剥离之时,也就代表了推动德意志民族统一之力量的发展,尤其是王朝和威权力量。过分强调这一点或许有欠妥当,因为历史上的因果性是难以测度的。然而有一件事情毫无疑问:虽然没有赫尔德就可能完全不会出现政治浪漫派,但我们仍然不能称他为政治浪漫派的精神之父。

附识:赫尔德的域外政治影响

[199]很难找到赫尔德直接影响英国或法国政治思想的迹象,尽管他在世时,英格兰已经有人翻译了他的《观念》。② 情况极可能是这样的:"很多也许已受赫尔德影响的人转而为黑格尔所吸引。"③

不过,一位重要政治思想家身上显露出了赫尔德历史哲学的痕迹,虽然他更熟悉赫尔德的激进政治思想:密尔。在文章《论柯勒律治》("On Coleridge")中,密尔谈到赫尔德时盛赞其为伟大作家和思想家行列中的一员。

---

① Ernest Barker,《社会和政治理论原理》(*Principles of Social and Political Theory*),London,1951,页23。
② T. Churchill,《人类历史哲学概览》(*Outlines of a Philosophy of the History of Man*),London,1800。
③ A. Gillies,《赫尔德》,见前注,页127。

他们让历史成为一门因果科学,在那之前,历史只是"傻子讲的一段故事,充满了喧哗与骚动,毫无意义"。他们使过去的史实和事件在人类的逐渐演变中拥有了含义,变得可以理解,从而立即赋予历史乃至玄想以浪漫传奇般的趣味。他们还呈现那些造就当下并仍然维系着当下的媒介,以此提供给人们预测和指导未来的唯一手段。①

密尔同意赫尔德的观点,认为教育者应是传统的守护者和进步的先驱。他说:

任何政治社会现存的国族教育的特点……就是其作为社会之持久性的主要原因,也是进步性的主要源泉:前者取决于教育作为一个管束规训体系的运作范围,后者取决于教育鼓励并激发积极能力的程度。②

[200]密尔在讨论民族文化成长时,也完全在赫尔德的意义上写作:

每一种政治组织形式,每一种社会情势,不管做过别的什么,都塑造了各自的国族性格类型。这些类型是什么样的,

---

① J. S. Mill,《论边沁与柯勒律治》(*On Bentham and Coleridge*),F. R. Leavis 编辑出版,London,1950,页131。
② 同上注,页132。值得注意的是,在谈到"持久性"(permanence)和"进步性"(progressiveness)时,密尔虽然使用了柯勒律治的术语,但没有采纳柯勒律治的理解,而是在赫尔德的意义上使用它们。与柯勒律治不同,密尔绝不把传统和进步混同于某种特定的经济利益。参见 S. T. Coleridge,《论教会的和国家的宪法》,见前注,页20–32。

又是如何形成的，都是形而上学家可能忽略但历史哲学家不会忽略的问题。①

密尔《论自由》秉持的观点跟赫尔德非常切近，尽管他在这本书中写到，就德语作家而论，唯有洪堡才是他的精神债主。②然而洪堡本人也受赫尔德思想的影响很深，所以，密尔对洪堡的谢忱在一定程度上也要归给赫尔德。③

密尔对德意志政治思想的兴趣首先是柯勒律治唤起的，他非常推崇柯勒律治：

> 在英国近些年来尝试着用哲思来启发实践的人里面，还没有谁如他一般在我们的舆论和思维倾向上留下如此深刻的印象，除了边沁。④

但密尔也相信，柯勒律治学说的要点在上个世纪下半叶已为德意志的伟大作家所预见，⑤ 此外他还认为，柯勒律治的政治理论只是简单开了一个头，甚至连某种政治哲学的轮廓都算不上。⑥

---

① 同上注，页132。
② Mill,《论自由》(*On Liberty*), R. B. McCallum 编辑出版, Oxford, 1946, 页50、51、65、93；亦见氏著《自传》(*Autobiography*), World Classics, London, 1924, 页216、217。
③ R. Haym, 见前注, Bd. I, 页408；亦见 Gillies,《赫尔德》, 见前注, 页118；R. T. Clark,《赫尔德》, 见前注, 页382。
④ Mill,《论边沁与柯勒律治》, 见前注, 页99。
⑤ 同上注，页103。
⑥ 同上注，页152。

密尔对柯勒律治政治书写的定位并不是无可非议的，因为作为政治思想家的柯勒律治绝非只懂得模仿。①［201］如果不考虑柯勒律治年轻时曾同情共和主义思想，他和赫尔德在政治观念上并无太多关联，所以，也难怪柯勒律治会明确地拒绝赫尔德的观念。②虽然他像赫尔德一样强调圣经的政治意义，而且同样把国家看成有机体，但不论是他的《政治家手册》（Statesman's Manual），还是《平信徒布道》（Lay Sermon），都全然无意在赫尔德的精神框架下运用赫尔德思想。两个人的出发点完全背道而驰。赫尔德主张改革自下层始，而柯勒律治则在其《手册》中求诸高层，因为他确信英国社会的改革必须从统治阶层开始。如果他也算赫尔德的后来者，那么情况就跟德意志政治浪漫派被视为赫尔德的继承人是一样的。③其实比较起来，柯勒律治的旧友葛德文（William Godwin）的思想世界倒与赫尔德要接近得多，这点似乎并不为人所知。

---

　　① "持久性"和"先进性"的辩证学说涉及特定利益。前者与土地占有阶层的利益有关，后者则关乎工商业阶层。见 S. T. Coleridge，《论教会的和国家的宪法》，见前注，页 20–32，以及氏著《平信徒布道》，London，1817，页 414。

　　② 柯勒律治在 1794 年还总把贵族称作"那些生麻风的渣子"，当年还赠给葛德文一首十四行诗，然而到 1797 年却写下了这样的话："我厌烦葛德文主义！"见 Basil Willey，《十九世纪研究——从柯勒律治到马修·阿诺德》（Nineteenth Century Studies, Coleridge to Matthew Arnold），London，1949，页 5、9；亦见 Gillies，《赫尔德》，见前注，页 122。

　　③ 怀特（R. J. White）在给《华兹华斯政治学手册：柯勒律治与雪莱》（Political Tracts of Wordsworth, Coleridge and Shelley，Cambridge，1953，页 XII、XIII）所写的导言中说："但凡读过这部作品（《政治家手册》）的正文，就不会把他（柯勒律治）的历史哲学与赫尔德的等同起来……（赫尔德的成就）跟柯勒律治没什么关系，反之亦然。"

很难通过考察柯勒律治与葛德文的精神联系而辨认出是谁影响了谁。感染非常有可能是相互的。[1] 如果这个设想正确，我们就完全有理由说，赫尔德和葛德文在政治观念上引人瞩目的贴近并非单纯的偶然，想来可以追溯到柯勒律治对德语思想的浓厚兴趣，以及他在交往中对对方的影响上去。[2] 另外，葛德文或许 [202] 还从罗宾逊（Henry Crabb Robinson）那里接触了赫尔德的政治思想。罗宾逊极为敬佩赫尔德，甚至去魏玛拜访过他。[3]

葛德文视常规正统形式的政府为"不幸的必要"，这跟赫尔德的看法如出一辙。[4] 他对一切上层组织也怀有深深的不信任，认为这将导致意见的虚假统一。[5] 最后，他还期待将来能有一个时代不再需要传统意义上的政府。但他支持多层次的政治变革以实现目的，不赞同突然的暴力革命，这点跟赫尔德又是一样的。[6]

遗憾的是，葛德文并未在作品中提到赫尔德，迄今为止的研究也无从揭示赫尔德对他的直接影响。就我所见，还找不到任何

---

[1] F. 普利斯特里（F. E. L. Priestley）编辑出版的《葛德文对政治正义的探究》（*William Godwins Enquiry concerning Political Justice*, 1793, 3 Bde., Toronto, 1946）一书中持这种看法，见 Bd. III, 页 101–106。

[2] 见 F. W. Stokoe,《英国浪漫主义时期的德意志影响》（*German Influences in the English Romantic Period*）, Cambridge, 1926, 页 89–143。

[3] 见 F. Norman,《罗宾逊与歌德》（"Henry Crabb Robinson and Goethe"）, 载 *Publications of the English Goethe Society*, Teil I, Bd. VI, 1930, 页 9、13、20。

[4] 《探究》，见前注，Bd. I, 页 222。

[5] 同上注，页 216。

[6] 同上注，页 259。

证据支撑这一论题,所有讯息传达的都是反面声音。① 在赫尔德这一边,似乎也向来不晓得还有这么一个与他惺惺相惜的人,因为他同样未在任何地方提到过葛德文。甚至苏凡(Bernhard Ludwig Suphan)的注解中也没有。但葛德文在德意志不可能完全默默无闻,因为1803年,赫尔德去世前不久,他的《对政治正义的探究》就被译成了德语。

人们当然可以主张说,根本不必假定葛德文曾受赫尔德影响,因为葛德文的思想完全可视为洛克政治哲学核心中已然包含的一些论题的合乎逻辑的展开。另一方面,也完全可以基于同样的理由说,赫尔德思想的展开跟葛德文也完全无关。质言之,之所以出现两颗头脑一种思想的情况,是因为他们共享了同样的前提。这是据我们所知的状况最为可信的解释,即便可能也还不是最终解释。

赫尔德的政治观念不只在英国,也在南欧和东欧激起了涛浪。吉列斯(A. Gillies)提醒人们注意,赫尔德的民族主义哲学 [203] 以及人性概念在马志尼的政治思想和行动上都收到了效果。吉列斯写道:

> 在马志尼的笔下,几乎到处都能找到令人信服地想起赫尔德的词句。②

我们在这里引用一段他用来支持自己主张的引文,读起来仿佛是在念一段赫尔德著作的译文:

---

① 最熟悉葛德文的专家之一 F. 普利斯特里在评注葛德文的著作时,没有在任何地方提及赫尔德。

② A. Gillies,《赫尔德》,见前注,页126。

> 众人构成一个社群，每个个体与同属一个社群的其他诸
> 众的关系都是真实的，就和每个民族与人类的关系一样……
> 每个民族都有自己的特殊使命，它将寻求合作以实现人类的
> 一般使命。使命构造了国族性。国族性是神圣的。①

尤其是在斯拉夫民族主义的发展中，赫尔德的思想扮演了重要角色，人们甚至要冠他以"斯拉夫民族主义之父"的称号。② 关于赫尔德对哈布斯堡帝国内外诸多民族主义运动的影响，研究著作已经汗牛充栋，因此在这个主题下我们只需稍作展开。③

就他在这方面的影响而言，最重要的出发点无疑来自《观念》中有关斯拉夫的章节。在那里，赫尔德表达了一种期望：

> 曾经那么勤恳的诸民族啊，如今是那么堕落。若能有朝

---

① G. Mazzini，《生平与作品》(*Life and Writings*)，6 Bde., London, 1890/91, Bd. III, 页 31-33。转引自 Gillies，《赫尔德》，同上注，页 128、129。

② 见 A. Fischel，《世界大战前的泛斯拉夫主义》(*Der Panslawismus bis zum Weltkrieg*)，Berlin, 1919, 页 113；亦见 Janko Janeff，《赫尔德与斯拉夫人》("Herder und die Slawen")，载 *Monatsschrift für höhere Schulen*, Bd. 37, 1938, 页 91；以及 R. R. Ergang，见前注，页 256-263；Carleton J. H. Hayes，见前注，页 734。

③ 例如：R. Schierenberg，《政治的赫尔德》(*Der Politische Herder*)，Graz, 1932, 页 65-92；Matth. Murko，《波西米亚浪漫主义开端时期的德意志影响》(*Deutsche Einflüsse auf die Anfänge der böhmischen Romantik*)，Graz, 1897, 页 2 以下；J. Jakubec und A. Novak，《捷克文学史》(*Geschichte der tschechischen Litteratur*)，Leipzig, 1913, 页 157；Konrad Bittner，《赫尔德与捷克人——时代的精神》(*Herder und die Tschechen, Geist und Zeit*)，Berlin, 1939, 页 229；Janko Janeff，同上注，页 91-97，以及他的论文《斯拉夫人的国族觉醒与泛斯拉夫主义》("Das nationale Erwachen der Slawen und der Panslawismus")，载 *Deutsche Monatshefte*, 1939/1940, 页 42 以下。

一日终于从漫长迟滞的梦中醒来,从……奴役的枷锁中解放出来,把他们自己从亚得里亚海到喀尔巴阡山、从顿河到伏尔塔瓦河的美丽土地当作财产用起来,还能在那儿庆祝他们默默劳作和平静经营的古老节日。(XIV,280)

[204]这一章节早在1795年就被捷克语言学家杜利希(Václav Durých,1735—1802)译成拉丁文,稍后又出现了捷克文、斯洛伐克文、波兰文、克罗地亚文和乌克兰文的译本。① 1848年6月召开的斯拉夫人代表大会通过了一项决议,在决议所使用的概念中,赫尔德的身影清晰可见。② 决议的主要执笔人是帕拉茨基(František Palacký),系最重要的斯拉夫历史学家之一,也是赫尔德的衷心追随者。③

有学者认为,赫尔德唤醒了哈布斯堡治下各族群的民族主义,使之蜂起而成摧垮多瑙河君主制的主要力量,赫尔德之影响的意义由此可见一斑。④ 该说法不免夸张,但赫尔德的思想中包含着能轻易点燃大火的助燃剂,这点却不容忽视。当然,这一思想也需要与其他时机汇合,才会带来实际的危险。首先,需要来一个像马萨里克(Tomáš Garrigue Masaryk)那样的人来使它充分落实。

---

① K. Bittner,见前注,页233。

② K. Bittner,见前注,页238;亦见Janko Janeff,《斯拉夫人的国族觉醒》,见前注,页53。这次大会旨在汇合民族主义和民主主义两种追求,被视为斯拉夫民族主义发展史上首个值得称道的成就。见R. Schierensberg,见前注,页92。

③ 帕拉茨基称赫尔德是人性的使徒,是自己最喜欢的作家。见V. J. Nováček,《帕拉茨基书信及回忆录》(*Fr. Palackého korrespondence a zápisky*),Prag,1898-1911,Bd. I,页13。

④ R. Schierenberg,见前注,页77。

在 19 世纪预想的所有民族主义形式中，属马萨里克的攻击性最弱。如果真要有人出面把赫尔德眼中只是轮廓的那些东西化为现实，那么，非这位参政教授兼奥匈帝国最民主的继承国的缔造者之一莫属。与马志尼和帕拉茨基一样，马萨里克无比严肃郑重地为民族和人性之事奔走。马萨里克的写作以及实际政治作为，不仅说明他极为熟悉并推崇赫尔德的民族主义构想，[1]也揭示出[205]他与赫尔德政治信念中的民主共和思想有不同寻常的亲缘关系。

马萨里克不接受黑格尔和浪漫派意义上的政治有机论，但却分享了赫尔德的观念，认为社会发展和政治行动并不发生在机械过程当中。[2]他也不相信所谓政治机关的核心是权力或暴力的主张。[3]他认为，一个共同体如果建构起像国家那样的政治实体，那么它就是自成一体的集聚，由相似的个人毗邻抟结而成。人们的政治联合不是物理力量或者共同种族特征的结果，而更是心理需要的表达。[4]如同赫尔德，马萨里克认为这种心理需要的主要源泉乃是一个民族的国族意识。他形容这种意识的本质是"同呼吸共命运的感觉，有别于其他人类国族群体的感觉"，进一步说，其中占第一位的是共同的语言以及共同的文学和文化传统，它们

---

[1] 马萨里克非常推崇赫尔德，视其为斯拉夫人在国族觉醒时代最伟大的导师。T. G. Masaryk,《捷克问题》(*Česká otázka*, 1895), Prag, 1924, 页229。

[2] T. G. Masaryk,《社会问题》(*Otázka sociální*, 1898), 2 Bde., Prag, 1946, Bd. I, 页197、198。这是一部透彻的马克思主义分析作品。

[3] 同上注, Bd. II, 页124: "国家必须拥有伦理族群的基础。"类似表达亦见页33、101、133 和 Bd. I, 页237。

[4] 同上注, Bd. I, 页285, 亦见页251。马萨里克同赫尔德都认为心理学是社会科学的基础；任何一个社会政治问题都能回溯到心理学上。见Masaryk,《具体逻辑的尝试》(*Versuch einer Concreten Logik*), Wien, 1887, §§64 和 67。

构成了国族意识的基础。①

依照马萨里克的观点，政治发展实质上是教育事务，这意味着有意识地教育人，有意识地创造和形塑生活。②要真正且长久地改变政治生活，不能靠革命，也不能靠粗暴毁弃某种建制。只有对民族、对它的头脑和心灵进行耐心改造，才是不二法门。人类进步是坚韧而又温和努力的结果，是缓慢改善所得来的成就。翻天覆地的改变看似来得极突然，实际上 [206] 早已悄然做了长期准备。③马萨里克希望看到社会经由不显眼的工作发生政治变革，而不是经由扣人心弦的英雄行为、浪漫的革命激情和壮烈殉节，也不是经由大洪水般的变局。④他认为，与其说国家是黑格尔眼中那种神圣和全知全能的机关，不如说它是人造设施，身上还携带着它的缔造者一切可能有的毛病。⑤他跟赫尔德都从社会文化的角度出发看待政治。政治领袖真正的事功，在于发现和培育把社会往某个方向引导的社会文化价值。马萨里克希望看到政治领袖服务于国家，严格遵守勿将同胞当手段的原则，而不要醉心于统治与特权。⑥

关于二人思想突出的近似性，我们还能轻易举出许多例子。

---

① Masaryk,《俄罗斯与欧洲》(*Rußland und Europa*), Jena, 1913, 2 Bde., Bd. I, §59；亦见氏著《欧洲危机中的小国族问题》(*The Problem of Small Nations in the European Crisis*), London, 1916, Kap.1。

② Karel Čapek,《与马萨里克对谈》(*Hovory s T. G. Masarykem*), Prag, 1936, 页139。

③ T. G. Masaryk,《社会问题》，见前注, Bd. II, 页304、305。

④ 同上注, Bd. II, 页231、232。

⑤ Masaryk,《世界革命》(*Světová Revoluce*), Prag, 1925, §129。

⑥ Karel Čapek, 见前注, 页302。

比如两人都反感形而上学、直觉和本能,[①] 两人都有意扬弃精神与物质、知性与感觉、主观主义与客观主义之间的哲学二元论,两人在历史因果性问题上都持多元主义见解。[②] 但是,我们必须抵制诱惑,避免留给人一个印象,就好像马萨里克的社会学和政治哲学仅受或主要受赫尔德观念的影响似的。

马萨里克清楚知道赫尔德在斯拉夫民族主义史上扮演了何等重要的角色,他也明白自己受惠于赫尔德的民族哲学和[207]人性哲学极深,[③] 但他似乎未曾注意到自己究竟在多少其他问题上也与赫尔德有着共同点。赫尔德的很多影响当然是间接的,其思想弥散于许多斯拉夫作家的作品中,特别是在马萨里克熟知的上一代捷克民族主义者那里。马萨里克与赫尔德在政治上的关联程度清楚说明,赫尔德的思想及至晚近并没有丧失活力和效力,即使百年已逝。

也差不多该讲出如下结论了:赫尔德社会政治思想最深的印迹没有留在其诞生的国度,反而留在了德意志的土地之外。在后拿破仑时代的德意志,鉴于主流政治局势,赫尔德可能的后继者们并不希望,或者也没有办法去追随赫尔德的根本意图。

---

① "所谓本能,即道德上的混乱。"见 Masaryk,《社会问题》,见前注,Bd. II,页 142。

② 吉列斯在一篇文章中处理了两人的其他联结之处,见氏著《赫尔德和马萨里克:一些联结之处》("Herder and Masaryk: Some Points of Contact"),载 *Modern Language Review*,Vol. XL,1945,页 120-125。

③ Karel Čapek,见前注,页 301;亦见 K. Bittner,《赫尔德与捷克人》,见前注,页 430。

参考文献

1. Quellen

Herder, J. G., Sämtliche Werke, hrsg. von B. Suphan, 33 Bde., Berlin, 1877 bis 1913. Zitiert wird stets nach dieser Ausgabe.
Düntzer, H., und F. G. von Herder (Hrsg.), Aus Herders Nachlaß, 3 Bde., Frankfurt a. M., 1856—1857.
Düntzer, H., und F. G. von Herder (Hrsg.), Von und an Herder, 3 Bde., Leipzig, 1861—1862.
Hoffmann, O., Herders Briefe an Hamann, Berlin, 1889.
Müller, Johannes von, Briefwechsel mit J. G. Herder und Caroline von Herder (1782—1808), hrsg. von K. E. Hoffmann, Schaffhausen, 1952.

Blackwell, Thomas, *Enquiry into the Life and Writings of Homer*, second edition, London, 1736.
Coleridge, S. T., *Lay Sermon*, London, 1817.
Coleridge, S. T., *The Constitution of Church and State*, London, 1829.
Coleridge, S. T., *The Statesman's Manual*, London, 1816.
Fichte, J. G., Reden an die deutsche Nation, Werke, (8 Bde.), hrsg. von I. H. Fichte, Leipzig, 1845—1846, Bd. VII.
Gatterer, J. C., Allgemeine Historische Bibliothek, Göttingen, 1769.
Gentz, F., Briefwechsel zwischen F. Gentz und A. Müller, Stuttgart, 1857.
Godwin, William, *An Enquiry concerning Political Justice*, London, 1793, ed. by F. E. L. Priestley, 3 vols., Toronto, 1946.
Gottsched, J. C., Erste Gründe der Weltweisheit, Leipzig, 1733.
Hartley, David, *Observations of Man, His Frame, His Duty, and His Expectations*, (2 vols.), London, 1749.
Hegel, G. W. F., Vorlesungen über die Philosophie der Weltgeschichte, Werke, hrsg. von G. Lasson, Leipzig, 1920—1921, Bd. I.
Hegel, G. W. F., Naturrecht und Staatswissenschaft im Grundrisse, (1821), hrsg. von Eduard Gans (Grundlinien der Philosophie des Rechts), Berlin, 1833, 3. Aufl., Stuttgart, 1952.
Hume, David, *A Treatise of Human Nature*, London, 1738.
Kant, I., Idee zu einer allgemeinen Geschichte in weltbürgerlicher Absicht, Schriften, hrsg. von der Preuß. Akademie der Wissenschaften, Berlin, 1923, Bd. VIII.

Leibniz, G. W., Monadologie, und *Nouveaux Essais*. Die philosophischen Schriften, hrsg. von C. I. Gerhardt, 7 Bde., Berlin, 1875—1890.

Lessing, G. E., Die Erziehung des Menschengeschlechts, Werke, hrsg. von P. Rilla, Berlin, 1956, Bd. VIII.

Locke, John, *An Essay concerning Human Understanding*, ed. by A. C. Fraser, 2 vols., Oxford, 1894.

Luther, Martin, Schriften, Weimar, 1853, Bd. II.

Masaryk, T. G., *Česká Otázka*, Praha, 1924.

Masaryk, T. G., Versuch einer Concreten Logik, Wien, 1887.

Masaryk, T. G., *Otázka sociální*, (1898), 2 Bde., Praha, 1946.

Masaryk, T. G., Rußland und Europa, 2 Bde., Jena, 1913.

Masaryk, T. G., *The Problem of Small Nations in the European Crisis*, London, 1916.

Masaryk, T. G., *Světová Revoluce*, Praha, 1925.

Mill., J. S., *On Bentham and Coleridge*, ed. by F. R. Leavis, London, 1950.

Mill., J. S., *On Liberty*, ed. by R. B. McCallum, Oxford, 1946.

Mill., J. S., *Autobiography*, World Classics edition, London, 1924.

Montesquieu, C. de, *De l'esprit des lois*, transl. by Thomas Nugent, London, 1752, Bd. I; ferner die neuere Übersetzung von Franz Neumann, New York, 1949.

Moritz, C. P., *Anton Reiser*, transl. by P. E. Matheson, London, 1926.

Möser, Justus, Werke, hrsg. von Abeken, 10 Bde., Berlin, 1842—1843.

Müller, Adam, Elemente der Staatskunst, 3 Bde., Berlin, 1809.

Müller, Adam, Ueber König Friedrich II., Berlin, 1810.

Novalis, Werke, hrsg. von C. Seelig, 5 Bde., Zürich, 1945.

Novalis, Briefwechsel, hrsg. von J. M. Raich, Mainz, 1880.

Priestley, Joseph, *An Essay on the First Principles of Government, and on the Nature of Political, Civil and Religious Liberty*, London, 1768, second edition, 1771.

Priestley, Joseph, *Disquisitions relating to Matter and Spirit*, London, 1777.

Priestley, Joseph, *Miscellaneous Observations Relating to Education*, Cork, 1780.

Priestley, Joseph, *Lectures on History*, London, 1826 (first edition, 1788).

Pütter, J. S., Handbuch der teutschen Reichshistorie, Göttingen, 1772.

Pütter, J. S., Vorläufige Uebersicht des teutschen Staatsrechts, Göttingen, 1788.

Rousseau, J. J., *The Social Contract and Discourses*, transl. and ed. by G. D. H. Cole, London, 1913.

Rousseau, J. J., *Emile or Education*, transl. by Barbara Foxlex, Everyman's edition, London, o. J.

Savigny, F. C. von, Vom Beruf unsrer Zeit für Gesetzgebung und Rechtswissenschaft, Heidelberg, 1814.

Savigny, F. C. von, System des heutigen Römischen Rechts, 9 Bde., Berlin, 1840 bis 1851.

Schlegel, Friedrich, Werke, 15 Bde., Wien, 1846.
Schlözer, A. L. von, Stats Anzeigen, 17 Bde., Göttingen, 1783—1792.
Schlözer, A. L. von, Stats Gelartheit, Göttingen, 1793.
Shaftesbury, *Characteristicks of Men, Manners, Opinions, Times*, third edition, London, 1723 (first edition, 1711).
Thomasius, Christian, Einleitung zu der Vernunfft-Lehre, Halle, 1691.
Thomasius, Christian, Historie der Weiszheit und Thorheit, Halle, 1693.
Thomasius, Christian, Außübung der Vernunfft-Lehre, Halle, 1705.
Thomasius, Christian, Ernsthaffte, aber doch muntere und vernünfftige Thomasische Gedancken und Erinnerungen über allerhand auserlesene juristische Händel, 4 Bde., Halle, 1720—1721.
Tindal, Matthew, *Christianity as Old as the Creation*, London, 1730.
Toland, John, *Christianity Not Mysterious*, London, 1696.
Voltaire, *Oeuvres*, hrsg. von Lequieu, Paris, 1820, Bd. XI.
Wolff, Christian, Vernünfftige Gedancken von der Menschen Thun und Lassen, Halle, 1720.
Wolff, Christian, Vernünfftige Gedancken von dem gesellschaftlichen Leben der Menschen, Frankfurt und Leipzig, 4. Aufl., 1736.
Wolff, Christian, *Jus naturae methodo scientifica pertractum*, Francoforti et Lipsiae, 1740—1750, Bd. VIII.
Wolff, Christian, *Institutiones juris naturae et gentium*, Halae et Magdeb., 1750.
Wolff, Christian, Grundsätze des Natur- und Völkerrechts, Halle, 1754.

2. Sekundärliteratur

a) Spezialuntersuchungen

Adam, Reinhard, ‚Wesen und Grenzen der organischen Geschichtsauffassung bei J. G. Herder', Historische Zeitschrift, 1937.
Adams, H. P., *The Life and Writings of Giambattista Vico*, London, 1935.
Barnard, F. M., ‚*The Hebrews and Herder's Political Creed*', Modern Language Review, vol. LIV, 1959.
Barnard, F. M., ‚*Herder's Treatment of Causation and Continuity in History*', Journal of the History of Ideas, vol. XXIV, 1963.
Bittner, Konrad, ‚Herder und die Tschechen', Geist der Zeit, Berlin, 1939.
Bittner, Konrad, Herders Geschichtsphilosophie und die Slawen, Reichenberg, 1929.
Cassirer, Ernst, Leibniz' System, Marburg, 1902.
Clark, Robert T. Jr., ‚*Herder's Conception of „Kraft"* ', Publications of the Mod. Lang. Assoc. of America, 1942.
Dilthey, Wilhelm, ‚Das achtzehnte Jahrhundert und die geschichtliche Welt', Deutsche Rundschau, 1901.

Ergang, R. R., *Herder and the Foundations of German Nationalism*, New York, 1931.

Gillies, A., ‚*Herder's Essay on Shakespeare:* „Das Herz der Untersuchung"‘, Modern Language Review, vol. XXXII, 1937.

Gillies, A., ‚*Herder's Approach to the Philosophy of History*‘, Modern Language Review, vol. XXXV, 1940.

Gillies, A., ‚*Herder's Preparation of Romantic Theory*‘, Modern Language Review, vol. XXXIX, 1944.

Gillies, A., ‚*Herder and Masaryk: Some Points of Contact*‘, Modern Language Review, vol. XL, 1945.

Halstein, G., Die Staatsphilosophie Schleiermachers, Leipzig, 1923.

Hampshire, Stuart, *Spinoza*, London, 1951.

Hatch, Irvin Clifton, ‚Der Einfluß Shaftesburys auf Herder‘, Studien z. vergl Literaturgeschichte, Berlin, 1901.

Hayes, Carleton J. H., ‚*Contribution of Herder to the Doctrine of Nationalism*‘, Amer. Historical Review, vol. XXXII, 1927.

Hempel, Ernst, Justus Mösers Wirkung auf seine Zeitgenossen, Diss., Freiburg, 1931.

Janeff, Janko, ‚Herder und die Slawen‘, Monatsschrift für höhere Schulen, Bd. 37, 1938.

Janeff, Janko, ‚Das nationale Erwachen der Slawen und der Panslawismus‘, Deutsche Monatshefte, 1939/40.

Kaiser, Gerhard, Pietismus und Patriotismus im literarischen Deutschland, Wiesbaden, 1961.

Mehlis, G., Schelling's Geschichtsphilosophie, Heidelberg, 1907.

Norman, F., ‚*Henry Crabb Robinson and Goethe*‘, Part I, Publications of the English Goethe Society, vol. VI, 1930.

Pascal, Roy, ‚*Herder and the Scottish Historical School*‘, Publications of the English Goethe Society, vol. XIV, 1939.

Probst, Ernst, Herder als Psychologe, Diss., Bern, 1925.

Renner, B., Die Nationalen Einigungsbestrebungen F. K. Mosers, Königsberg, 1919.

Rouche, Max, *La Philosophie de L'Histoire de Herder*, Paris, 1940.

Russell, Bertrand, *A Critical Exposition of the Philosophy of Leibniz*, London, 1937.

Saw, Ruth Lydia, *Leibniz*, London, 1954.

Schierenberg, R., Der politische Herder, Graz, 1932.

Schütze, Martin, ‚*The Fundamental Ideas in Herder's Thought*‘, Modern Philology, June 1920—November 1923.

Siegel, Carl, Herder als Philosoph, Stuttgart und Berlin, 1907.

Simpson, Georgina R., *Herder's Conception of ‚Das Volk*‘, Private edition, University of Chicago Libraries, 1921.

Smith, Ronald Gregor, *J. G. Hamann*, London 1960.
Stadelmann, Rudolf, Der historische Sinn bei Herder, Halle, 1928.
Wells, G. A., ‚Herder's Determinism', Journal of the History of Ideas, 1958.
Wesendonck, Hermann, Die Begründung der neueren Geschichtsschreibung durch Gatterer und Schlözer, Leipzig, 1876.
White, R. J., *Political Tracts of Wordsworth*, Coleridge, and Shelley, Cambridge, 1953.
Wiese, Benno von, ‚Der Gedanke des Volkes in Herders Weltbild', Die Erziehung, 1939.
Wiese, Benno von, Volk und Dichtung von Herder bis zur Romantik, Erlangen, 1938.
Wiese, Benno von, ‚Volkstum und Geschichte bei Herder', Zeitschrift für deutsche Bildung, 1934.

b) Allgemeine Werke

Aris, Reinhold, *History of Political Thought in Germany*, (1789—1815), London, 1936.
Barker, E., *Introduction to, and translation of, O. Gierke's Natural Law and the Theory of Society*, Cambridge, 1934.
Barker, E., *Principles of Social and Political Theory*, London, 1951.
Barraclough, G., *The Origins of Modern Germany*, Oxford, 1949.
Becker, Carl L., *The Heavenly City of the Eighteenth Century Philosophers*, Yale, 1932.
Berger, Friedrich, Menschenbild und Menschenbildung, Stuttgart, 1933.
Berlin, Isaiah, *The Age of Enlightenment*, New York, 1956.
Berlin, Isaiah, *Historical Inevitability*, London, 1954.
Berlin, Isaiah, *Two Concepts of Liberty*, Oxford, 1958.
Biedermann, Karl, Deutschland im Achtzehnten Jahrhundert, 3 Bde., 2. Aufl., Leipzig, 1880.
Boehn, Max von, Die Mode. Menschen und Moden im achtzehnten Jahrhundert, 3. Aufl., München, 1928.
Bruford, W. H., *Germany in the Eighteenth Century*, Cambridge, 1935.
Brüggemann, Fritz, Das Weltbild der deutschen Aufklärung, Leipzig, 1930.
Brüggemann, Fritz, Aus der Frühzeit der deutschen Aufklärung, 2. Aufl., Leipzig, 1938.
Bühler, Johannes, Deutsche Geschichte, Bd. IV, Berlin, 1950.
Bury, J. B., *The Idea of Progress*, London, 1920.
Čapek, Karel, *Hovory s T. G. Masarykem*, Praha, 1936.
Cassirer, Ernst, Freiheit und Form, Berlin, 1916.
Cassirer, Ernst, Die Philosophie der Aufklärung, Tübingen, 1932.

Cassirer, Ernst, *The Platonic Renaissance in England*, transl. by James P. Pettergrove, London, 1953.
Cassirer, Ernst, *The Logic of the Humanities*, transl. by Clarence Smith Howe, New Haven, 1961.
Cassirer, Ernst, *The Myth of the State*, Yale, 1946.
Cassirer, Ernst, *An Essay on Man*, Yale, 1944.
Clark, Robert T. Jr., *Herder*, Berkeley and Los Angeles, 1955.
Cobban, Alfred, *National Self-Determination*, London, 1944.
Collingwood, R. G., *The Idea of Nature*, London, 1945.
Collingwood, R. G., *The Idea of History*, London, 1946.
Croce, Benedetto, *The Philosophy of Giambattista Vico*, transl. by R. G. Collingwood, London, 1913.
Dietze, H., Geschichte des deutschen Handels, Leipzig, 1923.
Dobbek, W., J. G. Herders Humanitätsidee als Ausdruck seines Weltbildes und seiner Persönlichkeit, Braunschweig, 1949.
Fischel, A., Der Panslawismus bis zum Weltkrieg, Berlin, 1919.
Fleischmann, Max, Christian Thomasius, Halle, 1931.
Flenley, Ralph, *Modern German History*, London, 1953.
Gardiner, Patrick, (Hrsg.) *Theories of History*, Illinois and London, 1959.
German Studies, Festschrift für L. A. Willoughby, Oxford, 1952.
Gillies, A., *Herder*, Oxford, 1945.
Gooch, G. P., *Germany and the French Revolution*, London, 1927.
Gundolf, Friedrich, Romantiker, Berlin, 1930.
Haering, Theodor L., Hegel, sein Wollen und sein Werk, Leipzig und Berlin, 1929.
Hampshire, Stuart, *The Age of Reason*, New York, 1956.
Hartung, Fritz, Deutsche Verfassungsgeschichte vom 15. Jahrhundert bis zur Gegenwart, Leipzig und Berlin, 1928.
Haym, R., Herder, nach seinem Leben und seinen Werken, 2 Bde., Berlin, 1880.
Haym, R., Die romantische Schule, Berlin, 1870.
Hazard, Paul, *La Crise de la Conscience Européenne*, Paris, 1935.
Hazard, Paul, *La Pensée Européenne au XVIIIème Siecle*, Paris, 1946.
Heigel, K. Th., Deutsche Geschichte vom Tode Friedrich des Großen bis zur Auflösung des alten Reiches, Leipzig, 1899.
Hettner, H., Geschichte der deutschen Literatur im XVIII. Jahrhundert, Braunschweig, 1926.
Huber, E. R., Deutsche Verfassungsgeschichte, Bd. I, Stuttgart, 1957.
Huizinga, J., Im Bann der Geschichte, Basel, 1943.
Jaspers, Karl, *The Origin and Goal of History*, transl. by Michael Bullock, London, 1953.
Jouvenel, Bertrand de, *Sovereignty*, transl. by J. F. Huntington, Cambridge, 1957.

Kedouri, Elie, *Nationalism*, London, 1960.
Knapp, G. F., Die Bauernbefreiung und der Ursprung der Landarbeiter, Leipzig, 1887.
Korff, H. A., Geist der Goethezeit, Leipzig, 1923/30, Bd. I.
Kühnemann, E., Herder, 3. Aufl., München, 1927.
Laslett, Peter, (Hrsg.) *Philosophy, Politics and Society*, Oxford, 1956.
Lechler, G. V., Geschichte des Englischen Deismus, Stuttgart und Tübingen, 1841.
Magnan, Fauchier-, Adrien, *The Small German Courts in the Eighteenth Century*, transl. by Mervyn Savill, London, 1958.
Martin, Kingsley, *French Liberal Thought in the Eighteenth Century*, (second edition), London, 1954.
McEachran, F., *The Life and Philosophy of J. G. Herder*, Oxford, 1939.
Meinecke, Friedrich, Die Idee der Staatsräson in der neuen Geschichte, München und Berlin, 1924.
Meinecke, Friedrich, Die Entstehung des Historismus, 2 Bde., München und Berlin, 1936.
Morley, John Viscount, *Diderot and the Encyclopaedists*, 2 vols., London, 1923.
Müller, Johann Georg, Aus dem Herderschen Hause, hrsg. von Jakob Baechtold, Berlin, 1881.
Murko, Matth., Deutsche Einflüsse auf die Anfänge der böhmischen Romantik, Graz, 1897.
Pascal, Roy, *The German Sturm und Drang*, Manchester, 1953.
Popper, Karl, *The Open Society and its Enemies*, 2 vols., second edition, London, 1952.
Rasch, Wolfdietrich, Herder, Halle, 1938.
Reiss, H. S., *The Political Thought of the German Romantics*, 1793—1815, Oxford, 1955.
Rörig, F., Ursachen und Auswirkungen des deutschen Partikularismus, Berlin, 1937.
Rose, William, *Men, Myths, and Movements in German Literature*, London, 1931.
Sampson, R. V., *Progress in the Age of Reason*, London, 1956.
Schmitt, Carl, Politische Romantik, München und Leipzig, 2. Aufl., 1925.
Schnabel, Franz, Deutsche Geschichte im neunzehnten Jahrhundert, 4 Bde., Freiburg, 2. Aufl., 1948—1951.
Selle, Götz von, Die Georg-August-Universität zu Göttingen, Göttingen, 1937.
Shafer, Boyd C., *Nationalism, Myth and Reality*, London, 1955.
Stephen, Leslie, *History of English Thought in the Eighteenth Century*, 2 vols., London, 1876.
Stephen, Leslie, *English Literature and Society in the Eighteenth Century*, London, 1904.

Stokoe, F. W., *German Influence in the English Romantic Period*, Cambridge, 1926.
Treitschke, Heinrich von, Deutsche Geschichte im neunzehnten Jahrhundert, hrsg. von H. Heffter, 2 Bde., Leipzig, 1934.
Troeltsch, Ernst, ‚Naturrecht und Humanität in der Weltpolitik', Deutscher Geist und Westeuropa, hg. von Hans Baron, Tübingen, 1925.
Unger, R., Hamann und die Aufklärung, 2 Bde., Jena, 1911.
Walsh, W. A., *An Introduction to Philosophy of History*, London, 1951.
Walzel, Oskar, *German Romanticism*, transl. by A. E. Lussky, New York/London, 1932.
Wedgwood, C. V., *Truth and Opinion*, London, 1960.
Wiese, Benno von, Politische Dichtung Deutschlands, Berlin, 1931.
Willey, Basil, *The Eighteenth Century Background*, London, 1940.
Willey, Basil, *Nineteenth Century Studies,* Coleridge to Matthew Arnold, London, 1949.

赫尔德主要著作年表

1767:	Ueber die neuere deutsche Litteratur. Fragmente.
1769:	Kritische Wälder.
	Journal meiner Reise.
1770:	Plastik.
1772:	Abhandlung über den Ursprung der Sprache.
1773:	Von deutscher Art und Kunst.
1774:	Auch eine Philosophie der Geschichte zur Bildung der Menschheit.
	Aelteste Urkunde des Menschengeschlechts. (Bd. I)
1775:	Ursachen des gesunkenen Geschmacks bei den verschiedenen Völkern da er geblühet.
1776:	Aelteste Urkunde des Menschengeschlechts. (Bd. II)
1778:	Vom Erkennen und Empfinden der menschlichen Seele.
1780:	Vom Einfluß der Regierung auf die Wissenschaften, und der Wissenschaften auf die Regierung.
1781:	Briefe, das Studium der Theologie betreffend.
1782—1783:	Vom Geist der Ebräischen Poesie.
1784—1791:	Ideen zur Philosophie der Geschichte der Menschheit.
1787—1798:	Zerstreute Blätter.
1793—1797:	Briefe zur Beförderung der Humanität.
1794—1798:	Christliche Schriften.
1799:	Metakritik.
1800:	Kalligone.
1801—1803:	Adrastea.
1802:	Cid.

人名索引

（数字表示德文原书页码，译文中以方括号加数字标明；斜体数字表示此页出处为注释）

Abbt 25, 26, 37, 40
Achenwall 34
d'Alembert 31
Anna Amalia, von Sachsen-Weimar 14
Aristoteles 7, 62, 106, *107*, *142*, *160*, 173, 182, 184
August, II. und III., von Sachsen 14

Bacon 158
Basedow *40*
Baumgarten 25
Bentham 200
Bergmann 25
Berkeley 46
Blackwell *73*
Boerhaave 52
Bolingbroke *162*
Bossuet 141
Breitinger 41
Bürger 31
Burke 31, 37, 173, *188*
Butler 113

Campe *40*
Churchill *199*
Claudius 27
Coleridge *190*, 199, 200, 201
Condillac 73

Descartes 21, 22, 48, 51, 54, *142*
Diderot 92, 93, 103
Durých 204

Ernesti 25

Ferguson 31
Fichte 27, 186, 187, 194, 196
Franke 24
Friedrich II., von Preußen 14, *16*, 20, 25, 35, 92, *188*, *191*

Gatterer *36*
Gentz 186, 187, 190, 196
Gierke *29*, 31, *32*
Gleim 40, 60, *129*
Godwin 201, 202
Goethe 7, *15*, 27, *30*, 37, 186, 202
Gottsched 24, 41

Haller 52, 55
Hamann 7, 27, *30*, *55*
Hartley *158*
Hegel 9, 119, 186, 188, 193, 194, 197, 199, 205, 206
Helvetius 31, 118, 132, 162, *163*
Herder, Caroline *81*, 129
Herder, F. G. *81*
Hobbes 18, 22, 28, 29, 81
Holbach 31, 103
Homer *73*
Humboldt 27, 200
Hume 7, 25, 31, 46, *55*, 64, 67, 68, *138*, 162, 173
Hutcheson 113
Hutten 11

Jacobi *17*, 27, *129*
Jerusalem 24, 25
Joseph II., von Österreich 14, 15, 35, 75, 76, 92, 154, 159

人名索引　243

Kant 7, 41, 56, *82*, 88, 119, 122, 152, 165
Karl-August, von Sachsen-Weimar 14
Karl Eugen, von Württemberg 13, 14
Karl Friedrich, von Baden 14, 41
Karl Theodor, von Bayern 14
Karl Wilhelm Ferdinand, von Braunschweig 14
Katharina II., von Rußland 92, 93
Klinger 30, 31
Klopstock 27, *30*, 31, 40, 41
Kossuth 42

Lavater 27, *112*
Leibniz 7, 18, 21, 22, 23, 33, 50, 52, 57, 65, 92, 168
Lenz 30, 31
Lessing 25, 26, 27, 40, 112, 113, 123
Locke 7, 18, 25, 45, 46, 53, 56, 58, 59, 60, 113, 132, 148, 163, 202
Ludwig XV., von Frankreich *14*
Luther 11, 154, 187, *188*
Lykurg 43

Machiavelli *31*
Masaryk 204 ff.
Maximilian I. 11
Mazzini 42, 203, 204
Mendelssohn 25, 26, 29, 113
Merck *111*
Michaelis 25
Mill 98, 199, 200
Millar 31
Monboddo *127*
Montesquieu 7, 28, 30, 31, 86, 97, 103, 137, 150, 151, 162
Moritz 24
Moser, F. K. 16, 33, 34, 35, 188
Moser, J. J. 13, 33, 188
Möser 36, 37, 38, 39, 40, 70, 96, 103, 173, 188
Moses 82, 83
Müller, Adam 186 ff., 195, 197
Müller, J. G. 96
Müller, J. von 102, 133

Newton 86, 118, 157
Nicolai 25

Nietzsche 9
Novalis 9, 186, 189, 190, *191*

Palacký 204
Priestley 8, *158*, *162*
Pufendorf 31, 32, 173
Pütter *36*, 188

Resewitz 25
Robertson 31
Robinson 202
Rousseau 7, 18, 28, 29, *30*, 31, 38, 55, 57, 70, 71, 73, 85, 102, 103, 119

Saint-Pierre, Bernardin de *127*
Savigny 186, 192, 193, 194, 196
Schelling 186
Schiller 13, *30*, 31, 123
Schlegel, A. W. 186, 187, 191
Schlegel, F. 186, 187, 189, 190, 194, 195
Schleiermacher 186, 193, 194, 196
Schlözer *15*, 34 ff., 92, 188
Schubart 13, *30*, 31
Semler 24, 25
Shaftesbury 7, 25, 28, 29, *70*, 71, 113
Smith, Adam 31
Solon 43
Sonnenfels 40
Spalding 24, 25, 26
Spener 24
Spinoza 7, 18, 21, 22, 60, 65
Sulzer 29, 41

Thomasius 18 ff., 41, 92
Tindal 111
Toland *25*, 111
Trapp *40*

Vico *137*
Voltaire 92, *139*, *154*, 159, 162

Wieland 123
Winckelmann *137*
Wolff 18, 23 ff., *29*, 32 ff., 41, 92

图书在版编目（CIP）数据

赫尔德的社会政治思想：在启蒙运动与政治浪漫主义之间 /（加）巴纳德（Frederick M. Barnard）著；李柯译 . -- 北京：华夏出版社有限公司，2023.6
（西方传统：经典与解释）
ISBN 978-7-5222-0480-2

Ⅰ.①赫⋯　Ⅱ.①巴⋯②李⋯　Ⅲ.①赫尔德（Herder, Johann Gottfried 1744–1803）—政治思想—研究　Ⅳ.① B516.39

中国国家版本馆 CIP 数据核字（2023）第 026032 号

Copyright © Margot Barnard
Copyright licensed by Margot Barnard, arranged through Mr. LI Ke
Chinese copyright © Huaxia Publishing House Co., Ltd.

版权所有　翻印必究
北京市版权局著作权合同登记号：图字 01-2022-5334 号

赫尔德的社会政治思想——在启蒙运动与政治浪漫主义之间

作　者	［加］巴纳德
译　者	李　柯
责任编辑	李安琴
责任印制	刘　洋
出版发行	华夏出版社有限公司
经　销	新华书店
印　装	三河市少明印务有限公司
版　次	2023 年 6 月北京第 1 版 2023 年 6 月北京第 1 次印刷
开　本	880×1230　1/32
印　张	8
字　数	180 千字
定　价	65.00 元

华夏出版社有限公司	地址：北京市东直门外香河园北里 4 号　邮编：100028 网址：www.hxph.com.cn　电话：（010）64663331（转）

若发现本版图书有印装质量问题，请与我社营销中心联系调换。

西方传统：经典与解释
Classici et Commentarii
HERMES
刘小枫◎主编

古今丛编

欧洲中世纪诗学选译　宋旭红 编译
克尔凯郭尔　[美]江思图 著
货币哲学　[德]西美尔 著
孟德斯鸠的自由主义哲学　[美]潘戈 著
莫尔及其乌托邦　[德]考茨基 著
试论古今革命　[法]夏多布里昂 著
但丁：皈依的诗学　[美]弗里切罗 著
在西方的目光下　[英]康拉德 著
大学与博雅教育　董成龙 编
探究哲学与信仰　[美]郝岚 著
民主的本性　[法]马南 著
梅尔维尔的政治哲学　李小均 编/译
席勒美学的哲学背景　[美]维塞尔 著
果戈里与鬼　[俄]梅列日科夫斯基 著
自传性反思　[美]沃格林 著
黑格尔与普世秩序　[美]希克斯 等著
新的方式与制度　[美]曼斯菲尔德 著
科耶夫的新拉丁帝国　[法]科耶夫 等著
《利维坦》附录　[英]霍布斯 著
或此或彼（上、下）　[丹麦]基尔克果 著
海德格尔式的现代神学　刘小枫 选编
双重束缚　[法]基拉尔 著
古今之争中的核心问题　[德]迈尔 著
论永恒的智慧　[德]苏索 著
宗教经验种种　[美]詹姆斯 著
尼采反卢梭　[美]凯斯·安塞尔-皮尔逊 著
舍勒思想评述　[美]弗林斯 著
诗与哲学之争　[美]罗森 著

神圣与世俗　[罗]伊利亚德 著
但丁的圣约书　[美]霍金斯 著

古典学丛编

荷马笔下的诸神与人类德行　[美]阿伦斯多夫 著
赫西俄德的宇宙　[美]珍妮·施特劳斯·克莱 著
论王政　[古罗马]金嘴狄翁 著
论希罗多德　[古罗马]卢里叶 著
探究希腊人的灵魂　[美]戴维斯 著
尤利安文选　马勇 编/译
论月面　[古罗马]普鲁塔克 著
雅典谐剧与逻各斯　[美]奥里根 著
菜园哲人伊壁鸠鲁　罗晓颖 选编
劳作与时日（笺注本）　[古希腊]赫西俄德 著
神谱（笺注本）　[古希腊]赫西俄德 著
赫西俄德：神话之艺　[法]居代·德拉孔波 编
希腊古风时期的真理大师　[法]德蒂安 著
古罗马的教育　[英]葛怀恩 著
古典学与现代性　刘小枫 编
表演文化与雅典民主政制
[英]戈尔德希尔、奥斯本 编
西方古典文献学发凡　刘小枫 编
古典语文学常谈　[德]克拉夫特 著
古希腊文学常谈　[英]多佛 等著
撒路斯特与政治史学　刘小枫 编
希罗多德的王霸之辨　吴小锋 编/译
第二代智术师　[美]安德森 著
英雄诗系笺释　[古希腊]荷马 著
统治的热望　[美]福特 著
论埃及神学与哲学　[古希腊]普鲁塔克 著
凯撒的剑与笔　李世祥 编/译
伊壁鸠鲁主义的政治哲学　[意]詹姆斯·尼古拉斯 著
修昔底德笔下的人性　[美]欧文 著
修昔底德笔下的演说　[美]斯塔特 著
古希腊政治理论　[美]格雷纳 著

赫拉克勒斯之盾笺释　罗逍然 译笺
《埃涅阿斯纪》章义　王承教 选编
维吉尔的帝国　[美]阿德勒 著
塔西佗的政治史学　曾维术 编

古希腊诗歌丛编
古希腊早期诉歌诗人　[英]鲍勒 著
诗歌与城邦　[美]费拉格、纳吉 主编
阿尔戈英雄纪（上、下）
[古希腊]阿波罗尼俄斯 著
俄耳甫斯教祷歌　吴雅凌 编译
俄耳甫斯教辑语　吴雅凌 编译

古希腊肃剧注疏
欧里庇得斯与智术师　[加]科纳彻 著
欧里庇得斯的现代性　[法]德·罗米伊 著
自由与僭越　罗峰 编译
希腊肃剧与政治哲学　[美]阿伦斯多夫 著

古希腊礼法研究
宙斯的正义　[英]劳埃德-琼斯 著
希腊人的正义观　[英]哈夫洛克 著

廊下派集
剑桥廊下派指南　[加]英伍德 编
廊下派的苏格拉底　程志敏 徐健 选编
廊下派的神和宇宙　[墨]里卡多·萨勒斯 编
廊下派的城邦观　[英]斯科菲尔德 著

希伯莱圣经历代注疏
希腊化世界中的犹太人　[英]威廉逊 著
第一亚当和第二亚当　[德]朋霍费尔 著

新约历代经解
属灵的寓意　[古罗马]俄里根 著

基督教与古典传统
保罗与马克安　[德]文森 著
加尔文与现代政治的基础　[美]汉考克 著
无执之道　[德]文森 著

恐惧与战栗　[丹麦]基尔克果 著
托尔斯泰与陀思妥耶夫斯基
[俄]梅列日科夫斯基 著
论宗教大法官的传说　[俄]罗赞诺夫 著
海德格尔与有限性思想（重订版）
刘小枫 选编
上帝国的信息　[德]拉加茨 著
基督教理论与现代　[德]特洛尔奇 著
亚历山大的克雷芒　[意]塞尔瓦托·利拉 著
中世纪的心灵之旅　[意]圣·波纳文图拉 著

德意志古典传统丛编
黑格尔论自我意识　[美]皮平 著
克劳塞维茨论现代战争　[澳]休·史密斯 著
《浮士德》发微　谷裕 选编
尼伯龙人　[德]黑贝尔 著
论荷尔德林　[德]沃尔夫冈·宾德尔 著
彭忒西勒亚　[德]克莱斯特 著
穆佐书简　[奥]里尔克 著
纪念苏格拉底——哈曼文选　刘新利 选编
夜颂中的革命和宗教　[德]诺瓦利斯 著
大革命与诗化小说　[德]诺瓦利斯 著
黑格尔的观念论　[美]皮平 著
浪漫派风格——施勒格尔批评文集　[德]施勒格尔 著

巴洛克戏剧丛编
克里奥帕特拉　[德]罗恩施坦 著
君士坦丁大帝　[德]阿旺西尼 著
被弑的国王　[德]格吕菲乌斯 著

美国宪政与古典传统
美国1787年宪法讲疏　[美]阿纳斯塔普罗 著

启蒙研究丛编
论古今学问　[英]坦普尔 著
历史主义与民族精神　冯庆 编
浪漫的律令　[美]拜泽尔 著
现实与理性　[法]科维纲 著

论古人的智慧　[英]培根 著
托兰德与激进启蒙　刘小枫 编
图书馆里的古今之战　[英]斯威夫特 著

政治史学丛编

驳马基雅维利　[普鲁士]弗里德里希二世 著
现代欧洲的基础　[英]赖希 著
克服历史主义　[德]特洛尔奇 等著
胡克与英国保守主义　姚啸宇 编
古希腊传记的嬗变　[意]莫米利亚诺 著
伊丽莎白时代的世界图景　[英]蒂利亚德 著
西方古代的天下观　刘小枫 编
从普遍历史到历史主义　刘小枫 编
自然科学史与玫瑰　[法]雷比瑟 著

地缘政治学丛编

地缘政治学的起源与拉采尔　[希腊]斯托杨诺斯 著
施米特的国际政治思想　[英]欧迪瑟乌斯/佩蒂托 编
克劳塞维茨之谜　[英]赫伯格-罗特 著
太平洋地缘政治学　[德]卡尔·豪斯霍弗 著

荷马注疏集

不为人知的奥德修斯　[美]诺特维克 著
模仿荷马　[美]丹尼斯·麦克唐纳 著

品达注疏集

幽暗的诱惑　[美]汉密尔顿 著

阿里斯托芬集

《阿卡奈人》笺释　[古希腊]阿里斯托芬 著

色诺芬注疏集

居鲁士的教育　[古希腊]色诺芬 著
色诺芬的《会饮》　[古希腊]色诺芬 著

柏拉图注疏集

挑战戈尔戈　李致远 选编
论柏拉图《高尔吉亚》的统一性　[美]斯托弗 著
立法与德性——柏拉图《法义》发微　林志猛 编
柏拉图的灵魂学　[加]罗宾逊 著
柏拉图书简　彭磊 译注
克力同章句　程志敏 郑兴凤 撰
哲学的奥德赛——《王制》引论　[美]郝兰 著
爱欲与启蒙的迷醉　[美]贝尔格 著
为哲学的写作技艺一辩　[美]伯格 著
柏拉图式的迷宫——《斐多》义疏　[美]伯格 著
苏格拉底与希琵阿斯　王江涛 编译
理想国　[古希腊]柏拉图 著
谁来教育老师　刘小枫 编
立法者的神学　林志猛 编
柏拉图对话中的神　[法]薇依 著
厄庇诺米斯　[古希腊]柏拉图 著
智慧与幸福　程志敏 选编
论柏拉图对话　[德]施莱尔马赫 著
柏拉图《美诺》疏证　[美]克莱因 著
政治哲学的悖论　[美]郝岚 著
神话诗人柏拉图　张文涛 选编
阿尔喀比亚德　[古希腊]柏拉图 著
叙拉古的雅典异乡人　彭磊 选编
阿威罗伊论《王制》　[阿拉伯]阿威罗伊 著
《王制》要义　刘小枫 选编
柏拉图的《会饮》　[古希腊]柏拉图 等著
苏格拉底的申辩（修订版）　[古希腊]柏拉图 著
苏格拉底与政治共同体　[美]尼柯尔斯 著
政制与美德——柏拉图《法义》疏解　[美]潘戈 著
《法义》导读　[法]卡斯代尔·布舒奇 著
论真理的本质　[德]海德格尔 著
哲人的无知　[德]费勃 著
米诺斯　[古希腊]柏拉图 著
情敌　[古希腊]柏拉图 著

亚里士多德注疏集

《诗术》译笺与通绎　陈明珠 撰
亚里士多德《政治学》中的教诲　[美]潘戈 著
品格的技艺　[美]加佛 著

亚里士多德哲学的基本概念　[德]海德格尔 著
《政治学》疏证　[意]托马斯·阿奎那 著
尼各马可伦理学义疏　[美]伯格 著
哲学之诗　[美]戴维斯 著
对亚里士多德的现象学解释　[德]海德格尔 著
城邦与自然——亚里士多德与现代性　刘小枫 编
论诗术中篇义疏　[阿拉伯]阿威罗伊 著
哲学的政治　[美]戴维斯 著

普鲁塔克集
普鲁塔克的《对比列传》　[英]达夫 著
普鲁塔克的实践伦理学　[比利时]胡芙 著

阿尔法拉比集
政治制度与政治箴言　阿尔法拉比 著

马基雅维利集
解读马基雅维利　[美]麦考米克 著
君主及其战争技艺　娄林 选编

莎士比亚绎读
莎士比亚的罗马　[美]坎托 著
莎士比亚的政治智慧　[美]伯恩斯 著
脱节的时代　[匈]阿格妮丝·赫勒 著
莎士比亚的历史剧　[英]蒂利亚德 著
莎士比亚戏剧与政治哲学　彭磊 选编
莎士比亚的政治盛典　[美]阿鲁里斯/苏利文 编
丹麦王子与马基雅维利　罗峰 选编

洛克集
上帝、洛克与平等　[美]沃尔德伦 著

卢梭集
致博蒙书　[法]卢梭 著
政治制度论　[法]卢梭 著
哲学的自传　[美]戴维斯 著
文学与道德杂篇　[法]卢梭 著
设计论证　[美]吉尔丁 著
卢梭的自然状态　[美]普拉特纳 等著
卢梭的榜样人生　[美]凯利 著

莱辛注疏集
汉堡剧评　[德]莱辛 著
关于悲剧的通信　[德]莱辛 著
智者纳坦（研究版）　[德]莱辛 等著
启蒙运动的内在问题　[美]维塞尔 著
莱辛剧作七种　[德]莱辛 著
历史与启示——莱辛神学文选　[德]莱辛 著
论人类的教育　[德]莱辛 著

尼采注疏集
尼采引论　[德]施特格迈尔 著
尼采与基督教　刘小枫 编
尼采眼中的苏格拉底　[美]丹豪瑟 著
动物与超人之间的绳索　[德]A.彼珀 著

施特劳斯集
苏格拉底与阿里斯托芬
论僭政（重订本）　[美]施特劳斯 [法]科耶夫 著
苏格拉底问题与现代性（第三版）
犹太哲人与启蒙（增订本）
霍布斯的宗教批判
斯宾诺莎的宗教批判
门德尔松与莱辛
哲学与律法——论迈蒙尼德及其先驱
迫害与写作艺术
柏拉图式政治哲学研究
论柏拉图的《会饮》
柏拉图《法义》的论辩与情节
什么是政治哲学
古典政治理性主义的重生（重订本）
回归古典政治哲学——施特劳斯通信集
　　　　　＊＊＊
追忆施特劳斯　张培均 编
施特劳斯学述　[德]考夫曼 著

论源初遗忘 [美]维克利 著
阅读施特劳斯 [美]斯密什 著
施特劳斯与流亡政治学 [美]谢帕德 著
驯服欲望 [法]科耶夫 等著

施特劳斯讲学录
追求高贵的修辞术
——柏拉图《高尔吉亚》讲疏（1957）
斯宾诺莎的政治哲学

施米特集
宪法专政 [美]罗斯托 著
施米特对自由主义的批判 [美]约翰·麦考米克 著

伯纳德特集
古典诗学之路（第二版） [美]伯格 编
弓与琴（重订本） [美]伯纳德特 著
神圣的罪业 [美]伯纳德特 著

布鲁姆集
巨人与侏儒（1960-1990）
人应该如何生活——柏拉图《王制》释义
爱的设计——卢梭与浪漫派
爱的戏剧——莎士比亚与自然
爱的阶梯——柏拉图的《会饮》
伊索克拉底的政治哲学

沃格林集
自传体反思录

朗佩特集
哲学与哲学之诗
尼采与现时代
尼采的使命
哲学如何成为苏格拉底式的
施特劳斯的持久重要性

迈尔集
施米特的教训
何为尼采的扎拉图斯特拉

政治哲学与启示宗教的挑战
隐匿的对话
论哲学生活的幸福

大学素质教育读本
古典诗文绎读 西学卷·古代编（上、下）
古典诗文绎读 西学卷·现代编（上、下）